ちくま学芸文庫

生の仏教 死の仏教

京極逸蔵

JN089573

筑摩書房

序

京極さんの遺稿が編纂せられると云うので自分にも何か書けと申されます。兼ての知己でもあり、その為人《ひととなり》にも敬服して居たので何かかかせて戴くことを考えました。ところで、京極さんの人格、信仰、事業などについては、自分よりも、ずっと詳しく知って御出《おいで》の御方々に譲り、自分は此機会に、故人の精神を動かして居たものについて一言したいのである。

京極さんは大乗仏教に対して深い領解を持って居られた。而《しか》してその一生をその宣伝に捧げられた。これは吾等の何れもが学ぶべきことと信ずる。が、何を云っても、大乗仏教の何たるかを、まず知ることが大切である。これさえわかれば、自らこれを他の人々に伝えたいと云う気になる。

この他に伝えたいと云う心持は人間として誰もが持つところのものである。が、自分はこの心持でなく、もっと客観的に見て、大乗仏教の世界文化向上における役割について一言述べたい。これを闡揚《せんよう》するのは日本の仏教者の使命であると信ずる。

この一月の始めに、コロンビア大学二百年祭の劈頭《へきとう》講演として、今有名のアルフレッド・トインビイのがあった。自分は聞き損ったが、新聞の伝えるところで、その梗概《こうがい》を知り得た。それは彼が兼ての所見であった。

ト氏の意見によると、世界文化の将来に関する一大事象は今世紀に入って起ったのである。それは基教《キリストきょう》と仏教との対立、寧ろ対抗である。仏教と云っても、それは一般仏教であって、大乗仏教である。世界文化の将来にはこれら二大霊性力の衝突が期待せられる。今日の政治思想の抗争などよりも、もっともっと重大な問題である。共産党と自由主義との闘争は今から百年の後には、とくに解消して、世界歴史上大した事でなくなる。が、二大宗教の対抗は実に永遠のものだと云うのが、トインビイの持説である。

この抗争と云うのが、果して、どのような意味に採るべきか、判然とわからぬ。ト氏は或は基教で大乗仏教を征服してしまえと云うのかも知れぬ。西洋の人は征服欲に強い、力の崇拝者である。それでト氏もこのような考を抱いて居るのかも知れぬ。それは臆測にすぎぬ。が、或る人の考では、実はト氏もそのようなものを心に持って居るらしいと、云うのである。併しこれは吾等の関心でない。吾等の関心は、ト氏が殊更《ことさら》に大乗仏教を挙げて、これと基教とを並べたと云うところにある。

自分の考では、歴史的基教では世界は十分に救われぬ、どうしても大乗仏教の如き、何等歴史や、伝説や、未洗練的な霊性的あこがれなどに、拘束せられぬ、絶対自由の上にたって居る宗教でなくては、世界の解放は実現不可能だと云うのである。

それ故、大乗仏教の世界的任務と云うものには、容易ならぬ意味が含まれて居るのである。

蓋《けだ》し、大乗仏教徒たらんものには、何れも此意味が、自然にわかることと、自分は信じて居る。世界を浄土にせんとするには、大乗仏教の協力がなくてはならぬ。

自分は京極さんも慥《たし》かに此信念で動いて居られたと信ずる。跡に残された吾等も亦《また》是非是非この信念を継承して、今後も一層の努力をしなくてはならぬ。

所感を述べて序とする。

ニューヨークにて

鈴木大拙

目次

一、本書は学風書院から一九五七年四月に刊行された『生の仏教死の仏教——在米布教師の信仰記録』を文庫化したものである。

二、仏教用語をわかりやすく説明するために読みではなく、その意味を記したルビをふった部分がある。

三、文庫化に際し、表記を新字新かなに改めた。但し、経典の引用部分はままとした。

生の仏教　死の仏教

一、生の仏教　死の仏教

一切智《いっさいち》に契《かな》う心《こころ》にて、
内外《ないがい》あらゆる布施《ふせ》をすべての衆生《しゅじょう》と共《とも》に、菩提《ぼだい》に廻向《えこう》するは、布施波羅蜜《ふせはらみつ》である。自《みずか》ら十善《じゅうぜん》を行《おこな》うと共《とも》に、他《ひと》にも行《おこな》わしむるは、持戒波羅蜜《じかいはらみつ》である。自《みずか》ら一切《すべて》の悩害《のうがい》を忍《しの》ぶと共《とも》に、他《ひと》にも忍《しの》ばしむるは、忍辱波羅蜜《にんにくはらみつ》である。一切《すべて》の行《ぎょう》を勤《つと》めて怠《おこた》らないと共《とも》に、他《ひと》にも勤《つと》めしむるは、精進波羅蜜《しょうじんはらみつ》である。禅定《ぜんじょう》に入《はい》って、禅定《ぜんじょう》の果《か》をうけないと共《とも》に他《ひと》にも禅定《ぜんじょう》に入《い》らしむるは、禅定波羅蜜《ぜんじょうはらみつ》である。一切《すべて》の法《もの》に執着《しゅうちゃく》せず、他《ひと》にも執着《しゅうちゃく》を離《はな》れしむるは、般若波羅蜜《はんにゃはらみつ》である。

——『般若経《はんにゃきょう》』聞乗品《もんじょうぼん》——

日本仏教の形態

日本の仏教は、いろいろな形で伝えられておる。学問の仏教、美術の仏教、信仰の仏教、儀式の仏教、迷信の仏教等、細かに分ければ、まだまだ多様に区別されよう。学問の仏教、美術の仏教は、それぞれ専門家の世界で、我々大衆とは関係がうすい。

信仰の仏教は、主として浄土門の説くところで、この世を厭《いと》い、未来の浄土往生を願う教として固定し、仏教は厭世主義だという誤解の因となっている。浄土門の外に、この世をそのまま浄土と化せよという信仰を説く教もあるけれども、いかにして、それに至るかの道行が、はっきりしていない。

大衆と一番関係の深いのは儀式の仏教である。年中行事に繰り込まれている涅槃会《ねはんえ》、花まつり、お彼岸お盆など、仏教全体に亘《わた》るものの他に、報恩講《ほうおんこう》とか、お会式《えしき》とか、正御影供《しょうみえいく》とかいった各宗開山《かいざん》の仏事のほか、一般仏教徒の葬式法事等、いろいろな形で日本人の生活に一番深く喰い込んでいる。こうして、仏教徒全体としても、一々の仏教徒としても、殆んど毎月一、二回の儀式に参しているわけだがその儀式が妙に死とつながりがある。お釈迦さまの涅槃会《ねはんえ》はもとより、お彼岸、お盆、各宗祖師の仏事、一般信徒の葬式仏事等皆それで、死と関係のないのは花まつり位のもので、近来盛んになりつつある各宗祖師の降誕会《こうたんえ》なども、この部に入るけれども、まだ一般的とはいえない。

迷信の仏教に至っては、それこそ千差万別で、要するに、福を招き禍を攘う為に、仏菩薩に無理なお願いをするにすぎない。四百四病の一つ一つを救う専門の仏菩薩があって、眼病は一畑《いちはた》のお薬師様に、安産は千体地蔵様か准胝《じゅんてい》観音さまにといった専門家や、病気なら何でも来いという浅草観音のオビンヅルさまといったようなところから、貧の病をなおして下さる聖天《しょうでん》さま等、至れり尽くせりといった処だ。然《しか》し、これは仏教本来のものでないことは、いうまでもあるまい。

死の仏教

日本人の生活に関係の深い仏教の一面としての迷信の仏教なるものは、人間の勝手な願を仏菩薩に投げ掛けたまでのもので、仏教本来のものでないことは、お釈迦さまのお説きになった教典を見ればよくわかる。

元来インドは迷信の国であって、その迷信を打破して、智慧の宗教を打建てられたのがお釈迦様である。お釈迦さまの最もお嫌いになったものの一つが迷信であるから、迷信の仏教は仏教とはいえない。そこで、もう一つの儀式の仏教はどうかというと、日本人の生活に深い影響を与えているのは事実であって、他の宗教に転じた人でも、死後の供養をしないと何だか物足りないとみえて、四十九日から一年、三年、七年と、何か記念の式をしないと気がすまないらしい。こうした影響を与えておる一面に、これが、仏教本来の真面目を覆うに至った損失も大きい。私の学生時代、友人の宗教しらべをやったことがある、多くは「勿論仏教さ」と答えるが、さて宗旨はと聞くと、「そんなものは知るものか。然し、お葬式にも、法事にも、坊さんが来るぜ」といった調子で、仏教は葬式と法事きりだときめ込んでおった。これが一般日本人の常識であるとおもう。お寺は、葬式や仏事をする所であり、和尚さんや御院主《ごいんしゅ》さんは、死んでから後の世話をしてくれる人となってしまって、この生きた現実の世界とは極めて縁遠い存在となりきっている。従って、寺院は暗い陰気なところ、僧侶は誰もきらいな死と関係深いものとなってしまった。

こうした間柄に数百年間、信徒と寺院がおかれてきて、多くの宗派は、布教とか伝道とかいうことには無関心であった。たまたま布教に熱心であった宗旨も、人生は定めなき世界である、極楽は変らぬ楽しみの国であると、未来を主とした話にかぎられていたから、この布教も、仏教を現実世界から遠ざける結果となって、仏教といえば、死と死後のことに関するだけのものと思われるに至った。

そこで、お寺参りは隠居してから後ときまって、寺院は老人のクラブとなり、仏教は人間一代の中《うち》隠居から死までへのものとなり終って、少年時代はいうまでもなく、青壮年時代には用のないものと考えられるようになった。もとより、仏教思想が日本人のその他の生活を支配している面は広く、一二の例をあげると、因縁因果の思想から生れた諦めの心、知恩報徳《ちおんほうとく》の教から生まれた恩の思想などがこれであるが、それらと仏教との関係を説くことを怠ったために、それが仏教からでたものだと知っている人のごく稀なのは遺憾である。

仏教本来の面目

然らば現時の日本仏教の如くに、死と死後の問題のみを取扱うのが仏教本来の面目かというに、決して然らず、もとより死の問題解決も仏教の説く処であるが、釈尊が最も重点をおかれたところは、寧ろ生の問題であったのである。釈尊が、まだカビラ城の皇太子、青年シッダルタとして最も悩まれたものは、人生の矛盾と、それから生ずる苦悩とであった。

生きる苦しみ、求めて得られざる苦しみ、愛するものに別離する苦しみ、恨み憎むものに会わねばならぬ苦しみ、健康すぎて本能に悩まさるる苦しみ、かくして老いゆく苦しみ、かのフランスの文豪ビクトル・ユーゴーも、その著『ああ無情《レミゼラブル》』の扉に

今日の問題は何ぞ、戦うことなり。明日の問題は何ぞ、勝つことなり。
あらゆる日の問題は何ぞ、死することなり。

と書いているように、これらの諸々の苦と共にあるのが死の苦しみである。釈尊が、無数の苦の中から此の八つを代表的にお選びになったのをみても、釈尊にとっての第一の問題は、実に此の死の苦しみであったことが知られる。これらの苦悩はただに、二千五百年前の青年シッダルタの悩みであったばかりでなく、現代のすべての人が、皆同じ苦しみに喘いでいるのではないか。個人はもとより、この世界が果しなき動乱の中にあるのも、またこの苦悩の然らしむるところではないか。

いかにしたら、この苦悩の問題を解決することができるかという念《おもい》が、二十九歳のシッダルタをして家庭も王位も顧みず、遂に出家の決心を堅くせしめたのである。爾来、各地に師を求めて道を聞かれたが、何人も満足を与えてくれない。そこで、自分自ら解決する外なしと意《こころ》をきめ、瞑想に、苦行にこれ努めること六年、遂に苦悩を滅する道を見出されて、ブッダガヤの金剛法坐《こんごうほうざ》より、「我は勝利者なり」と宣言して、立ち上られたのである。

その苦悩を除く法とは八聖道《はっしょうどう》である。自分と周囲とを正しく見ること（正見《しょうけん》）正しく見たことを正しく考え、自分の心を正しく働かすこと（正思《しょうし》）正しい言葉を使うこと（正語《しょうご》）正しい行をすること（正業《しょうごう》）正しい生活をすること（正命《しょうみょう》）上記のことを一生懸命に努力実行すること（正精進《しょうしょうじん》）その努力を腹底からの念力をもってすること（正念《しょうねん》）かくて清浄なる智慧を得ること（正定《しょうじょう》）即ち、これである。釈尊一代の御説法は、みな、この八聖道より出ているといっても過言でない。

原始教団の二重制

三十五歳にして大覚者《だいかくしゃ》（仏陀《ぶつだ》）となられた釈尊は、八十歳にして御入滅なされるまで四十五年間、北インドの各地を、村から村、町から町へと遊行しつつ教を説かれた。その御説法の会坐《えざ》に連なったものは、あらゆる階級、あらゆる職業の人々であった。帝王、大臣、将軍、富豪、地主、町人、職人、娼婦、奴隷等、この地上の差別は、釈尊の教に入れば、皆失くなるのだといって、すべての人に、同じ道をお説きになった。時には、盗賊や殺人に対しても、特に道をお説きになったこともある。

また釈尊は、聞き手の職業や性質に応じて説法せられるのが常であった。農夫には、鋤にたとえ、木挽には大木と、その種子の問題から話を始めておられるし、けちな富豪には、貪慾から、迷信家には迷信を縁として、という具合であった。

或朝早く、河の岸を散歩しておられた釈尊は、流れに沐浴して身を浄め、東西南北上下の六方を拝する一青年シンガーラを見られた。すると、静かにこの青年に近づき、「何故に六方を拝むのか」とお訊ねになる。「亡き父が、六方拝をすると、家は栄え、身は仕合になると申しますので」、という。之に対して、六方拝もよいが、拝む心持には、もっと検討すべきことがあるぞとて、親子、師弟、夫婦、朋友、主従、信徒の六つに配して、日常生活に於て互に守るべき事共を、いとも細かに教えておいでになる。これなどは、対機説法の一適例といえよう。

こうして釈尊の教を聞き、その教に帰依した人々は、或は出家して仏道修行に専心し、或はそのまま家に在りて生業をつづけながら仏道にいそしんだ。出家の弟子を、男女により比丘《ビク》、比丘尼《ビクニ》といいその数三千と称せられ、在家の弟子、即ち平信徒を、優婆塞《ウバソク》（清信男《しょうしんなん》）優婆夷《ウバイ》（清信女《しょうしんにょ》）と名づけ、その数、恐らくは数十万に達したと思う。かくて仏教の原始教団は、出家（比丘、比丘尼）の教団と平信徒（優婆塞、優婆夷）の教団との二重制となっていた。

僧侶仏教に偏す

お釈迦さまのお亡くなりになった時、仏教はこの出家・在家の二教団によって伝えられ、一時は遠く印度《インド》以外の地にも伝道せられる盛況を呈したのであった。しかし、出家教団が教義の末や解釈の末節に囚われて二十余の宗派に分れ、各々その型を固執し、狭量なる排他的の感情になずんで、仏教本来の目的を忘れ、生活の大地から浮き上った論義のみを事とするに至った。こうした出家教団に対しては、姉妹教団ともいうべき在家教団は、次第に信任しないようになった。そんなことで、両教団の間は日に日にあいへだたり、指導者を失った在家教団は次第に衰え、仏教はいよいよ僧院に偏して、出家に限るものとなり終った。

かかる状態を継続すること釈尊滅後千有余年、この事態にあきたらなくなった在家仏教徒の起した革新運動ともいうべきものが、所謂《いわゆる》、大乗仏教である。三百年の封建時代を経て、仏教は寺門の中に閉じこめられ、恰も僧侶の専有物の如くになっている現代の日本仏教、十有余の宗旨、六十にあまる宗派に分れて、互に醜い派閥争いに没頭している日本仏教の現状は、印度僧院仏教の末路を想わしむるものがあるではないか。

大乗仏教の革新運動

実生活を離れた仏教の革新を企てたものが、大乗仏教運動であるからその革新の旗幟が、一般仏教徒の実際生活を指導する原則であったことは当然である。その原則こそ六波羅蜜《ろっぱらみつ》、即ち六度《ろくど》の教である。六度とは、布施《ふせ》、持戒《じかい》、忍辱《にんにく》、精進《しょうじん》、禅定《ぜんじょう》、智慧《ちえ》の六つであって、先に挙げた八聖道の教を分解し、之に布施と忍辱を加えて新たに組織せられたものであって、いずれも釈尊の御説法に基づくものである。

布施とは、人と人との関係をいかに解決すべきかという教であり、持戒とは、八聖道のうちの正思、正語、正業、正命の四つを始め、釈尊が生活の規則として示された戒律を含んでいる。忍辱とは、私共が仏道を行持する上に欠いてはならぬ心構で、忍耐のことであり、精進、禅定、智慧は、八聖道中の精進、正定、正見、及び正思に配せらるべきもので、三世《さんぜ》の諸仏も、みな此の六度の行願《ぎょうがん》によって成仏せられると説いてある。

それであるから、我々仏教徒、即ち仏になりたいと願うているものは、その日常生活の基《もとい》を、この六度におかなければならない。然るに、この大切な六度の教が、古来、日本仏教では忘れられているようで、学者の本棚や、寺の経蔵の棚の隅に、埃塗《まみ》れになって横たわっているとは誠に遺憾なことである。

絶対他力《たりき》の救済を信ずる浄土真宗の人々は、自力《じりき》修行の六度行願などは、真宗とはなんの交渉もないと思いがちであるが、阿弥陀仏が衆生済度《しゅじょうさいど》の力を得るために、永い間修行せられたその修行こそ六度であり、六度行願の功徳全部を収めたものが、「万善万行《まんぜんまんぎょう》の功徳利益の広大なること数限りもなきものなり」と言われた南無阿弥陀仏の内容であることは、『大無量寿経《だいむりょうじゅきょう》』に委しく説かれている。

『大無量寿経』は、釈尊の説法を記録したもので、親鸞聖人は、この経に基づいて浄土真宗を開かれたのである。この経に四十八の誓願《せいがん》を説いてあるが、その第十九に「諸《もろもろ》の功徳を修め、わが浄土に来らんと願うものは必ず救う」と誓うてある。この「諸の功徳」というものの随一が六度でなければならないことは、仏《ぶつ》の修行の実際から見て明かである。

六度行願を行持することによって、初めて自力の叶わぬほども知られ、絶対他力の信も生きてくるのである。一見没交渉かとも見られる他力念仏の真宗と六度との関係が、その実いかに深いものであるかということは、『大無量寿経』を読めばよく了解できる筈である。まして、自力修行を建前とする他の各宗派が、六度修行を重んずべきことはいうまでもあるまい。六度は実に全仏教に通ずる大切な教であることを忘れてはなるまい。仏教の教主釈尊と比べて、日本仏教の教主とまで讃えられている聖徳太子は、「日本は大乗相応の地である」と仰せられた。このお言葉をうけて、日本の仏教各宗は、みな、我こそ大乗仏教と誇っておる。それだのに、千五百年前、大乗仏教運動の興った時、旗幟として高く掲げられたその六度行願を殆ど全く忘れ去っているようであるのは、誠に奇怪というべきであろう。

今や、日本は、教育勅語の棚上げによって、日常生活の道徳基準を失い、そのあと始末に困っているらしい。この時こそ、我々仏教徒は、その固有の仏教道徳の基準を、実際生活の上に大いに生かすべき絶好の機会を恵まれているのであるまいか。

私は、これから、この六度について平素味わっていることを、なるべく平明且つ卒直に述べてみたいと思う。それというのも、現代の仏教徒諸氏が、此の埋もれた宝玉を掘り出して、仏教革新の旗幟として生かして下さるようにと念願する余り、その一助ともならばやとの念《おもい》より他意はないのである。

二、かみそり三種（布施の一、同事摂《どうじしょう》）

勝利の悲哀

地上のあらゆる国々を渦のなかに巻きこんだ第二次世界大戦の影響は、いろいろな形で、次々にその姿を現わしてくる。敗戦国の苦難にみつる悲惨な生活はいうまでもないが、勝利の栄冠を頂いて得意であるべき国々まで、それぞれに苦悩の中にあえいでいる。革命の仕上げに躍起の中国東洋の宝庫と呼ばれた殖民地を失って経済的に倒れそうになっている英・仏・蘭の諸国はもとより、全世界の事実上の指導者として国際連合の牛耳を取る、今を盛りの米国でも、勝利の悲哀の苦い盃を次々に嘗めねばならぬようである。

こうした多くの問題の中でも、次の時代を背負って立つべき青少年の不良化は、今や世界各国の等しく悩んでいる問題である。焦土と化した国土に、やっと生きているだけの欧亜の諸国はもとよりのこと、爆弾一つ見舞われなかったこの米国《アメリカ》までが、年々高まりゆく不良児の増加に困りぬいている。ニューヨーク、シカゴ、桑港《サンフランシスコ》、羅府《ロスアンゼルス》等の大都会から、各州の群小都市に至るまで、教育、宗教、警察等各方面の関係者を集め、特別委員会を作って対策を研究しているし、中央政府でも、司法大臣を委員長としての各州から推された専門家を委員とする全米委員会を作って、この不良児増加の傾向を如何にして防止すべきかに心を砕いている。転住四年の異常な生活に次ぐ忙がわしい再建生活のために、知らず知らず子女教養の心掛が崩れたものか、同胞子弟の中にも、戦前に見られなかった不祥事がでてくるようである。わが子の間違を最後に知るのが親であることを考えて、特に細心の注意を怠らないように、親達にお願いしたい。人でなしの子ができては、汗水たらして作った財産も何の役にもたたぬ。

三種の剃刀

こうした米国中の人が気にかけている問題であるから、新聞に、雑誌に、著書に、色々な意見が発表せられる。その中で最も私の心を引いたのは、おえら方の、しかつめらしい数々の論説ではなくて、『桑港《サンフランシスコ》クロニクル』の「安全弁」欄に出ていた一無名米国海兵隊兵士ドラモンド氏の、左の投書であった。

不良青少年増加の原因を、両親の監督不行届に帰するのが普通のようですが、もし、そうならいつ、いかにして、この不取締が生ずるに至ったのでしょうか。私の考では、こんな不良児増加なんていうツラブルは、安全かみそりと、電気かみそり発明以来のことだと申し上げても、余り間違っていないと思うのですがね。
理由は簡単です。青少年の訓育に一番大事で、一番役に立つ慈愛の鞭の姿が失われると、不良の波は高まってきます。私は今、風呂場の戸の裏に下っていた旧式の革砥のことを思い出しているのです。時々あれで打たれたものですが、その度に、父母に対する正しい尊敬の念が、叛《そむ》き勝な若い胸に静かに浸み込んでくる気がしたものでした。私は、勿論、進歩主義者です。昔、善かったものが必ずしも今でも善いとは思いません。しかし、古くから伝わってきたこの試験済の不良児矯正法を再認識することこそ、目下の不良退治に最も有効だと思いますがね。

一見ふざけたようにみえる一海兵の意見の中に、何かしら、真実のあふれていることが感じられる。革砥が慈愛の鞭として使われている場面は、この国の映画でよく見ることであるが、近代文化の産物である安全剃刀や電気剃刀の出現と共に、革砥の姿が失われたのはよいが、それと共に、慈愛の鞭が失われたままになってはいないかという歎が、この一文の底にあふれている。

慈愛の鞭

実に慈愛の鞭こそは、親にも、子にも、欠ぐべからざる宝である。時の古今、洋の東西を問わず、この伝家の宝刀を外にして、愛児のしつけはできない。親がその児のために涙をのんで打下す慈愛の鞭は、国により、所により、家によって、皆違っている。この私の為に用意せられていた鞭は、打払《うちはらい》であった。打払は、所によっては、はたきと呼ばれる塵払いの掃除道具で、たいがい茶の間の一隅に掛っている。私が何か間違をすると、父は必ず納戸に呼びつけた。まず父の耳に入った悪戯をしたか、しないかを確める。度々の苦い経験で、ごまかしきれぬことをよく承知しているから、その事実を承認せざるをえない。すると、父は、その如何に悪い行《おこない》であるかということを、道理に基づいて諄々として教えた後に、「わかったか」と、きっと念をおす。「わかりました」というとそれでは、「打払を持ってこい」と命ずる。これで打たれるとは、百も承知しながら、台所へ取りに行く。弟達は、いい気味だといわんばかりに、無言で指さしする。睨みつけておいて、しおしおと納戸に引返して、お仕置を受ける。海兵の革砥の話を読んだとたんに、ゆくりなくも、この少年時代の光景が眼前に浮び上ってきて、有難さと、懐かしさに、この皺面《しわづら》を流るる涙がとまらなかった。もし私に少しでも取得《とりえ》があるとすれば、全くあの打払のおかげなのだと、時には恨んだ父の厳しさを、今更感謝せずにおれない。

　愛児の行末のために、親の慈愛の鞭の大切なことは、昔も、今も、将来も、少しも変らない。この鞭の使用をおしんだ親は、この鞭の味を知らぬ子は、必ず共に不幸をかこつ日のあることを覚悟しなければならぬ。在米同胞は、一般にこの鞭の使用を忘れる傾向がありはしまいか。殊に再建に急な昨今のことである。余り、あせりすぎて、子女の訓育を怠り、一生とり返しのつかぬ悲痛な事の起らないよう、充分に気をつけなくてはならない。

剃刀の種類に応じて

この慈愛の鞭を振る時に一番注意しなければならぬことは、わが子についての理解である。己の子だから己の通り、というような気でいると、大失敗をする。見当違いのお仕置は、役に立たないばかりか、わが子の反撥心をまして、却って有害な結果を招く。特に在来同胞のような一種異様の社会に生活する者は、一そう此の点に心を留《とど》めなくてはならぬ。親の育った世界と子の育つ世界とは、すっかり様子が異っている上に、目まぐるしいほど変化する時世であることを忘れてはならない。愛児の将来を過《あやま》りたくないと思う親は、その生活する社会と時世とに対する知識を得るように、心掛けることが大切と思う。

時世の変化という視角から見ると、前の海兵の投書に出ている、剃刀、安全剃刀、電気剃刀の三種の剃刀が、それぞれ、移り行く時世を象徴しているのは面白いではないか。手工業時代から機械工業の初期までを表わす剃刀、石炭と蒸汽力時代を表わす安全かみそり、最近の電気万能時代を表わす電気かみそり、それぞれの時代を表示しているような気がする。形は異っていても、その用途は皆同じ鬚剃りである如く、時代は異っても、人間として行くべき道に変りはないが、三種の剃刀が各々形を異にしている如く、道徳も、時代によって多少色彩を異にしてくる。だから、剃刀時代の標準で電気かみそり時代を見たら、得心出来ないことが多いにちがいない。同じ剃刀でも、西洋剃刀ならまだしもだが、日本剃刀にも比すべき東洋道徳の眼で、電気かみそり時代の若い人達のすることを見ると、気に入らないことばかり目につくのも無理はない。しかし、時代は飛ぶが如くうつりかわって行く。もし、この現実を無視して、お互に自分の時代をのみ固執すると、たとい血のつながりは親子でも、まるで外国人同士のような淋しい味気ない日暮しをしなければならぬことになる。だからといって、盲目的にアメリカ式に追従すると、飛んでもないごまかしにかかる恐れがある。ここに、この国の実社会を篤と研究し、理解する必要が生じてくる。在米日系人の特に心すべきは、この点である。

同事

おもうに、己を以て他を律するのが我々凡人の常である。酒飲は誰でも酒がすきだと考え、甘党は誰でも牡丹《ぼた》餅《もち》をすくものと思う。けれども、昔から「十人十色」とか、「蓼喰う虫もすきずき」とかいわれているように、すききらいは一人一人で皆違う。同じ酒好でも、日本酒組、ビール流《は》、ウイスキー党と、それぞれ好みを異にしている。この現実を多くの人は、うっかり忘れてしまって、誰でも自分と同じ好みをもつものと早合点しがちである。この自己中心の考え方が次第にこうじてくると、いつのまにか、誰でも、自分と同じように考えたり、感じたりするものだと勝手に定めてしまって、他人が自分に同心してくれないと、不平を感ずるようになる。こうした不平不満が知らず知らず家庭を暗くし、団体の平和を紊《みだ》すもととなる。私共は常に反省熟慮して、かような過ちを犯さぬようにせねばならぬ。

この私達の陥りやすい間違を防ぐために、お釈迦さまのお説き下さったのが「同事《どうじ》」という教である。「事」とは「理」に対する語で、現在目前の事実という意味である。相手の現実の立場をよく理解して、自分を先方と同じ立場に置いて、すべてを考え、すべてを処置せよとの教である。親は子の立場に立ち、子は親の立場に同ぜよ、また夫は妻の、妻は夫の立場に、朋友は互に先方の立場に同ぜよ、との御教である。自分を先とし中心として、他を之に同ぜしめようという常の心の向を逆転して、まず相手の現実をよく見きわめた上で、その立場に立って目前の事実を検討し、それによって何でもやってゆけとの教である。人間同士の間のことは、この同事の行を外にして解決の道はない。家庭内の日常茶飯事はもとより、労資問題、人種問題から国際間の諸問題までが、皆この自己中心主義に根ざしていることを思うと、この同事の奉行によりて解決せられる面の多き、範囲の広き、今更に驚かざるを得ない。

日本流とアメリカ流

四年間の転住生活は、これまで気づかなかった在米日系人社会の色々な相《すがた》をばくろしたが、その中でも、二世がすっかりアメリカ流に考え、アメリカ人として進退した事実ほど、一世を驚かせたものはあるまい。わが子が、アメリカ市民を養成する公立学校の教育を受けて成人したことを忘れてしまって、迂闊にも、自分と同様、日本流に行動してくれるものと信じ切っていた親たちにとっては、誠にいたましい幻滅であった。しかし、事実はあくまでも事実である。私共はこの不動の現実をしっかりと摑んだ上で、解決の道を講じなくてはならない。

親と子の間が、地上で最も清浄真実な慈愛を以て結ばれているということは、日本もアメリカも変りはない。革砥の鞭の仕置を懐かしんでいる先の海兵の心持が、何よりも明らかに之を示している。年毎に盛んになる「母の日」や「父の日」の行事、大多数の米人に精神の糧を与うる『聖書』の「汝の父と母を敬え」という訓戒等、いずれも親の恩に酬いよとの教を道徳の根底としている事に変りはない。さればとて、慈愛で結ばれた親子だからといって、わがままを言い合ってはいけない。たとい親子でも、物の見方、考え方は違っているのだということをよく承知して、両方で理解し合うようにするのが大切である。二世は、二世流に孝養の務を果そうと努力しているのだから、一世は、その心根を汲んでやらなければいけない。日本流に考えたら、物足りないかも知れないが、電気かみそり時代に暮している我が子に、日本剃刀を強ゆるの愚を敢てしてはならない。二世は、また一世の立場をよく理解するに努めて、日本流の見解に生きておる両親達の心に叶うような孝養のできないことを詫びる念を忘れてはならない。こうして、親も、子も、共に先方の立場に立って行動してこそ、初めて平和な家庭生活を喜び合うことができるのであろう。

随時随所

同事を行ずる機縁は、日常生活中、随時随所に与えられる。家庭に、職場に、街上に車上に、至る処にその道場は用意せられている。仏道は、これを地上に行ずるように、実生活に織りこむように説かれている。仏壇の中に死蔵すべきものではない。仏教会堂のみを学仏の道場と思ってはならない。

トパーズのセンターにいた時のことである。就床前、いつもの通り歯を磨きに手洗場に行った。もう十時すぎであったろう。ふと見ると、両手がひどく汚れている、指先は真黒だ。ストーブをいじったせいらしい。あいにくソープを持ってきていない。仕方なしに、シンク用のダッチクリーンザを少しつけて洗っていると、誰かが、「おじさん、ソープいる?」といって、石鹸入を差出してくれた。十一、二歳の少年らしい。丁度眼鏡を外していたので、強い近視眼の自分には、誰だか、はっきりしない。「ありがとう」といって、ソープを使わしてもらったことである。こんな時に、多くの人は、横目で、じっと睨んで過すのが常だのに、この少年は、親切にソープを貸してくれた。ソープをほしそうにしている私の立場に立って考えてくれたのである、同事の聖行である。この少年の上に菩薩の姿を拝した私は、覚えず合掌し念仏した、今でも観音様のお絵像《えすがた》など拝んでいると、その夜のことが思い出されて目頭が熱くなる。他に対する道の一つとして説かれた「同事」を行ずる機縁は、こうして、いつでもどこにも、みちみちている。願わくは、時にその一つでも、我が生活の上に活かしたいものである。

同事と同情

同情は同事とよく似た徳目である。共に我意我欲を抑えて他に奉仕する道であるがその出発点は異なっている。同情は自分から出発する。かの「我身をつねって人の痛さを知れ」という諺は、同情心の起ってくる経路をよく示していると思う。また文字の示す通り、同情は感情的である、気の毒なと思う情が原動力となって生まれてくる。之に反して同事の出発点は「他《た》」にある。同事とは、他と境遇を同じくすることであり、他を先として自を之に順応せしめてゆくことである。同事は、先方の立場の理解から導き出されるもので、知的である。正智《しょうち》、正見《しょうけん》から生れる所に、智慧の仏教たる特色がよくでている。

とはいえ、この同事と同情を厳密に区別することは難かしい。『論語』の有名な「己の欲せざる所これを人に施す勿《なか》れ」という教は、孔子が、門弟子貢《しこう》の「終身行すべきものを一言にて示さば如何《いかん》」との問に答えられた「それ恕《じょ》か」という語の次に出ているのである。順序からみて、この教は「恕」の解釈とみるべきものとおもう。「恕」とは「ゆるす」ことである、恕《ゆる》す心は他の立場の理解から生ずる。かくて同情と同事とは一つになる。同事を行ずるに同情の熱意を以てし、ともすれば盲目的になり易い同情を制するに同事の智を以てすれば、日常生活の上に得るところ極めて大であると思う。

本願とは如来の同事也

同事の行の大切なこと、その実行の機縁は二六時中私を包んでいることは明らかであるが、静かに今日一日の我が行を反省するとき、いかにこの行の実現が難かしいかということがよく知られてきて、ただ歎息の外はない。難行とは、行そのものが難かしいのではなくてその実現が至難なのである。日々の生活の中に織り込まれているこの小行《しょうぎょう》だに成《じょう》じ得ないのだと知られたとき、やっと無能無力の自分の姿がおぼろげながら見えてくる。やってみて実際にわかるのである、「行知《ぎょうち》」である。自力《じりき》の無効を知らせてくれるのは、自分自身で励む自力の行そのものである。何十回という失敗、こうして、やっと真実の自分が、ほんの少しわかりかかってくる。その無能無力の奥底の知れぬ私の境遇、私の立場を、久遠の昔に知りぬいて、絶対同事の摂護《しょうご》の道を成就せられたのが阿弥陀仏である。本願とは、この如来の私への同事である。「悪に遭うては悪に同じ、而《しか》もその悪を断ず。善に遭うては善に同じ、而もその善を進む」という仏心が、絶対無条件の救済（第十八願）、行善の者の救済（第十九願）、名号を称うる者の救済（第二十願）の三願となって、大音響流《だいおんごうる》せられているのである。

願力無窮《がんりきむぐう》にましませば
罪業深重《ざいごうじんじゅう》もおもからず。
仏智無辺《ぶっちむへん》にましませば
散乱放逸《さんらんほういつ》もすてられず。

――親鸞聖人『正像末和讃《しょうぞうまつわさん》』――

あらゆる罪という罪、すべての業《ごう》という業の重荷にあえぐ私、乱れ散る心を何ともできぬ私、それでいて、またしても放逸無慚《ほういつむざん》な日々を重ねゆく私、その全部を知りつくして之に同事し給う無窮《きわまりなき》の願力《がんりき》である、無辺《かぎりなき》の仏智である。入信とは、この仏心に同事していただくことである。今まで日常生活を律する道とばかり思っていた同事の教は、その実行難によって、自分自身を映す鏡となり、如来の本願力の生き生きと躍動し給う不可思議光明の世界に参ずる大道に通じているのであった。我等はつねに仏教全体を他力易行《たりきいぎょう》の背景として、深く、広く、且つ豊《ゆた》けく、念仏相続に精進したいと思う。かくて同事は、四摂法《ししょうぼう》

（布施《ふせ》、愛語《あいご》、利行《りぎょう》、同事《どうじ》）の一として、布施行の一面を示されたものと味われるのである。

三、舌三寸（布施の二、愛語摂）

故郷とは

明治から大正にかけて、旧東京帝大で哲学を講じておられた人に、フォン・ケーベルという先生があった。「赤門《あかもん》の聖人」と呼ばれた有徳の君子で、学生から慈父の如く慕われておられたが、老境に入って職を辞し、余生を懐かしい故郷で養われることになった。帰郷の用意もすっかりととのい、いざ乗船という間際に、第一次世界戦争が突発したので、そのまま横浜に滞在していられたが、不幸にも同地で客死せられた。ケーベル先生は、ロシヤのボルガ河畔にあった独逸《ドイツ》の殖民地に生まれたロシヤ人であった。お父さんは、その殖民地の中学校長をつとめた人で、家庭でも、学校でも全部独逸語が用いられていたということである。

中学卒業後、モスコウの音楽学校に学ばれたが、この学校の教師も殆ど独逸人だったので、此所《ここ》も亦《また》独逸語の世界であった。ついで、独逸のハイデルベルヒ大学で哲学を専攻し、業成って後、哲学教授として東大に招かれ、極東の地に半生を送られることになったのである。一生独身で、「私の妻はピアノです」といっておられたそうである。こんな生立で、先生は、国籍からはロシヤ人、系統からは独逸人だったので、いよいよ故郷に帰ると言われた時に、先生の故郷は一体どこだろうかと、門下生の間で問題になった。そこで卒直に、先生におたずねしたところ、「独逸です。故郷とは、自分の言葉の語られている処《ところ》ですよ。南独逸の文化の香りの高い中位の都市に帰って、音楽と芝居の鑑賞に余生を送りたいものです」と、言われたそうである。

故郷といえば、「生まれ故郷」と普通いうように、自分の生れた処くらいに、単純に考えていた私にとって、先生の随筆集で見たこの答は、大きな驚異であった。ほんとうに、自分と同じ言葉の語られている所が我が故郷である。爾来、私は、私の生まれた村の言葉が、とても懐かしくなった。同じ地方の言葉でも、村々で多少の相違があり、特色がある。時折、同村人と語る時、不用意の間に出てくる「村の言葉」を耳にすると、遠いこのアメリカに、忽然《こつねん》として故郷が現じてくる。お寺の屋根、お宮の森、その後に続く松山や雑木林、そこから見下す一面の田や畑、まるで映画のように、一瞬の間に眼前を通りすぎる。言葉のもつ神秘な力に、今更のように驚かされる。

言葉

日光や、空気や、水が、私共の生活に一時《いっとき》も欠き得ないものでありながら、余りに普遍であるために、その重要さを感じられないように、朝から晩まで使っている言葉も、余り身近なためにその重要性も、神秘性も忘れられている。しかし、私共の日常生活の上に、また人類の文化の歴史の上に、言葉ほど重要な役割を果しているものは余りあるまい。もし人間から言葉をとってしまったら鳥や獣と何の区別もない存在となってしまう。言葉があって、始めてお互に意志を通ずることもでき体験を語り合うこともできて、人類文化の第一礎石がおかれたのである。もし言葉がなかったら、たとい三人よっても、「文珠《もんじゅ》の智慧」はおろか、「猿智慧」さえも出なかったに相違ない。体験を知り合うことに役立った言葉は、その体験の綜合である知識を子孫に伝える容器として、また大きなはたらきをした。この言葉に盛って伝えられた人智の集大成こそ、今日の文化であることを思うと、人類最大の発明は、言葉であったと言わなければならぬ。

歴史的にこんな大役を勤めてきた言葉は、亦吾人《またごじん》の日常生活の上に他に比べもののないほど大きな仕事をしている。大は一国の政治から、小は一家庭内の瑣事《さじ》に至るまで、みんな舌三寸の動きで決定せられている。「お早うございます」から「お休みなさい」まで、私共の生活は、「ことば」「ことば」の連続である。ラジオの放送、レコードの音楽はもとより、新聞雑誌までが、「ことば」を字に写したものである事を思うと、寝ている時だけ、やっと言葉から解放されている位のものだが、その睡眠中でさえ、時々寝言をもらす程に、「ことば」の海の中に浮んだ生活である。

釈尊が、私共のしてはならぬ十大悪事を誡められた中に、意《こころ》の三（貪欲《とんよく》、瞋恚《はらだち》、愚痴《ぐち》）身《からだ》の三（殺生《せつしよう》、偸盗《ぬすみ》、邪淫《じやいん》）に対し、口には両舌《りようぜつ》、悪口《あくこう》、妄語《うそ》、綺語《むだぐち》の四事をお挙げになったのも、日常生活と言葉との関係の重大さ、深刻さを考えるといかにも当然のことだと思われる。

麁言と善語

いつも深遠な仏教を身近く日常生活に即してお教え下された釈尊のことであるから言語に就いても、多くの教誡をお残し下された事は今更申すまでもあるまい。『大無量寿経《だいむりようじゆきよう》』には、

麁言《そごん》を遠離《おんり》せよ、自ら害し、彼を害し、彼と此と倶《とも》に害すればなり。
善語《ぜんご》を修習せよ、自ら利し、人を利し、人と我と兼ね利すればなり。

と、お説きになって、成仏の大願をもつ仏教徒が、言語に就いて心すべき事を、極めてわかりよくお示しになっている。数多い麁悪語《そあくご》の中の最悪なものは、先に述べた十悪中の四事であって、両舌（また離間語《りけんご》ともいわれて、両方に別々のことを言うて中を割《さ》く言葉）、悪口、妄語《もうご》、綺語《きご》、（穢語《えご》又は無義語《むぎご》ともいい、無用の言葉を弄すること、噂話にうち興ずることなど）

即ちこれである。

従来、仏教では、この「してはならない」消極的方面を説くに急であったため、積極的な「なすべし」という徳目が無いのではないかとの疑問を与えがちである。しかし、釈尊は、遠離《おんり》すべき麁悪語の害と、修習すべき善語の利とを、上のように並べ説いておいでになるのだから、私共は、世人の誤解を正すと共に、自ら積極的に修善《しゅぜん》の行に努力すべきである。

愛語

然らば、善語とは何であろうか。同じく『大無量寿経』に、「和顔愛語《わげんあいご》」と示し、『阿含《あごん》経《きょう》』（『中阿含善生経《ちゅうあごんぜんしょうきょう》』）には、四摂法《ししょうぼう》の中に、布施に次いで「愛語」が挙げられている点から見ても、善語の随一に選ばるべきは愛語であろう。道元禅師は、この愛語を釈して「衆生をみるに、まず慈愛の心をおこし、顧愛《こあい》の言語を施すなり」と言うておいでになる。内に深く蔵《かく》されている慈愛の念からでる言葉、衆生愛、人間愛の根から萌えでる言葉、これが愛語である。「顧」とは気にかけることである。特に心にかけた優しい言葉、親愛の語を用いるのが愛語だとの解釈だが、愛語とお世辞を混同してはならない。求むる心を内に蔵し、腹にもないことを言うのがお世辞である。いつもになく愛嬌がよいと思ったら御無心だった、という位が落である。孔子も「巧言令色鮮矣仁《こうげんれいしょくすくなしじん》」と言われた。にたり、にたりと笑を浮べて甘《うま》いことを言うものは、皆自分本位で、他人の事を考える仁《なさけ》の心はないものだとの意である。愛語は之と反対で、先方本位である。慈愛の心から、仁の心から出る言葉である。他を先として、求むる心のないのが愛語である。

七種の愛語

先徳はこの愛語に就いて、七種の名目を挙げて、其の内容を明らかにして下さった。その一々について、私の味わいを述べたいと思う。

㈠　可喜語《かきご》

随意愛語《ずいいあいご》（他人の意《こころ》に随順する語）とも呼ばれ、対手《あいて》を喜ばすために、その立場に立って、その意に叶う言葉を用いよというのである。「一切衆生《いっさいしゅじょう》　悉《かならず》有仏性《ぶっしょうあり》」が仏教の原理であり、また「念仏衆《ねんぶつしゅ》　生摂取不捨《うじょうせっしゅすてず》」が如来の本願である限り、私共仏教徒は、凡ての人に対して、必ず仏になる人、御同行《おんどうぎょう》、御同朋《おんどうぼう》として接するのが、その理想でなくてはならない。もし相手がまだこの教に目ざめていなければ、その人をして仏道に開眼せしむることを最終の理想として、之に接しなければならぬ。道心《どうしん》なきもの、道心薄きものには、之を導くに、適当の道を以てしなければならない。随意愛語には、こうした背景があって始めて意義がある。

博多万行寺《まんぎょうじ》の七里《しちり》恒順《こうじゅんし》師は、明治の大徳《だいとく》であった。世人の広く知ることである。広島の有名な布教家で、暇さえあれば万行寺に詣でて、その徳化を受くるのを楽しみとしていた人があった。或時、滞留の日も満ちたので、お暇乞に上ると、帰途、下関の一同行を訪問してくれとのことで、喜んで承諾申し上げると、「その男はの、お仏壇が大層自慢だからの、先ず第一にそれをほめてからお話をしてやってくれ」との御注意があった。誠に行届いたことであったと、その人は、老師の逸話を伝えて下さった。当時、まだ学生であった私には、老師の仁心《なさけ》などわかろう筈はない。七里和上《わじょう》ともあろう人が、同行の慢心を矯《た》めようともしないで、かえって増長させられる心根は、けしからんと、その人にくってかかったことであった。しかし、近来少しく愛語の教を味うに至って、始めて七里和上の深い心境を知らして頂き、老師が「その所応《もとめ》に随って而《しか》も為《ため》に説法す」という随意愛語に生きておられたことを知り、今更、頭が下るばかりである。卑しい自分の心根から批判して、阿諛追従《あゆついしょう》の言葉とばかり考えたあさましさを、心から恥かしく思わずにおれない。

道元禅師は、愛語の心構として、「徳あるは、ほむべし。徳なきは、あわれむべし」と教えなされた。どんな人にでも、必ず一つや二つの徳はあるものである。私共は、慈愛の心を以て、それを見つけ出し、それを表彰すべきである。然るに、私共の日常は、全く之と正反対である。他人の徳には好んで眼をつぶって、これを認めようとせぬ代りに、その不徳は目を皿にして探し出した上で、之を攻めたてる。「徳あるはほむべし、徳なきはあわれむべし」の逆を行っている。これでは、地上に仏国土《ぶっこくど》の建設せられないのも当然である。仏教徒たる者、大いに省みる所がなくてはならない。

自分が、たまにした小善《しようぜん》は、できるだけ人に知ってもらいたい。他人のしたことは、どんな大善《だいぜん》でもなるたけ知らぬふりがしたい。悪事については、その反対に、人の噂はしたい、自分の事には触れて貰いたくないというのが、私共の根性である。家庭の風波、社会の紛争の大部分は、この根性から生まれてくる。もし平和な家庭、明朗な社会が望ましかったら、その家庭、その社会の一員たる自分自ら、第一にその根性を改めて、他の善を認め、その不善に眼を閉ずべきである。人は山につまずかず、つまずくのは小石か木の根である。自分の此のけちな根性が、すべての躓きのもとになっていることを自覚して、新しく出直さねばならぬ。

特に二世に対しては、その労を認めて、之を賞めるという細かな心づかいが大切なように思う。子が親の為に働くのは当り前ではないか、余り賞めると却って他人行儀になるというのが、親たる一世の常識である。しかし、二世はアメリカ人であり、その常識はアメリカ流であることを忘れてはならない。親子夫婦の間でも、何かして貰ったら「有難う」と言い合うアメリカ風からみれば、日本流の親の態度に、二世は何かしら物足りなさを感じているようだ。「徳あるはほむべし」の活用は、特にアメリカ生活に大切である。

㈡　可味語《かみご》

味のある言葉、意義のある言葉ということで、十悪中の綺語《むだぐち》（無義語）の反対である。釈尊は、穢語を語るの愚を避けて沈黙の賢に就けと、常に弟子達を誡めていられる。さればといって、苦虫をかみつぶしたように、しかめ面で暮せと強いられるのではない。人の噂話や、無駄話の外に、もっと広く話題を求めて、実のある話をせよとの誡めである。スポーツ趣味、絵画、音楽、センターで修めた謡曲、川柳等の色々な趣味など、情操を豊かにする話題はいくらでもある。殊《こと》に同信の友が、互にその味わいを語り合う如きは、最上の可味語というべきであろう。

ついでに申上げておきたいことは、噂話の扱い方である。噂は、伝える人があるから拡がってゆく。噂が伝わってきたら、自分で止めておいて、人に伝えないことである。特に悪い噂の伝播機となることは、心して避くべきである。これまた「徳なきは憐れむ」愛語の精神である。釈尊は、友が私語《ささやき》せられているとき、他人に之を話してはならぬと誡めておいでになる。

㈢　可愛語《かあいご》

先の可喜語が随（他）意愛語――他人の意に随順する語――であるのに対して、随自意愛語とも称すべきものが此の可愛語であって、こちらから自発的にかけてゆく優しい言葉、親愛の言葉である。道元禅師が「衆生を慈念すること、猶赤子《なおせきし》の如きのおもひをたくはへて言語する」と仰せられたのは、正しくこれであると思う。内心に深く蔵《おさ》められている慈《なさけ》心《ごころ》の発露であり、自然法爾《じねんほうに》に魂の奥から流れでる言葉である。家庭を明るくし、社会に平和を将来するものは、実にこの愛語である。

親が子に意見をするときには、必ずこの愛語の精神を以てしなければならぬ。わが子を正道に導くという慈愛の心からの小言でなくてはならない。「親に恥をかかしおって」といった様な瞋《いか》りの心で叱ってはならぬ。これは恐ろしい我利《がり》我利《がり》根性の発露であって、我子可愛さからでなく、自分可愛さからの小言である。こんな親の醜い心は、子供の童心にすぐ響く。あるセンターで、先生も、係りの人も、手こずった不良児に、「なぜ、おうちにより付かぬのか」ときいたら、「だって、三年前のことまで引張りだして叱るのだもの」といったということである。恐らくその親は、自分本位の功利的な考えしかない気の毒な人であったにちがいない。私共は、間違をした愛児の過失を憐む心と、その過失を犯さしめるに至った親の不行届を詫びる思いとを以て、子供の仕付をしたいものである。かくて、自然に、親から子に慈心は流れてゆく。

(四) 善来語《ぜんらいご》

新たに来た道友を歓迎する言葉として、

尊者、善く来て下さいました。何かお心に叶わぬことはありませんか。飲食、衣服、臥《や》具《ぐ》、その他の資材に、ご不自由はありませんか。どうか、ご遠慮なく仰って下さい。

と、新来の道友を迎うる安慰《なぐさめ》、問訊《おたずね》の語まで挙げておいでになる。西も東も分らぬ異郷の空で、こうした愛語を耳にした時、何人か、心魂に銘ずる歓喜を感ぜぬものがあろうか。然るに、現代仏教徒の様子を見ると、仏教には、こうした教は全然ないのではないかと疑われる程に、同じ仏徒教の間にさえ親和性が薄いのは、残念なことである。大抵の仏教会では、知った者同士が一団となって、外来の見知らぬ参詣者には余り目を向けない。「よくお参りになりました」とか、「どちらからいらっしゃいましたか」という位の挨拶さえ、吝《おし》んでいるのではないかと思われる。勿論、お世辞をいう必要はないが、もう少し社交的であってほしい。四海の中、みな同じ念仏に結ばれた御同行《おんどうぎょう》、御同朋《おんどうぼう》であると教えられている私共ではないか。未知の人々に対し、もっと、もっと、親愛の言葉を捧ぐべきだと思う。善来語の修習こそ、特に望ましいことである。

歓迎の意を表わす英語のウエル（善）カム（来）が、この仏教でいうところの善来語と、ぴったり合致していることも、奇で、また頬笑ましいではないか。

㈤　先言慶慰語《せんげんけいいご》

吉凶禍福《きっきょうかふく》に際して、直ちに慶慰の言葉を送れとの教である。七種の愛語の中で、この愛語が現に最もよく行われていると思う。私共の交際の大部分は、お祝と、お見舞と、お悔みで占められている。ただ、ここで心すべきことは、先言の「先」の字の実行である。知友の吉事や凶事を知って、慶弔の念に住せぬ人はあるまいが、その思を直ちに伝えることは中々難かしい。「先言」と教えられたのは、我等のこの弱点をよく見抜かれた上で、特にご注意下さったことと味わい、一日延ばしにならないように気を付けたいものである。

在米同胞社会では、この慶弔が余り華美になり過ぎて、却って形式に流れる弊がありはしないかと思われる。収容のセンターから帰って以来、各地先覚者の努力と、一般同胞の自覚とによって、次第に生活改善の実《じつ》が揚《あが》りつつあるようで、誠に喜ばしいことであるが、尚一段の進展が望ましい。慶慰の精神を本として、形式の末に走らぬことが第一である。

㈥　含笑前行語《がんしょうぜんこうご》

七種の愛語の中で、上記の五つは、内容を主とするに対し、次の二つは、態度を主とした教である。含笑前行語とは、文字どおりに、笑を含んで前に進んで行って話せ、ということである。知友にあったとき、家族を迎えるとき、常にこの態度に出ることができたら、どんなに他を楽ませ、自からを悦ばすことであろう。こんな情味の深い言葉が仏典の中にあろうなんて、思いもそめなかった人も多かろう。しかし、人間性の全部に通じておられた釈尊に、この言あるは当然である。

先頃『加州時事《かしゆうじじ》』の婦人欄で、在留日系人、特に未知の一世同士が、街頭で、店先で、職場で、出あいがしらに、黙礼一つしない淋しさ、物足りなさを歎いてあったが、自分も全く感を同じゅうするものである。どういうものか、日本人はお互に他人行儀である。敵性外人という同一資格で追込まれたセンターにいたときにでも、朝夕の挨拶にさえ誠に無頓着であった。この点では、アメリカ人の方が余程この仏語に随順した生活をしている。センターにいた白人の殆ど全部は、どこであっても、含笑前行して、朝夕の挨拶をするのが普通であった。勿論、その大部分は未知の人であった。在米の道友諸兄姉よ、どうぞ、白人に負けないよう、遠慮なく、惜しみなくどしどし、この含笑前行語を実行していただきたいものである。

(七) 舒顔平視語《じょげんへいしご》

言葉の背景となるものは顔である。そのなかでも、ことに繊細な表現をするのは眼である。悪口雑言する時と、愛語する時と、顔がすっかりちがう。お世辞か、愛語かは、顔を見ていれば大抵わかる。口と目と、まるで反対の表現をしていることなどは、ざらにある。舒顔は、先に「和顔《わげん》愛語」とあったあの和顔と同じく、平視は、和やかな眼光、慈愛溢るる眼つきということであって、舒顔平視語とは、私共が、ものを言う時の表情、態度についてのお教である。

慈心、仁心の表われである愛語の背景は、必ず和顔であり、慈眼でなくてはならない。舒《の》び舒びとした平和な顔、慈愛溢るる眼から流れでる和やかで静かな視線、これだけで、もう充分に無言の愛語である。まして、これを背景として流動する仁愛の言葉に浴する時の歓喜は、不可称《いうべからず》であり、不可説《とくべからず》である。この瞬間こそ、実に仏国土を地上に現成《げんじょう》するの思を味う時である。

行不退転難《ぎょうふたいてんなん》

以上七種の愛語、その何れも、私共が仏教徒として、否、広く人間として、為さねばならぬ行ばかりである。あまりに普遍的な平凡なことだから、苦もなくできそうに思われるが、しかし、いよいよ実際にやってみると、この平凡事も如何に難行であるかということが、しみじみと知られてくる。全部ができねば、せめて、その一つでも日常生活に生かしたいとの努力さえ、所詮、末通《すえとお》らぬ願であるという悲しい現実に終るばかりである。

タンフォーランの仮収容所にいた時の事であった。客僧として仏青《ぶっせい》〔仏教青年会〕に招かれた若井牧師は、「センター生活の哲学」という題で、「ここにいる者は、みんな敵性外人として、鉄柵生活を強制せられている身だから、せめてお互同士打解けて、和やかな生活をしようではないか。それには、誰彼の別なく知っている人にも、知らない人にも、外で会う人には、みんな、お早よう！　今日は！　という挨拶を交し合うことにしたい」という意味の話をして下さった。含笑前行語のおすすめである。よし、一つ実行しようと決心して、それから随分努力してみた。半病人の私のことだから、めったに外に出ないので見知らぬ人に会う機会は誠に少い。それでも、中々実行難であった。まさかなぜ挨拶するか？　と喰ってかかる人もなかったけれど、半分までは知らん顔して、そっぽを向いて通られる。随自意愛語の実行ではないか、先様の受けぶりなんか問題ではないはずだ、と自分にいってきかすけれど、中々胸がおさまらない。その度に、自分の慈心の薄さを慚愧しては、止《や》めたり、また始めたりして、四年のセンター生活を終った。愛語の行を不退転《たえず》に修得する事の難きを知り、愛語を努めて、愛語し得ぬ自分の姿をつかみ得た事は、せめてもの所得であった。

愛語の頂上

こうして、含笑前行語の中でも極めて手軽な挨拶一つできぬ身だなあと、無能無力な我が真実の姿に目ざめたとき、いつとなく浮び出て下さるのがお念仏である。私はこの頃、「南無《なむ》」の二字に行き詰って、動きのつかなくなった自分の姿、なにもかも、ほっぽりだして、「たのみます」「何とかして下さい」と、叫ばずにおれない自分の姿を、しみじみと味わしていただく。するといつでも言下に、「待っていたぞ」と引きとってくださるのが阿弥陀仏である。笑を含んで前に出て「やっと気がついたか、久遠の昔から待っていたぞ」と、優しく言いかけて下さる。こうして、愛語の行に敗れた自分は、大慈《だいじ》大悲《だいひ》の仏心より湧きいずる南無阿弥陀仏の愛語の泉の中に、身も心もひたらして頂いて、念仏こそは愛語の頂上であった、一生受用して尽きぬ法悦の源泉であった、と気づかして貰っている次第である。

親子、夫婦、兄弟との家庭生活に、友人、隣人との社会生活に、一日半時も欠くことのできない言葉、その言葉の正しい使用法をお示しになった愛語の教こそは、その実行の努力と、その努力の悲しき破綻とによって、私を、絶対他力の親心に帰らしめ給う道程に外ならなかった。よくよく案じみれば、われらの日常生活のただ中に、近くその門戸を開けていて下さるのが、如来本願の大道である。「道は近きにあり」これを遠きに求めてはならぬ。

四、何か御用は？・（布施の三、利行摂）

店頭にて

買物に行くと、店員が静かにやって来て、愛嬌笑いを浮べながら、「何か御用は？《メイアイヘルプユー》」と声をかける。店に入る以上は、何か欲しくて来ているにきまっているのだから、「何《ワット》が御入用《ドゥユーウォント》ですか」とでも聞きそうなのに、「何か御用は？」では、少し筋が通らぬような気もするが、品物のある所に案内したり、気楽に商品を撰ばれるお手伝でもさして頂きましょうか、というお客本位の奉仕の心持から出ているのだと解すると、この言葉に好意を感ぜられ、いかにもゆき届いた親切な心遣いよと、売子の笑顔に、こちらも微笑み返さずにおれなくなる。

笑の研究

私達には極めて愛想よくみえる店員達のこの笑顔にも、専門家にいわせると、中々文句があるらしい。数年前のことである。ニューヨークの或る大商店で、店員全部を集めて、

「笑」の調査をしたことがあった。有名な舞台監督イーデン氏が特に招かれて、その調査に当った。氏は、店員一人一人に笑わせてみた後で、どの笑も「作り笑」で、「真実の笑」は一人もないといった。「作り笑と、真実の笑との差別は、目にある。ほんとうに笑う時は、目も一緒に笑う。ところが、作り笑では、口だけ笑って、目の方は、むしろつらいといった表情を湛《たた》えている」と、いったということである。

それから二週間、「笑の授業」を受けた店員達の成績は、三ヶ月間に一割五分の売上増加となって同業者を驚かせたということであるが、その授業の内容は公開されていないので、残念ながら、ここに紹介することができない。

表裏不相応

笑の真偽が眼にでると見抜いたのは、さすがに舞台監督の炯眼である。優しい笑顔でお客に奉仕している店員も、その心の中には、一品でも多く売付けて、販売の成績を上げ、棒給《サラリー》もあげて貰い、歩合も増して貰いたい、という自己本位の利害の打算がみちみちている。見かけは、如何にもお客さまの事ばかり思っておりますという風であるが、実は、自分の損得を勘定しているという表と裏の喰違いが、知らず知らずの中に、目から流れ出ているに違いない。イーデン監督の教授ぶりは分らないが、作り笑の原因が、この表と裏と相応しないという事実にあることを突止めて、その根本から改めてこない限り、到底、真実の笑は生れてこないものと思われる。

利行

私は、この「何か御用は？《メイアイヘルプユー》」という言葉を聞く度に、イーデン監督のいったことを思い出して、「定めし、おつらいことでしょう」と、微苦笑したくなる。と同時に、いつも、きまったたように、「利行《りぎよう》」という語を思い出す。

「利行」とは、お釈迦様が、他に対する道の一つとしてお残し下さった教である。常に、「他を利する行」をしようという心構で生活せよ、との教である。あの眼《まなこ》からもれてくる「自分の為」という貪欲の根さえ切れていたら、この「何か御用は？」という言葉ぐらい、「利行」の心の動きを表わすものは他にはないのに、何だか惜しいなぁ、といったような私の気持から、自然に「利行」という語を思い出させてくるらしい。

こうすればこれだけの得になる、こうやるとこれだけの損をすると、算盤をはじくのを常とする私共も、時とすると、損得の勘定を離れることがある。報を求めない愛情の発露するのはこの時である。真実の親に、子に、真実の夫に、妻に、真実の友人に、隣人になり切れるのは、正にこの時である。私共の心の奥深く埋もれているこの利行の慈心は、時に禽獣に対してすら起きてくる。

浦島太郎が、子供に捕えられた亀を買って海へ放した話や、中国の揚宝《ようほう》という九歳の少年が、梟《ふくろう》のために叩き落されて、沢山の蟻にたかられて苦しんでいる雀を救ってやったという話などは、皆この利行の心の現われに他ならない。

墓地清掃

そんな遠い国の昔噺でなく、近く、我等の身辺にも、時にこの利行の面影を見ることができる。

各地にある日本人墓地には、無縁の墓が随分ある。嘗てはサンオーキンフィーバーと呼ばれ、中加《ちゆうか》の地方病とまで思われたマラリアの犠牲となって、その開拓時代に、多くの青年が恨を呑んで倒れたといわれるフレスノの墓地には、特に無縁の墓が多い。葬儀社の記録には、「無名《アンノン》の日本人《ジャップ》」とのみ記されているが、この気の毒な先駆者達が静かに眠っている墓地を清掃する為、毎年、招魂祭前には、墓地管理委員会で相当の経費を出して、掃除の人を雇ったものである。

ところが、二十余年前のこと、思いがけなくボールス地方青年会が、この墓地清掃の奉仕作業を申し出たことがあった。その因縁は、当時、偶々《たまたま》沿岸視察中の五明忠一郎《ごめいちゆういちろう》という人から、この「無名の日本人」の犠牲の尊さを聞かされた純真な青年の人々の感激が、この奉仕となって現われたとのことであった。せめて、一鍬《ひとくわ》でも、この聖なる奉仕に随喜したいと思った自分も、ホー（鍬）を取ってお手伝いしたことであった。すると、掃除の終った時、ゆくりなくも、一場の法話を求められたので、「地下に眠れる人々からはもとよりのこと、地上に於ても、誰一人お礼を言うてくれる遺族のいないこの無縁の人達の墓地を、心から進んで清掃して下さった諸君の、この酬いを求めない奉仕こそは、大乗菩薩の行者として拝みたい気がする云々」と、青葉の下で、若人達に、「利行」の大道を語ったのであった。その日の感銘と印象は、今も、なお、私の胸に深く刻みつけられている。

我欲

思うに、私共の日常生活は、この尊い話とは全く真反対であるのが常でなかろうか。何をするにも、利害関係や、損得の打算が先に立つ。出来高仕事となると、仕事の分量をあせって、出来上りは考えないし、時間仕事となれば、少しは念入りな仕事をするけれども、そのかわり、中々はかがゆかない。何をするにも、他の犠牲によって自らを利せんとする。霜害時分になると、よその畑がすっかり霜にやられて自分の畑だけ免れるとよいがなどと、よく戯談《じょうだん》まじりに話し合っておられるが誰の腹の中も、開けて見たら、みんなこんなものではあるまいか。他の利を見て、表に「結構でしたね」と、お祝は口にしているものの、内心は、嫉妬の念で一ぱいで、何とも言えぬいらいらしさ、腹立たしさが渦巻いているのではないか。之に反し、他の損を見ては、殊勝相《そう》に、「お気の毒でしたね」と、あらん限りの同情の辞を惜しまぬけれども、心の底では、自分でなくてよかったと、ほっとした気持でいる位はまだよい方で、どこかの片隅で、「ざまを見ろ」といったような醜い凄い念《おもい》が、潜《ひそか》に頭をもたげてはいないだろうか。この我欲《がよく》、この貪欲《とんよく》こそ、自分自身を不幸にするばかりでなく、一家をも不和にし、社会に不安をもたらし、終には、国と国との戦争まで導く原動力であることを忘れてはおらないだろうか。他を犠牲にし、他に損をさせても自ら利せんとする、この自利損他《じりそんた》の生活、私共が、知らず知らず毎日を送っているこの生活の行きつく所をよく考えて、自分の日常生活に深い反省の眼を向けるところに、信仰生活の第一歩は開けてくるのでなかろうか。

自利利他の生活

古来、人間は半神半獣の動物だといわれているが、他人のものを叩き落してでも奪いとらんとする利己本位の一面と共に、身命を捨てて他のために尽すという真反対の一面もあることは、前記の通りである。涼しい水の生活にひたりがちな夏の盛りになると、溺れんとする子を、友を、時には未知の人を救わんとして、却って己の生命を失った気の毒な人のことを、よく新聞で見うけ、胸塞がることであるが、ここに、人間の神に通ずる一面を、はっきり窺うことができる。

この人間性の両面を満足させたいとの念願から生まれるものが自利利他《じりりた》の生活である。覆われ勝な人間性のよき半面を活かすことに努力して、自と他と共に利せんとするものであって、もし願いの通りに生活してゆくことができたら、誠に理想的である。私共は力の限り、この自利利他の行に生きたいものと思う。されど、自分の行のほとんど全部を、無意識の中に、利害得失という秤にかけた上で実行する私共は、与えられた利他の機会さえ、みすみすのがしてしまうような愚かな悲しい日々を繰返している。よその子の非行《まちがい》が目にとまる。親に注意してあげたらという利他の念が、ちらと頭の中に湧く。しかし、余計なことをいって、誤解でもされたら、飛んでもない馬鹿をみるからと、知らぬふりをする。会合の席で話がきまる。みすみす間違と解っていても、反対をしては損だから、と控える。そのために、自分の属する団体や、社会の不利となることはかまわない。これらは、まだまだ罪のない方で、人前で笑い話の種にもなる位だが、もっと、もっと醜い、浅間しい算盤勘定から、利他の機会に眼をふさぐ私共には、自利利他の理想生活は、到底、実現できないことを知らなければならぬ。

こうして、日夜、我欲のために苦労を重ね、義理も人情も棄ててはてて、利得を追うているが、果して幾人か、よく目的を遂げ得るであろうか。万一、幸にして巨万の富を蓄積し得たとしても、その財物は、一体、何の役に立つのであろうか。

マグドノーとラスタベリー

三月ばかり前に、桑港《サンフランシスコ》の千万長者マグドノーという男が、七十余歳で病死した。闇の世界の顔役だったということで、その巨万の富は、警察の目をくぐる不正な商売で以て人々の懐をしぼったり、この男の発案だという裁判の保証金の貸付などで作られたということだが、その葬式には、平生《へいぜい》親しかった人達も、人目を憚って会葬しなかったし、棺側《かんそく》につく友人もなかったのか、お金を払って棺をかく人を雇ったということだ。妻子に先立たれているので、老人の遺産は、全部がその兄夫婦にゆくということである。かくて、数知れぬ人々を犠牲として積み上げられた富は、何一つマクドノー老にそうことなく、数千万弗《ドル》にのぼる財産を、空しく地上に残すために作った罪の重荷を背負うて、ただ一人淋しく死んで行った。死ぬ十年ばかり前から、教会に日参を欠かさず、毎日懺悔をしていたということだから、我欲ばかりの半生を顧みて、何とかして利他の生活に向け変えたいものとの願も、時には起きたのであろうが、余りにも強烈な我利我欲のためにたまたま起る善心までがうち砕かれたものであろう。貧富の点では天と地ほど違うこの未知の老翁の上に、常に理想と現実との戦いに敗れている私自身の姿を見出して、淋しく、念仏したことであった。

地上に富を蓄える事のみに暮して、他に与えることを知らなかった此の資産家に対し、八百余年前露領コーカサスに生まれた詩人ラスタベリーは、

汝の有するものは失はれん。されど汝の与へしものは、永久《とわ》に汝のものたらん。

と歌ったということである。また道元禅師は、

愚人《ぐじん》おもはくは、利、他をさきとせば、みづからが利はぶかれぬべしと。しかにはあらざるなり。利行は一法なり、あまねく自他を利するなり。

とお教えになった。利他の中に真実の自利があるのである。宝を天国に積め、というキリストの教も亦《また》、ここにあるのではないかと味われる。利他の中に真実の自利は潜んでいる。利他そのままが自利なのである。一度利他を離れるとき、自利は自らを利するものでなくて、却って自らを害するものと変ってくる。自分を地獄に繋ぐものは、この我欲である。この我欲は、影の形に添う如く、いつ、どこでも、私のお伴をしてついて歩く。しかし、お伴と思ったこの我欲は、いつのまにか私の主人となって、私の凡ての行いを支配しているのではないか。

念々称名常懺悔

利他の行に生きたいとの願は内にある。その行が、自分を仏の国に結びつける尊いものだということも、よくわかっている。それなのに、日々の実生活は、この願を裏切って、

我欲の一路に走る。うっかりしていると、その利を追うに急な自分の姿さえ見失ってしまうのが、私の日々の生活である。そうした私をして、この醜い自分の真実に、眼を開けずにおれないようにして下さるのが、この「利行」の教である。報を求めない慈愛の念から、利他の聖行に努め励んでみて始めて、逆に、自分の無力さ、無能さが、はっきりと知られてくる。実に、利行の教こそは、私の真実を映し出す明鏡である。八十六歳の老聖親鸞は、

悪性《あくしょう》さらにやめがたし
こころは蛇蝎《じゃかつ》のごとくなり。
修善《しゅぜん》も雑毒《ぞうどく》なるゆえに
虚仮《こけ》の行《ぎょう》とぞなづけたる。

と悲歎し、

小慈小悲《しょうじしょうひ》もなき身にて
有情利益《うじょうりやく》はおもふまじ

と述懐なされている。これ、修善慈心の行の鏡に映し出された自分の姿に、悲痛の念を新

たにせられた心境の卒直なる表白であったに相違ない。

思うに、阿弥陀如来の本願《ほんがん》こそは、げに絶対無上の「利行」である。あらゆる衆生を仏と成さずば我も仏と成らじ、との御誓《おんちか》いこそ、実に最も純なる利行であり、その本願より生まれた南無阿弥陀仏の名号《みょうごう》こそ、仏と私とを結んで放さぬ救済の姿であり、仏の利行の生きた動きである。このみ名を称え、仏の利行の鏡に映る己が姿に見入っては、いよいよ浅間しさに徹し、無慚無愧の生活を知らしめ給う慈愛の鞭としての念仏の味わいを、つつましく学ばねばならぬ。

かくて、修善の国に入る凡ての門の閉されていることが真実に知られた時に、「門余《もんよ》の大道《だいどう》」と称せられる他力の念仏より外に私の救われる道のないことが、いよいよ明らかになり、「念々称名常懺悔《ねんねんしょうみょうじょうさんげ》」というかの古聖の言葉が、しみじみと味われてくる。自分の現実の生活に裏付けられて、始めて懺悔《さんげ》と感謝の念仏が、毎日の日暮しの中に生きて動いて下さるのである。

五、生活の三様式（布施の四、布施摂）

三人の煉瓦工

ある町角に、工事中の大きな煉瓦造の建築があって、沢山の職人が働いていた。或日、通りがかりの他所者《よそもの》らしい見なれぬ男が立ち止って、じっと、その様子を見ていた。すぐ近くで働いていた煉瓦工は、むっつりとして、せっせと煉瓦を積んでおった。通りがかりの例の男は、何と思ったものか、つかつかと傍へ行って、「今日は、いいお天気ですな、ときに、何をしておられますか」と、きいた。すると、その職人は見向きもしないで、「煉瓦を積んでいるんだよ」と答えた。例の男は、だまって、ゆっくりと歩き出した。

しばらくすると、第二の煉瓦工の傍に立ちどまって、同じ問をくり返した。「今日は、結構なお天気ですな。時に、何をしておられますか」きかれた職人は、漆喰に使うセメントを煉瓦の上においてやおら、その男の方を見返り、「一日二十弗《ドル》稼ぎ出してる所だがね」という。例の男がその建物の角を廻ると、第三の煉瓦工は、口笛を吹き吹き、楽しそうに働いている。例の男は傍に歩み寄り、又も同じ問をかけた。きかれた男は、丹念に一枚の煉瓦を並べ終ると、すっと立ち上り、後ずさりして、未完成の大建築を見まわした上で、誇り顔に、「私は伽藍《おてら》を建てさして貰っておりますよ」と答えるのであった。

異った見解の起り

同じ日に、同じ工事に働いていた同じ煉瓦工が、その同じ仕事に対し、三人三様の異った見解をもっていたとは、実に考えさせられることではないだろうか。同一の水を、天人《てんにん》は瑠璃《るり》と見、人間は水と見、餓鬼《がき》は膿血《うみち》と見、魚は住所《すみか》と見るとは、同一の境《ところ》に対し、各々異れる見解を懐く喩え話として、経典によく引かれているところである。この一水四見《いっすいしけん》の譬喩では、見る者がみな、その境界を異にしているのだから、それぞれ違った見方をするのも尤《もっと》もだといえぬこともないが、同時に、同所で、同じ仕事をしている同じ職人の間に起ったこの大きな見方の相異は、果して何処から出て来たものだろうか。

この疑問を解くために、私共は今一度、この三人の答をよく味ってみよう。第一の職人は、ただ煉瓦を積むことだけしか考えていない。第二の職人は、この仕事が一日二十弗になるという自分の労働をお金で勘定して、それで満足しているらしい所が少し違っている。第三の職人は、煉瓦を積んでいることも、一日二十弗稼ぎ出していることも、第一、第二の職人と少しも変りはないが、彼は尚その上に、この一枚一枚の煉瓦が積み上げられると、立派な大伽藍《おてら》となるのだ、自分は仏法弘通《ぶっぽうぐずう》の道場を建てさして貰っているのだ、という大きな誇と、限りない喜びの中に仕事をしている。その見解の深さ、広さは、到底、他の二人と較べものにならぬことは、あの短い返答の中に、ありありと見ることが出来るではないか。三人三様の答の相違のもとが、三人の心の働き一つにあることは、今更いうまでもないことであろう。

日々、自分自分の職場で働いている私共は、この三人の中のどれに当るだろうか。「私は煉瓦屋ではありません」「伽藍の建築に関係はありません」と思ってはならない。人はみな、人生といい、社会という大建築を造り上げる煉瓦工なのである。私共各々、受持の職場職場で働く日々の仕事が、一枚一枚の煉瓦となって、自分の人生を、社会を、築き上げてゆくのである。その大切な仕事を、ぼんやりと、ただの仕事として過してゆくか、今日は何弗《ドル》になったと勘定に夢中になって、儲けた、損したと言い暮すか、同じ仕事から、仕事以上の何ものかを味い得て、多少なりとも「日々是好日《にちにちこれよきひ》」の頬笑ましい余裕のある日を恵まれているか、この三人の煉瓦工を善知識として、お互に、よくよく反省したいものである。

「やったり、とったり」――生活の三様式の第一

私共の基礎生活――生きてゆく土台となる仕事――が、心の持方一つで色彩を異にしてゆくことを教えられてみると、私共が無意識の中に繰り返している日常生活に、大体三種

の様式があることに気づく。私共の生活は、色々の角度から見ることができる。まず之を経済的に見て、有無相通《うむあいつうず》の生活、「やったり、とったり」の生活と考えるのが、最も常識的な見方であると思う。物と物と交換した太古から、資本主義の発達した現代に至るまで、凡てがこの原則に基づいている。百姓は作物を与えて他の必要品を求め、労働者は労力を与えて得た労銀で生活に要するものを買う。商人は、それらの交換の仲介をして生活するという工合に、私共は、自分の持っているものを与える代りに、他から必要なものを与えられて生活している。いわゆる「持ちつ、持たれつ」の生活をしている。そして、この「やったり、とったり」が公正に行われてゆけば、天下は太平で、何も申分はない。所が、とかく「やる」分量と、「とる」分量との間に、文句がつきやすい。その果ては、とんでもない生活様式におちてしまう。即ち、「とったり、とったり」の生活である。

「とったり、とったり」——生活の三様式の第二

私共は、「持ちつ、持たれつ」の世の中であるということは、よく承知している。それでいて、どうしたものか、とかく「持たれつ」になりたがってなるだけ、「持ちつ」の側に廻らぬように気をつける。それもその筈、物心つく頃から、耳にするものは、取込む方の話ばかり、家庭でも、街頭でも、金を儲けた話、金を貯めた話は出るが、その金をどんなに使ったらよいかという事は、一向に聞かされない。せいぜい無駄使いするな、と教え

られる位のことだ。それ故、人間万事慾の世の中となってしまって、生馬《いきうま》の目でも抜こうかという事になる。その結果は、金ばかりでなく、習い覚えた知識や、経験までも、ただ自分の名利の為に使うことばかり心がけることになって、その知識経験を、人のため、世のため、どんなに有用に使わねばならぬものかという事を、考えようとさえしない。

こうして与えることを忘れて、取込むことばかり心がける片輪の仕つけを受けて、成人してきたために、出来るだけ少く与えて、成るたけ多く取るほど利巧者ということになり、「与える」ということ自体までが、「取る」ための餌のように考えられることになって、最後には、その餌さえ使わずに取る工夫をするようになり、「やったり、とったり」の上半分はなくなって、「とったり、とったり」の生活になってしまう。「やらず、ぶったくり」という嫌な言葉の存在は、この一事を最も雄弁に物語っているではないか。この与えることを忘れて、取ることばかりに生活の全部を打込んだ結果が、現在全世界を覆う不安となり来たっているのである。個人と個人の不和も、階級と階級の闘争も、国と国の恐るべき戦いも、その原因をつきつめてゆく時、全部が、この間違った心にあることが明らかに知られてくる。「もちつ、もたれつ」でなくては立ってゆけない世の中とは百も承知しながら、幾千万人という多人数の中で、たった私一人ぐらい少々分量を加減しても大丈夫だろうと考えて、「もちつ」を減らし、「もたれつ」を増やす。ところが、世の中には、その考え違いの「私」ばかりが、うようよしているのだから、「もちつ」と「もたれつ」との釣合が巧くゆかなくなって、とうとう住み心地の悪い「もたれつ、もたれつ」の世の中になってしまう。「やったり、とったり」の常識の世界から、何時《いつ》の間にか、「とったり、とったり」の没常識の世界に転落してしまっている。しかも、その現実に眼をふさいで、どこまでも常識ですべてを処理してゆこうとする所に、大きな無理が起ってくるのである。この現実に対する無知、飽くなき慾、充たされないための怒り、この三つこそは、私共を毒する三大罪悪であって、釈尊が之を断てよと、常に教え訓して止みたまわなかった彼の愚《ぐ》痴《ち》・貪欲《とんよく》・瞋恚《しんい》の三毒《さんどく》の煩悩《ぼんのう》である。没常識な利己本位の生活、自分さえよければ他人はどのようになってもかまわないという不合理な生活の根元が、私共の心の動きの方向ちがい（惑《わく》）にあることを示して、その方向を正せよ、と教えるのが仏教である。

「受けてもらったり、与えられたり」——生活の三様式の第三

然《しか》らば、私共のこの心の方向違（惑）を正しくする教とは何であるか。釈尊は、三毒の煩悩を挙げられるとき、常に「貪欲」を先ず最初に置かれた。「瞋恚」は「貪欲」がとげられない時に起ってくる。そうして、この貪《むさぼり》と瞋《いかり》の二つは「無知」（愚痴）から起る。何事にも、現実に即して求道者を導くことを常とせられた釈尊は、三毒の煩悩の発生する順序に従って、まず貪欲をなおす教を説かれた。六度《ろくど》という教の第一にある布施《ふせ》の行は、即ちこれである。

とり込むことばかり考えている私共に、与えることを教えられたのが布施である。平生《へいぜい》の心の動きを真反対に向け変えよ、との教である。握ったら最後、挺子《てこ》でも離さぬこの根性に、百八十度の大転換を起させて、さっさと離せ、という教である。一寸考えると、与えるということは、その気持になりさえすれば直ぐに実行できることのように見えて、実は、相当やり難い仕事である。

「人に物、ただやるさえも上手下手」とあるように、下手な与え方をすると、あげた方も、貰った方も、後味の悪いことが随分にある。その原因は、与える者の心の持方から起るのだから、釈尊は、布施行をお説きになる時、特にこの点に深く注意して下さっている。布施は、施者《ほどこして》と受者《うけて》と施物《ほどこしもの》との三つの中、どの一つが欠けても成立しない。元来、布施は、自分に貪欲という難病のあるということを知った施者が、その大病を治療するために用いる薬である。そうして、どんなにその薬をのみたくても、施物と受け手がなくては、その妙薬を摂《と》ることは出来ない。施物といえば、金銀、財宝、飲食物、什物の如き、いわゆる「物」に限られるかのように考え勝である。若し、そうとなると、無一物の貧乏人には、布施の行は不可能となる。しかし、施物は、決して上にあげたような物資に限られていない。物の施しは、むしろ第二義的なものであって、施者が、自分自身を施す「者施《しゃせ》」こそは、最も大切なものとせられている。言葉（口業《くごう》）を施物とする愛語、身体の働き（身業《しんごう》）を施す利行《りぎょう》、心の動き（意業《いごう》）を施す同事《どうじ》は、みなこの者施である。だから、いかなる貧しい人も、我に施物なしと歎いてはならぬ。いやしくも、自分が存する限り、無一物中に無尽蔵の施物を有しているのである。但し、ここに一つの問題となるのは、受者である。施者もある、施物もある、しかし受者がないとなると、貪欲退治の布施の良薬も、調合できないことになる。そこで、受者の存在ということが、布施行の成立には最も重大な契機《やくわり》をなすのである。この故に、施者は、受者があって受けて貰えたことを喜びとし、感謝せねばならぬことになる。

　さて、ここに慈善と布施との相違がある。与えた人が自ら優者《すぐれたもの》の位置に立って、その善《よい》行《おこない》を自らも認め、他にも認めさせたい、といった気持のとれ切れないのが慈善である。「よくお受け下さいました。おかげで布施を行じさして頂き、貪欲をなおす妙薬を摂《と》らして貰います」と、受けて貰ったことを有難く思わずにおれないのが布施である。慈善は常識の世界であり、布施は超常識の世界である。私共の他に対する身口意《しんくい》の行《ぎょう》をば、「してあげる」「与える」という常識の世界の考え方を超えて「粗末な行届かぬ私の行為を、言葉を、心持を、よくも受けて下さいまして、有難うございます」と、感謝の念で他に献げるのが、布施である。他人に「もの」をあげるという事は、常識の世界では「与える」であり、「やったり」である。その同じ事を、「受けて貰う」と味うときに、それがそのまま布施行となる。行者《おこなうもの》の心の方向転換によって、「やったり、とったり」の前半分「やったり」が、「受けて貰う」に変ると共に、後半分の「とったり」も、必然に変化して、「とる」でなくて、「与えられる」のだと、味わざるを得ないようになってくる。自分の力で取るのでなくて、他からの施物を受けているのだと知られてくると、ここに、「受けて貰ったり、与えられたり」の、第三の生活様式が生まれてくるのである。

生活の三様式

常識の世界の「やったり、とったり」の生活様式が、自分の貪欲《むさぼり》から、知らず知らず「やらず、ぶったくり」の没常識の生活様式におちて行く。之が現に私共の住んでいる世の中の実際である。「自ら損し《じぶんもそんを》、他を損する《ほかのものをそんを》」苦悩の世界は、こうして生まれてくる。人もし、この苦悩を除かんと欲すれば、速かに仏の教に順《したが》って、「受けて貰ったり、与えられたり」の超常識の生活様式に入るべきである。とはいえ、言うは易く、行うは難い。布施行に生きることの和やかさ、楽しさは、充分に理解しながら、之を実現しようとすると、なかなか以てむずかしい、実に難中の至難事である。この大道《だいどう》を目の前にしながら、その道を進み得ない自分の無能な自力《じりき》を歎くより外にないのが、私の現実である。教はある、道は開かれている。しかし、その道を行き、その教に生きる力の絶無なる《まったくない》に気付く時に、絶望落胆して、我が身の浅ましさに泣く外ない自分を見出すのみである。ただ、ここに私共は一歩退いて、理想と現実とのこの矛盾に悩む自分を、自ら静観《しずかにみる》しなくてはならぬ。よくよく考えてみると、布施の大道に行き悩むとか、進み得ないとかいうことの出来るのは、少くとも、その行を実行してみた上のことである。口で言うは易いが、自分の日々の生活はどうであろうか、自分はこの大道に一歩でも足をふみかけているであろうか。たまたま布施の真似事はしてみる。しかし悲しいかな、その行の中には、常に名誉を思い、利益を追う醜い貪欲の毒が混っている。貪欲を治するために摂る筈の布施行の中に、いつの間にか、貪りの病毒そのものが潜入しているのではないか。先徳が「雑毒《ぞうどく》の善」「虚化《こけ》の行《ぎょう》」と歎かれたその心事《こころもち》を、おぼろげながらも感ぜざるを得ないのが現在の自分である。釈尊の至り届いたみ教《おしえ》であるこの布施の行を味い来って、如何《どう》ともなし能《あた》わぬ我が真実の姿に突き当ってみると、心の底から、「何とかして下さい」と、自分の全部を投出して叫ばずにはおれないこの私を、「待っていたぞ」と、大慈悲のみ手に摂《おさ》めとって、離し給わぬみ仏の親心を、初めて、しみじみと味わさして貰えるのである。「南無阿弥陀仏」の六字は、ここに至って、私が仏からなさせて頂くすがたとして生きて下さるのである。この絶対に無能者《なにもできないもの》である私の救われてゆく「除苦悩法《くるしみをのぞくほう》」が、念仏の中に摂められていると気づかして貰うことによって、懺悔《さんげ》と感謝の称名生活に入らせられるのである。

仏の教えられた「受けて貰ったり、与えられたり」という超常識の生活様式に生きることは、到底成し得ずとも、せめて、その真似事なりと、させていただかなくてはと、お念仏の中から努め力《つとめ》めていると、どうやら、こうやら、「やったり、とったり」の常識の世界の生活様式をふみ外さぬように気を付けるようにもなる。棒ほど願うて、針ほど叶うのが私の生活である。布施行に生きようとする大願を常に心に持っていて、やっと、「やったり、とったり」の人並の生活にふみ止まらせて頂く。否、どうやら、それさえも、あぶない情けない自分ではある。ましてや、最初から「やったり、とったり」の常識生活に安んじていたら、必ずや「とったり、とったり」の没常識の生活に沈み込んで、自ら損し他を損ずる苦悩の生活から、到底、脱し得ないのであろう。幸にして布施行に生きんとする念願に導かれつつ、朝な夕なに努め励んで、その実行難により、いよいよ如来大悲の広海に浮ぶ身を知らして貰い、事の成らざるに慚愧し、そのなし得ざる自分にも、念仏の中に苦悩を除く生活の与えられるを喜ばざるをえないのである。

無名一米人仏教徒の言

ニュージャージー州サミットに、無名の一米人仏教徒がおられる。「見えざるみ手に引かれて書く」のだといって、自分の名前は出されないが、今までに種々の本を出版した人である。私は、或時、ニューヨークタイムスの日曜附録にあった新刊物の広告によって、この人のものを読んだ。『苦悩の人生』という小冊子の中に、次のようなことが書かれている。

少年時代まだ、日曜学校に通っている頃のことであった。或るサンデーに、「受くるより与うるものは幸福なり」ということを教わった。しかし、私には全然得心出来なかった。貰う方より出して上げる方に余計得があるなんて、どういうのであろうかと、不審に思った。私は、この偉大な教訓の真価を知るまでに、爾来五十年かかった。けれども、多くの人々は、今日もなお、この教に含まれている深い智慧の光に気付いていない。もし、この教が真に理解せられていたら、今度の世界大戦——有つ国と有たぬ国の闘争——も、なかった筈である。失業問題もあるまいし病気、恐怖、不安、不幸、欠乏等といったものは、全部無い筈である。我々の一生の計画は、どの面から見ても、全く取り込むことであって、与えるということは、全然その計画の中に入っていない。たまたま入れてあっても、極めて僅かなものである。それであるから、その計画は、決して実現しない。戦争と、苦難と、不幸に充ち満ちた世界を作り上げるばかりである。

世界的不安を無くする道は、政治、経済、道徳の各方面から、色々と研究されている。勿論、これ等《ら》もみな重要なことに相違ないが、私共の一人一人が、社会国家の一員として直接に参加し得る「心の向けかえ」という大いなる道が、自分の脚下に開かれていることを忘れてはならない。この道への開眼こそ、万人に許されたる世界平和実現への大建築に参ずる煉瓦工の一人として、最も優れた、又最も確実な貢献であることを自覚しなければならない。

最近ダヴィット・ダンという一米人は、『先ず汝自身を与えよ』という一書を著わして、「あなたの心を他に与えることを楽しみとしなさい」と、しきりに勧めておられる。私はこの言葉を、仏教の「者施」を説いて下さるものとして有難く読んだ。東洋の光として伝えられてきた布施の行が、今やその生れ故郷の国々では、人生の実生活から遊離した一個の「ことば」だけになろうとしているのに今日、この米大陸で、米人の手によって、人生指導の原理として新たなる光を放たんとしていることを思うにつけ、我々日系仏教徒たるもの、すべからく心眼《こころのめ》を開いて、深くこの伝来の教を学び、味い近く、之を日々の生活の上に生かしてゆこうではないか。

六、黄金律（持戒の一）

自と汝

現代のアメリカで礼式の権威となっている人に、エメリー・ポスト夫人という人がある。日本でいったら、小笠原流の家元といった所だが、ポスト夫人は、伝統や先例を尊重すると共に、決して之になずまず、移り行く時代に即して、礼式の伝統的な精神を活かしてゆかれる所に、日本の家元と隔りがあると思われる。こうした人であるから、礼儀作法に関する限り、種々な質問が全米から沢山ゆくので、その中の重要なものを選んで、時々、問答の形で、新聞や雑誌に発表しておられる。日系人も、アメリカ育ちの子女を教養する上に大事なことであるから、ポスト夫人の著書や、この問答などに心を留めてもらいたい。色々奇抜な質問の中で、或時「礼式は、どの位の人数の集りに必要ですか」というのがあった。ポスト女史は之に答えて、「人が二人以上おれば、必ず礼式の必要が生じる」と言っておられる。誠に名答である、快答である。「人が二人」その一人は、いうまでもなく「自《わたし》」であり、他の一人は、必ず「汝《あなた》」でなくてはならない。若し「彼」「彼女」を予想すれば、三人以上の世界となる。最少の対他関係は、「自《わたし》」と「汝《あなた》」であり、その二人の生活の規律として、ここに礼儀作法は生まれてくるのである。

脚下照顧《みよあしもと》

礼儀作法といえば、多数の人の集団に必要なことで、二人や三人の小人数では、そんな四角ばったことは要らないように思うのが普通である。恐らく、この質問者も、そんな気持で問うたのであろうが、人と人の間の掟は、すべて自分の脚下から始まっている。礼儀作法と同じく、倫理道徳も亦《また》、「自《わたし》」と「汝《あなた》」の関係を律《ただしく》するものである。然るに多くの人は、抽象的に、人と人の関係を調整する掟であるという漠然たる考に捉えられて、倫理も、道徳も、実生活から遊離した観念遊戯としてしまう。だから、「善とは何ぞや」「悪とは何ぞや」といった風な机上の詮議に日が暮れて、日常生活の指導原理《てびきをするもの》としての一番大切な役目を果し得ぬこととなる。私共はまず第一に、自分の脚下を顧みて、「自」の正見《しょうけん》に帰り、ついで「汝」の正しい姿に見参《けんざん》しなければならぬ。少しく真面目に反省すると、先ず第一に、「自」にも、「汝」にも、色々な相《すがた》のあることに気づく。「自」は親であり、子であり、夫であり、妻であり、兄であり、弟であり、雇われ手であり、雇い手であり友であり、隣人である。「汝」も亦、これと同じ相を有する。百面相を呼びものにした芸人がいたが、細かに考えてみると、百面相どころか、まだまだ多くの相が、「自」にも、「汝」

にも、かくされているかも知れない。儒教に「君臣義《くんしんぎ》あり、父子親《ふししん》あり、夫婦別《ふうふべつ》あり、長幼序《ちょうようじょ》あり、朋友信《ほうゆうしん》あり」と、いわゆる五倫の道を説かれているのも、この「自」と「汝」の多くの相《そう》の中から、最も大切なものをあげて、その関係を律する掟とせられたのであって、一般的な父と子、夫と妻との道と見るならば、この五倫の教も死法と化す外はない。ただ、その各々を「自」として味ってゆく時に、始めて生命のある掟となるのである。

黄金律

こうして、「自」と「汝」の関係は色々と変化してゆくが、そのすべての場合を通じてこの両者の関係を律する一つの動かぬ根本原則があるのである。古来、黄金律と呼ばれているものが即ちそれで、この掟は、凡ての律法上最も尊貴不動《とうとくうごかない》のものという心持で、かくは呼ばれたのであろう。キリスト教では、「さらば、凡て人に為されんと思うことは、人にも亦その如くせよ」――『マタイ伝』七ノ一二――というキリストの教訓が黄金律と称されている。孔子が、「己の欲せざる所は、人に施すこと勿《なか》れ」――『論語』一五ノ二四――と教えられたのは、キリストの教を裏から説かれたものと味えよう。「自」が「汝」から、して貰いたいと思う事を、「汝」にしてあげる。「自」が「汝」から、して貰いたくないと思う事は、「汝」にしないようにする。これが黄金律である。何という平明で、手近な教であろうか。倫理とか道徳とか言えば、むつかしく聞えるが、よくよく反省してみると、みんな「自」の脚下から始まっていることがわかってくる。ほんとうに道は近きにある。これを遠くに求むる愚を再びしてはならない。しかし、どんな簡明な教でも、之を行わなくては、何にもならない。知ることを行ってみて、始めて掟は生きてくる。ところが、心を静めて私の実際生活を観察すると、知っていて而も之を行ぜざることの今更に多いのに驚かざるをえない。病人になると、見舞って頂くということは、誠に嬉しく、有難く、「人にせられんと思う」ことの第一位を占めているのである。それであるから、人が病気をせられたら、すぐに見舞うべきであるのに、その病床を訪れるとなると、何とか理屈をつけて、怠りがちである。郵便箱をあける度に、手紙はないかと、人から頂くことを心待ちに待っているくせに、筆不精とか、忙しいとか、得手勝手な言訳をつけて、自分が便りをしないことを省みようとしない。反対に、己の欲せざることは、気兼なしに人に押しつけようとする。仕事のこつ一つにしても、自分が困ったなら、新参の無経験な人に親切に教えるのが当然であるのに、「己も困ったのだ、お前も少し困ってごらん、代々おくりだよ」といった情けない心になる。どこの家庭でも、問題になり勝な、嫁と姑の不和なども、多くはこの黄金律に目を閉じている所から発生してくるようである。また私共凡人の一番ほしいものは、名誉であり、利益である。反対に嫌いなものは悪声《わるくち》と損失であることはいうまでもあるまい。ところが、とかく、その名誉と利益は全部独占して、他の功までも我が手柄にしたがるくせに、不評判と損失は、すっかり他にかぶせて、「おいらのせいではないよ」と、涼しい顔をしようとする。己の欲せざるものは、さっさと之を人に施し、人からして貰いたいことは、勝手に自分で先取りしてしまう。これでは「自《わたし》」と「汝《あなた》」の間が、平和に、円満に治まるわけはない。されば、私共は、一度《ひとたび》この黄金律の教に目ざめて、自分が人にして貰いたいことを他《ひと》に対してしてあげる、してほしくないことは成るべくしないと決心して、少しでもそれが実行せられたら、これを喜んで、決して之に怠らず、また努めても力《つと》めても実行出来ぬときは、之を慚愧《ざんき》懺悔《さんげ》する心に住することができたら、平和は必ず「自」と「汝」の間に生まれてくる。この平和が次から次へと、網の目の如く伝わり行きて、家と家、郷と郷、社会と社会、階級と階級、国家と国家、どこでも、その間に自らなる平和の世界が生まれてくることは疑いない。天国を地上に建設するというも、この世界に仏国土を成就《つくりあげる》するというも、その基礎となる第一の捨石は、この「自」を、定められたる掟で律することでなくてはならない。

黄金律と仏教

キリスト教と儒教とに、一は表から、一は裏から説かれているこの黄金律が、仏教では、いかなる形で説かれているかということは、私にとって永い間の謎であったが、近頃、やっと、その見当がついたように思う。私には、仏教独特の教といわれている「慈悲」の二字によって、この黄金律の両面を表わす文字ということが味われるのである。

「慈」(maitrī)とは楽《たのしみ》を与えること、与楽であり、「悲」(karuṇā)とは、苦《くるしみ》を無くしてやること、抜苦である。私の一番求むるもの、他からして貰いたいものは、楽《たのしみ》である。我等の理想の世界が、楽土と呼ばれ、極楽と称せられるのは、この願《ねがい》の思うさまに満たされる処という意味である。その反対に、一番ほしくないものは苦である。朝早くから夜遅くまでの辛労も、詮じつめれば、いかにしてこの苦を克服《なく》するかということにつきる。その一番好きな楽を他に与えることが「慈」であり、一番嫌いな苦を他に施さないばかりか、既に有する苦までも無くしてあげたいというのが「悲」であることを思うと、この「慈悲」の二字の中に、『聖書』と『論語』とに示された黄金律が、すっかり盛られているではないか。

持戒

釈尊が、仏教徒の日常生活を律する道として遺されたものは、六度《ろくど》の教《おしえ》(布施《ふせ》、持戒《じかい》、忍辱《にんにく》、精進《しょうじん》、禅定《ぜんじょう》、智慧《ちえ》)である。この六度の第二に示された持戒とは、戒律を持《たも》つということで、その戒律には色々の制定《きまり》があるが、最も重大普遍なものは五戒である。凡そ、人間である限り、必ず守らなければならぬ掟とせられるものが、不殺生《ふせつしょう》、不偸盗《ふちゅうとう》、不邪婬《ふじゃいん》、不妄語《ふもうご》、不飲酒《ふおんじゅ》の五つである。一から四までは性戒《しょうかい》と名づけられ、行《おこない》の自性《じしょう》そのものが悪であるから、之を止めよと戒められ、後の一は遮戒《しゃかい》と名づけられ、これによって罪過を犯しがちだから、特に禁止せられたものである。凡そ、生ある者が、何にもまして欲しているものは生命である。「生命あってのものだね」といわれる通り、一日でも長命《ながいき》したいのが人情である。現に私のような定命《じょうみょう》を十余年も過した上に、不治の病軀をかかえていても、やはり死にたくない。身体の一番大切な機関たる心臓に重大な故障を有することであるから、他人には、とても分らぬ程の細密で慎重な用心をして、やっと生きている身である。時には、どうして、こんなにまでして生きておらねばならないのだ、いっそ、太く短くやってしまえ、といった気も起るが、やはり死にたくないから、又もや、旧《もと》の厄介で面倒な療病生活に返ってくる。この大事な生命を奪うのが殺生であって、「自」の一番欲しないことである。盗まれることも、邪婬《よこしま》をやられることも、虚言《うそ》を言われることも、みんな私の堪え難いこと、欲せざることであり、大いなる苦悩の泉である。この己の欲せざるもの、苦悩の根元となるものを、人に施さないようにするのが五戒である。人に施さない許《ばか》りでなく、苦悩の中にある者から、その苦《くるしみ》を抜きとるのが「悲《ひ》」である。「己の欲せざるところ他《ひと》に施す勿《なか》れ」という金言が、仏教の持戒の教において、「悲」を行ずることによって生かされ切るのだと知らされる。

摂衆生戒

仏教では、戒を三種の角度から考察してある。止悪《しあく》、作善《さぜん》、饒益《にょうやく》の三つである。仏が

「なす勿れ」といわれた戒を守って、不法の行を制するのが止悪であり、仏の「かくせよ」と命ぜられた法に叶うた生活をするのが作善である。この止悪と作善により、他《た》を利益するのが饒益である。この饒益門からみる時に、戒律は摂衆生戒《しょうしゅじょうかい》と呼ばれる。六度の第一におかれてある布施行は、この角度からみると、摂衆生戒の中に入るものと味うべきであろう。布施《ふせ》、愛語《あいご》、利行《りぎょう》、同事《どうじ》の四摂法《ししょうぼう》は、この布施行を細説せられたものであるが、之を「黄金律」の眼鏡を通して見れば、「自」が、他《ひと》からせられたいと思うことを他《ひと》に為すことである。「貰うものなら夏も小袖」ともいわれているように、与えられることは、私の一番好むところである。その「自」の一番好むものを、他《ひと》に対してするのが布施である。物を施すと共に教法を施して、心の眼を開かしめ、真実の楽《たのしみ》を与えるのであって、「慈行《じぎょう》」即ちこれに当る。黄金律の表も、裏も、両面ともに、慈悲心の中に、より強く、より深く示されていることが、はっきりと知られてくるのである。

道徳と宗教

こう味ってくると、今まで、とかく遠くの事のように思われがちであった倫理道徳が、悉く「自」の脚下から起っているものであり、仏教徒に耳なれた「慈悲」という言葉が、日常生活を調整指導《ととのえみちびく》する掟の根本精神を蔵《おさめ》しているものであることがよくわかるのである。

しかし、之を現実に行《ぎょう》ずるとなると、いわゆる「三歳の童子も之を言うは易く、八十の老翁も之を行ずるは難し」の歎を新たにするばかりである。この歎息を追分として、私達は二つの道にふみ入りがちである。一は、教えの如く実行しようという願《ねがい》に熱心な余り、何時《いつ》のまにか、教えの通りに生活しているように自分を思い誤る驕慢の道であり、一は、努めても力めても、教えの通りに進めない自分に失望して、周囲を見まわし、誰一人真面目にやっている者もいないではないか、己も先ず人並のところでゆこうという誤魔化しの道である。この二種の人は、いずれも、真実の自分を見失っている人であって、「なすべし」「なすべからず」とのみ教えて、「なすべきことをなし得ず」「なすべからざることから離れ得ぬ」無能力者たる愚者の行うべき道を教えていない道徳の行詰りから生まれる気の毒な犠牲者である。

道徳の鏡に写され、黄金律の秤にかけられて、真面目に自分の真実の相《すがた》を眺め、道徳的破産者としての自分の無能力に目ざめた所から、宗教の門は始めて開けてくるのである。なすべき事をなし得ずなすべからざる事から遠離し得ない者の行手を示すものが、宗教である。道徳と宗教は、出発点は同一であるが、終点を異にしている。作《な》さねばならぬ行の出来ない自分の無能、無力に気づき、涙の谷に泣き倒れる見真《けんしん》の行者にこそ、始めて宗教への道は開かれるのであろう。

（聖道の）慈悲といふは、ものをあはれみ、かなしみ、はぐくむなり。しかれども、おもふがごとくたすけとぐること、きはめてありがたし　――『歎異抄』第四節――

と、聖道《しょうどう》の慈悲を行じたい願と、そして、その願いの実現難に苦しみ抜かれたのが親鸞聖人であった。そうした聖人であったればこそ、「念仏して浄土にまいる」信仰の門が開けたのであろう。人間性の奥底ふかく浸み込んだ自力我慢の地金から滲みでる小慈小悲《しょうじしょうひ》につまずいて、始めて大慈大悲《だいじだいひ》の如来の願力《がんりき》に乗托《のりまか》せずにはおれなくなるのである。真面目に道徳の門を進み、持戒の行を励んで、しかも、驕慢《きょうまん》と誤魔化しのわき道に外《はず》れず、ひたすら、我が身の能なく力なき自覚に悲泣する者にのみ許される道こそ、真実の宗教の道である。

七、故らに（持戒の二）

三帰《さんき》を受持《じゅじ》し、衆戒《しゅかい》を具足《ぐそく》し、威儀《いぎ》を犯《おか》さず。

――『観無量寿経《かんむりょうじゅきょう》』――

おしょうじん

アメリカにいる仏教徒は、種々の事情で忘れてしまっていることが色々あるが、「おしょうじん」も、その一つであろう。三十年も前のこと、羅府《らふ》本願寺仏教会の御用をすることになった時、最初のお葬式をすませ、お斎《とき》の案内を受けた。連れられて行くと、意外にもチャプスイで、テーブル一ぱいに肉や魚の生臭《なまぐさ》ものが広げられている。余りの事に、胸もつぶれる思いで、箸をつける気にならなかったが、凡人の浅間しさ、次第に慣れてくると、先の不気味も消え失せて、終いにはおときはチャイナメシに限るといった心さえ起ってきた。

「おしょうじん」とは、仏道の修行を命がけで努めるという精進行《しょうじんぎょう》から転じてきたもので、在家の信徒や、在家と同じ生活をする真宗の僧侶などが、近親者の忌日命日などに、肉食をしないで、謹慎《つつしみ》の日送りをすることである。その源は、不殺生戒《ふせつしょうかい》から出ていることと思う。肉類を主食とする米国の事情が、資材の点からも、経済の点からも、菜食に不便なため、すまぬと思い乍《なが》ら、「おしょうじん」をさせなくなり、言葉だけが残って、事実を殆どなくした、といってもよいようだ。「生物の生命を尊重して、みだりに害したり、奪ったりしてはならない。お前にとって、生命が第一の宝であるように、生きとし生けるものの生命を貴ばないで、どうしよう。その生命を護持養育《まもりそだてる》するのが慈悲の行である。他の生命を傷けたり、害したりしてはならない」というのが殺生戒である。そしてお釈迦様は、いやしくも仏教徒であるかぎり、僧俗共に守らなければならぬものとして五戒をお定めになり、その最初におあげになったのが、この不殺生戒である。だから、その御精神を尊重して、「到底毎日実行は出来ませんが、せめて親子、兄弟、夫妻の忌日命日にだけなりと、不殺生戒の真似ごとでもさして頂きましょう」という。これが日本仏教徒の通俗的「しょうじん日」の心構えである。こうした日本仏教徒の純情さえも忘れはてて、「アメリカでは仕方がない」などと言いすてていることは、誠に相すまぬことだと思う。

羅府《ロスアンゼルス》と、おしょうじん料理

おしょうじんと、ロスアンゼルスと、そうして私とは、よくよく縁の深かったとみえて、しょうじん料理について忘れられない感銘を受けたことが、同地在住中にあった。後に曹洞宗の管長となられた総持寺貫主、新井石禅老師が、曹洞宗を代表して、ワシントンに大統領を訪問せられたことがあった。その帰途、太平洋沿岸の信徒を慰問伝道せられた。当時米大陸には未だ禅宗の仏教会がなかったので、万事のお世話を本願寺北米教団でやらして頂くこととなった。羅府《ロサンゼルス》三日間の行事もプログラム通り無事に終了して、愈々御出発の朝、ホテルへお見送りに伺った私に、禅師から、

いろいろお世話になりまして、何ともお礼の言葉がございません。特にご当地では、特別のお心入れで、ほんとうの、しょうじん料理をご供養下さいまして、誠に有難いことでありました。

といって、叮重《ていちょう》なご挨拶があった。東部の旅行中、汽車でも、ホテルでも、ミルクとブレッドしかお摂《と》りにならないと聞いていたので、禅師のご一行にはお精進料理をと、本部から特に注意のあった位だから、まさか生臭物で歓迎申し上げた処はあるまいとは思ったが、それでも万一と思って、「各地とも、膳部は一切おしょうじんで、という申合せがしてあった筈ですが、どこかで失礼なことでも」とお尋ねすると、

いやいや、どちらでも叮重な、おしょうじん料理をご用意下さいまして誠に恐縮と存じておりますが、ご当地では、特別のお心添えに与りまして、一層有難うございました。ご当地に参ります前フレスノでも、ご親切のこもった御供養に与りました。

とのことであった。お接待の全部は、お宿を願った帝国ホテルのご主人にお願いして、その食堂で食事を召上って頂くことになっていたので、未熟な私には、禅師の御心底を了解できない。御出発後、早速ホテルの主人に、禅師の御挨拶を伝えると、「そうですか、わかって下さったのですな。有難い有難い」と涙ながらに、次のような、わけを話して下さったのであった。

私は元来曹洞宗の檀家ですが、貴方から、今度貫主様のお宿から、お食事から、全部のご接待を頼まれた時に、余りの嬉しさに、どうかしたとみえて、無愛想な返事をしまして、今でも恐縮しております。若し日本にいたら、私風情が、総持寺の貫主様にお宿泊を願えることなど夢にも思い及ばぬことですが、アメリカならこそ、ホテルのビジネスをしておればこそ、こうした名誉あるお役をさして頂けるのだ。一世一代の思出として、ご接待さして貰おうと、色々考えぬいた末、おしょうじん料理とのことだから、禅師のご一行に使うため、大小色々の鍋を始め、料理道具全部、食器全部を新調致しまして、これまで使っていた物とは決してまざらないように注意致しました。貫主様が、特別の心添えと喜んで下さったのは、きっと、これでございましょう。ちゃんと、わかっていて下さったのですね。有難い、有難い。

と、今更に感激の涙にむせばれた。

「どこでもよくして頂いたが、ご当地では特に」という老師のご挨拶の由《よ》ってくる所を初めて知った私は、かくまで微妙に物の味を感ぜしめるに至った老師の不殺生戒の厳密な護持に、今更頭が下ったことであった。老師は、一見婦女子と見紛うばかりに柔和な方で、あの優しさのどこに、この峻厳《しゅんげん》な持戒の行持《ぎょうじ》が潜んでいるのかと思われる程であったが、大乗菩薩戒《だいじょうぼさつかい》としての十重禁戒《じゅうじゅうきんかい》、四十八軽戒《きょうかい》のすべてを持して居られたればこそ、自然にあの柔和さが滲みでてくるに相違ないと気づかして貰ったことであった。後にフレスノに転任した時、新井老師のお賄いをした所で尋ねたところ、コックさんは、「私の所では新調とまではゆけませんでしたが、料理の道具も、食器も、半日熱湯で煮あげて、出来るだけ生臭気《なまぐさけ》をとるようにしました」と言うてくれた。あっさりと、平生の食器を使って、材料だけおしょうじんにした所と、食器を熱湯で浄めた所と、新調した所と、老師は自然に味い分けておられたのであった。今の世に、珍しい不殺生戒を堅持しておられた禅師であったと、これが実証したわけである。

目に見えぬ生物愛護

衆戒具足《しゅうかいぐそく》、自力《じりき》修行を教義とせられる禅家の高徳、石禅老師にこのことあるは尤もといえないこともないが、自ら「無戒名字の比丘《びく》」と号された親鸞聖人の門流には、不殺生戒に心をかけるような人は恐らく一人もないことであろうと、何となく淋しく恥かしく思っていた。ところが、一九四八年五月シアトルに行脚した際、同地の道友、友田《ともだ》槌蔵《つちぞう》氏から、誠に尊い話を聞かしてもらった。同氏は、西北部では知らぬ人もない篤信《とくしん》の方で、年少の時、同郷の先輩藤井亀助氏から信仰上の導きを受けられ、ついで博多万行寺《まんぎょうじ》の七里《しちり》和上《わじょう》や、玖島《くしま》（広島県佐伯郡）の広源寺《こうげんじ》の広本《ひろもと》和上に就て求道せられた方である。話というのは、その広本和上についてのことである。和上は、いつも身体を少し横に向けるようにして、ゆっくり、ゆっくり、お歩きになるので、或時、思いきって、そのわけをおたずねすると、「友田や、この空中には私等の目に見えぬ生物が一ぱい居てのう。もし急いで歩くと、私の身体に当って、ばさ、ばさ、死んで落ちると、仏さまがお説きになっておられるので、せめて、少しでも無益の殺生をしたくないと思って、ゆっくり歩くのだよ」と、ご返事なさったということである。私共の先輩に、こうした尊い心掛の人がいて下さったかと、心賑やかに感ずると共に私の青年時代に聞いた次の話を思い出した。

広島市西寺町《にしてらまち》の北端にある広島別院（元仏護寺）と向き合って、報専坊《ほうせんぼう》というお寺がある。今から二百年ばかり前、この寺の住職をしておられた方は深諦院慧雲《じんたいいんえうん》といって、今日安芸《あき》門徒といわれている熱心な真宗教団の基礎を堅めて下さった方だが、真宗学の方面でも、安芸の慧雲《えうん》（芸轍《げいてつ》の始祖）か、越中の僧鎔《そうよう》（空華轍《くうげてつ》の始祖）かといわれた大学者であった。学生時代のこと、所用あって報専坊をお訪ねした時、当時のご住職に、「何か慧雲和上に関する話が伝わっておりませんか」とお伺いした時、色々有難い話をして下さった中に、「私の寺では、寺内で貝類のような生き物を料理してはならないことになっていますが、これも慧雲師からの仕きたりだということです。この寺の境内で、少しでも殺生罪を犯さぬようにとのお誡めでありましょう。今でも守っております」ということであった。

行鏡

無戒名字の比丘、僧侶というは姿だけのこと、名ばかりのこと、守らねばならぬ戒を持《たも》ち得ぬ「無善《よいことはできない》造悪《わるいことはできる》」の我が身の真実に百パーセントの自覚を有せられた深諦院慧雲師、大津絵の鬼の念仏の画に賛を求められて、

　みな人の心の中の奥の院、開帳すれば本尊はこれ

と筆を染められたという慧雲師、明治の初頭、多くの真剣な信者が求道の熱に燃えて、そ

の膝下に集ったと伝えられている広本和上、共に、何故に不殺生戒に、かくばかり深く心を引かれておられたのであろうか。「そんな自力臭い事をなさっては、いわゆる雑行雑修《ぞうぎょうざっしゅ》となって、専修正行《せんじゅうしょうぎょう》の絶対他力《たりき》を汚すことになりはしないだろうか」といった疑問をもたれる道友も、定めし、一、二ではあるまいと思う。果して、そうなのだろうか。戒律が無用なのは、浄土往生の行としてのことである。衆戒《しゅうかい》はおろか、五戒《ごかい》さえ守れぬ自分でありながら、いつのまにか、守っているような錯覚《おもいちがい》の虜となってしまい、自己の真実に徹底出来ないことが、入信の障害《さわり》となっているようである。その自分のみじめな真実の姿を、ありのままに知らして貰うためには、持戒という行《ぎょう》の鏡の前に立たねばならぬ。長さを知るには物差、重さを知るには秤に依らねばならないように、我が姿を知るには、鏡に写る影によるより外に方法はない。それであるから、どんな宗教にも、己を知る鏡として、私共の行為《おこない》を律する規則が定められているのである。してはならないこと、しなければならないことが、簡単明瞭に示されているのである。キリスト教のモーゼの十戒、儒教の五倫五常の教は即ちそれで、仏教には信徒全体に通ずるものとして五戒、出家の仏弟子のためには男子二百五十、女子三百四十八の戒律が制定せられている。みな「してはならぬこと」を示されているのであって、止悪門《しあくもん》の摂律儀戒《しょうりつぎかい》に入るものといわねばならぬ。

　戒律には二重の用《しごと》がある。一は、それによって悪を止《や》めて善に進むことであり、他は、それによって、悪を止めて善に移ることの出来ない自分の醜い姿を、はっきりと、つかむことである。悪人が善人だと思い違えている程、自らを害し、他を害することは又とない。ここに行鏡《ぎょうきょう》の必要さ、重大さがあるわけである。

持戒と罪の自覚

今から二百年ばかり前、羽前米沢に上杉治憲《はるのり》（鷹山《ようざん》）という名君が出られて、疲弊しきった藩の政治財政の建て直しをせられたのは、歴史上有名な事績であるが、次の物語は、その頃のことである。

江戸の藩邸の台所役で中山与市《よいち》と橋爪吉内《きちない》の二人が、「両人、清廉に勤務の段、殊勝なり」と金千疋《びき》ずつの褒賞をうけた。両人の表彰はだれがみても当っていることなので、「他人事ながら御褒賞、まことに芽出度し」と、家中の話は一時それに集った。

ところが、中山与市、橋爪吉内は、連署の書付を差出し、褒賞の返上を願い出ただけでなく、「死罪仰せつけ下されたく」と、建白書を差出した。両人の建白書に拠ると、「この近年、私どもが、御用銭を掠めとらなかったのは、御取締が出来たからで、それまでは御目付横目がなかったので、年来久しきにわたり両人とも、御用銭を掠めとっておりました。このような卑劣不忠の者が御褒賞をいただいては、恐ろしさが心の中を放れませぬ、段々の悪事悉く白状のとおりでござりますれば、何卒、私共両人の一命をお取り願いあげます」というのである。

治憲は過ぎ去った罪を許し、やはり千疋の褒賞は両人にとらせた。

「両人の心は奇特の至りである。千疋は寡少だが、受けよ、治憲の心と思うてな」

両人は泣き死ぬかと思うばかり泣いた。安永五年七月のことである。

——長谷川伸『上杉太平記』二八二〜二八三頁——


思うままに藩のご用銭を掠めとっている間は、その悪事に気づかなかった両人が、会計検査官というべきお目付横目《よこめ》ができて、初めて自分の所業の反省が出来たのである。お目付が検査するには、必ず会計規定によらねばならぬ。即ち金銭出納の戒律である。お目付制度のできる前にも、会計規定はあったには違いないが、中山、橋爪両台所役人には、その規律は役立たぬ死法であった。新たにお目付役ができて、その規則の存在が明らかになった。ほこりだらけに汚れていた鏡が、きれいに磨き上げられたようなものである。この戒律の鏡の前に立った両人が、とかく他人《ひと》のことにはけちをつけたがる家中《かちゆう》の人達が全部、その表彰は当然だ、芽出たいことだと言うてくれるのに、「このような卑劣不忠の者、死罪に処せられるように」と建白書を出さずに居《お》れなくなった内観自省の道程こそ、私共求道者の静かに考えねばならぬことである。行鏡の重大さ、持戒の必要性は、ここにあるのである。この台所役人の犯した盗みは、五戒の第二不偸盗戒《ふちゆうとうかい》にあげられてあり、キリスト教では、モーゼの十戒に「汝、盗む勿《なか》れ」という言葉で、先にいうた殺生戒に相当する「汝、殺す勿れ」という誡《いましめ》と並べられているのである。

燐寸の炎

不殺生戒、不偸盗戒に次ぐものは、不《ふ》邪淫戒《じゃいんかい》である。人間の本能の最も深刻なものは生と性である。先の二戒は、生きんとする本能の統制であり、この不邪淫戒は、性の本能を統御する規範である。出家の弟子には不淫戒の制となり、性関係の行為を禁ぜられた。こんなに細かな規定が必要なのかと思われる程に精細を極めているので、南国の仏弟子達が、いかにこの本能制御に苦しんだかということが思われる。在家の弟子には不邪淫戒の制となり、合法的結婚でない男女の淫事が厳禁せられたのである。キリスト教の「汝、姦淫する勿《なか》れ」（モーゼ十戒の一）という誡《いましめ》や、儒教の「男女七歳にして席を同じゅうせず」というのと同精神である。

近頃、日本進駐の二世から来た手紙に、「京都の叔父さんは第二号や第三号まであって大した出世だ、と東京の伯母がいっていますが、もし、このことを、そちらの母が聞いたら、さぞ驚くことでしょう」とあったということを聞いた。資産が出来ると、こんな生活に落入り勝なのは、あながち日本のみのことではない。この国では、資産家達は、男女とも、お友達を有っていて、随分ふしだらな生活をしている者もあるようである。そんな男の一人が、美貌の友《おんな》と、或る高級のレストラントへ食事に行った。席が定まると、先ず煙草をすすめて、徐《おもむ》ろに燐寸《マッチ》をすって、シガレットに火をつけようとしたとき、俄に顔色蒼ざめ、立上ったかと思うと、相手の婦人に挨拶もそこそこ帰って行った。何が彼を、かくまでにあわてさせたのであろうか。聞いてみると、マッチの炎の向きが原因であった。風のそよぎ一つない室内ですったマッチの炎は、自分を思うてくれている人の方に向くというアメリカの占の一つがそれであった。テーブルの向うに美しく微笑んでいる友の方に向いてなびく筈の炎が、反対に自分にむいて動いているのに、ふと、気づいた瞬間、何気なく後を向くと、そこには、半生の苦楽を共にした老妻の幻が浮んでいた。心から私を案じてくれているのは汝一人であったか、と気づいた時に、「待てしばし」はなかった。すぐに家妻《いえづま》の膝下《ひざもと》へ走ったのである。私共は、常に夫婦相和することを念じて、日々の生活を送らねばならぬ。

親鸞聖人と戒律

普通に、親鸞聖人は、戒律など一向に心にかけておられなかったように思われているが、その実、聖人ほど真剣に戒律生活の実行について反省せられた方はないと思うのである。当時の僧侶生活が如何に乱れていたか。表には聖僧の姿を装うている高僧も、その実生活に至ってはどんなに腐敗していたかは、当時の教界の実情をありのままに記録した無住禅《むじゅうぜん》師《じ》の『沙石集《しやせきしゆう》』の中に「後白河の法皇は――かくすは上人《しようにん》、せぬは仏――と仰せられけるとかや。今の世には、かくす上人なほ少く、せぬ仏愈々希なり」との高僧連の不淫戒についての無頓着ぶりを、ばくろしているのでも、よくわかる。若し、わが親鸞聖人にして、毫末《ほんのすこし》なりとも自己を誤魔化し得られたならば、栄華と放縦に慣れた比叡山の高僧達と共に、堂々と貴族僧侶としての道を押し通された筈である。世間は欺けるかも知れない、他《ひ》人《と》の目からは免れることも出来たかも知れない、しかし、自分自身の心はと、自らを欺き得ぬ聖人の律義さ、正直さ、真剣さは、遂に「無戒名字の比丘《びく》」と自らに銘を打たせずにはおかなかったのである。この無戒名字の比丘という言葉こそ、戒律に対する最大最重の関心が、一生、聖人の心から離れなかった沈黙の証言ともいうべきであろう。

聖人の戒律主義の性格を最も明白に現わしているものは、その書簡である。聖人が京都へ帰って隠棲の生活に入られた後に、関東の弟子達に送られたもので、今日その執筆年時の明瞭にわかっているのは、七十九歳から八十八歳までに書かれたものであるが、他の年時、不明のものもこの年頃のもので聖人の信仰の最も円熟した時代に筆を執られたものばかりである。その中に、

何よりも聖教《しようぎよう》の教をも知らず、又浄土宗の真《まこと》の底をも知らずして、不可思議の放逸無《ほういつむ》慚《ざん》の者どものなかに、「悪は思ふさまにふるまふべし」と仰せられ候ふなるこそ、返す

〳〵あるべくも候はず、北の郡《こおり》にありし善証房《ぜんしょうぼう》といひし者に終に相睦《あいむつ》る、ことなくて止みにしをば見ざりけるにや。凡夫《ぼんぷ》なればとて何事も思ふ様《さま》ならば、盗《ぬすみ》をもし、人をも殺しなんどすべきかは。もと盗心《ぬすみごころ》あらん人も、極楽を願ひ念仏を申すほどのことになりなば、もと僻《ひが》うだる心をも思ひなをしてこそあるべきに、其のしるしも無からん人々に「悪《あく》くるしからず」といふこと、ゆめ〳〵あるべからず候

――『末燈抄《まつとうしょう》』第十六通《つう》――

という厳しいお誡めがある。これによって、聖人御在世の頃、既に「悪人目当のご本願だ、何をしても差支えないのだ」と、仏様のお慈悲を口実にして、自分の非行をかざろうとした浅間しい得手勝手な真宗教徒の存在していたこと、これに対し、聖人が如何に胸を痛められて厳しい訓戒をお与えになったかということがわかってくる。しかし、今日も、「悪は、おもうさまにふるまうべし」と、とんでもない聞き違えをしている人が随分殖《ふ》えてきて、かようなことは、「かへすがへす、あるべくも候はず」という教誡が、すっかり忘れられているような感じがしないでもない。これは一体、何処から来ているのであろうか。

悪人の自覚

親鸞聖人の著作中で最も広く読まれているのは、『歎異抄《たんにしょう》』であろう。従って、同書に

現われた聖人が、どうかすると、その全部を示しているかの如く思われがちである。『歎異抄』は、聖人のお側に常侍《いつもついて》していたお弟子唯円坊《ゆいえんぼう》が、鋭い印象を受けた師聖人のお物語の記録を主として、当時の異端者、異安心《いあんじん》の徒を正しい信仰に導くために編纂せられたものであり、「善人なをもて往生をとぐ、いはんや悪人をや。……煩悩具足のわれらは、いづれの行《ぎょう》にても生死《しょうじ》をはなるゝことあるべからざるをあはみたまひて、願《がん》をこしたまふ本意、悪人成仏のためなれば、他力《たりき》をたのみたてまつる悪人、もとも往生の正因《しょういん》なり」（第三節）という信味《しんみ》を力強く説かれている。唯円坊にこうした深い印象を与えているということは、親鸞聖人が、悪人こそ救済の第一目標なり、ということを常に話していられたからに違いない。然らば、聖人は如何なる時、如何なる人に対して、この悪人正客《しょうきゃく》の教を強調せられたものであろうか。

聖人が、その書簡中に、「はじめて仏の誓を聞き初むる人々の、わが身の悪《わろ》く心の悪《わろ》きを思い知りて、この身のやうにては、何ぞ往生せんずるといふ人にこそ、煩悩具足したる身なれば、わが心のよしあしをば沙汰せず迎へたまふぞとは申し候へ」（『末燈抄』第二十通）とお述べになっているのは、私のこの疑問に対して何よりの明快な答を示されているものと思う。名医が、それぞれの病に応じて薬を与える如く、名師は対手《あいて》の心の病を見ての教を授ける。自分の罪業の深重《じんじゅう》なることを切実に自覚して、「こんな身では」と、他力の救済を不安に思う者に対して示されたのが、上掲『歎異抄』のお言葉である。けれども、同時に、他の一面の垂示のあることをも亦、我等は見失うてはならぬ。即ち、それは、この教を真実の自己の現実の上に聞き開くことを忘れて、「悪をつくりたるものをたすけんといふ願《がん》にてましませばとて、わざとこのみて悪をつくりて、往生の業《ごう》とすべきよし」（第十三節）という行きすぎ者の発生したのに対し、「かく聞きてのち仏《ぶつ》を信ぜんと思ふ心深くなりぬるには、まことにこの身をもいとひ、流転せんことをも悲しみて、深く誓をも信じ、阿弥陀仏をも好み申しなんどする人は、もとこそ心のまゝにて、あしきことをもおもひ、あしきことをもふるまひなむどせしかども、いまは、さやうの心をすてむと思召しあはせたまはばこそ、世をいとふしるしにても候はめ」（『末燈抄』第二十通）と、他《た》の一面からの親切な教誡《おしえ》が残されているということを指摘したい。私共は、常に、この両面の教を味うことを忘れてはならぬ。持戒持律が入信の条件でないことは今更いうまでもないが、同時に、仏教道徳の根本たる戒律の鏡によらない限り、信前《しんぜん》の醜い自分の全部も、信《しん》後《ご》の無慚無愧の姿も、之を自覚する道はないのである。『大無量寿経』『阿弥陀経』『観無量寿経』は浄土の三部経といって、純粋に阿弥陀仏の救済を語られた釈尊説法の記録であるが、前二者を原理経典とすれば、後の一は実践経典ともいうべく、救済の原理が一婦人の上に実現せられてゆく道程を示したものである。その『観無量寿経』の初に、三世《さんぜ》諸仏《しょぶつ》が、それによって成仏せられた修行道であるとして、三つの善事（三福《さんぷく》）を挙げてある。その第二は、戒福《かいふく》（宗教的善行）というて、三帰《さんき》を受持し、衆戒《しゆかい》を具足し、威儀《いぎ》を犯さず。

となっている。この点は我等の深く心すべきことであろうと思う。何となれば、『観経《かんぎよう》』の説法対機《あいて》となっている韋提希《いだいけ》は、この浄鏡を授けられて、それに映った自分の心の相《すがた》を、はっきり見つめ、ここに始めて、念仏の奥深い意味を受取る素地ができたからである。三帰というのは、在米仏教徒が、集会の度に、仏前に唱和するあの帰敬文《ききようもん》のことである。

妄語戒《もうごかい》と不飲酒戒《ふおんじゆかい》

五戒の第四は言葉に関する教誡で、虚言《うそ》を言ってはならないという戒《かい》である。第五は、精神を麻痺さすアルコール性飲料をとってはならぬという戒である。酒そのものは善悪何《いず》れともつかぬ中性のものであるが、その酒のために善行を遮られ易いから、之を禁ぜられたので、これを「遮戒《しやかい》」という。性質そのものが悪徳である前述の四戒を「性戒《しようかい》」と名づけたのに対して、之と区別するための名称である。

故らに

こうして、だんだん味わってみると、五戒は人間であるかぎり、いやしくも社会の一員である限り、守らなければならぬ極めて基本的な常識的規律である。しかし、いざ実行の一段となると、中々困難であって「言うは易く行うは難し」のなげきあるのみである。厳密にいえば、生命は生命によってのみ生かされてゆく。ご飯一粒も、ブレッドの一切も、みなこれ、もとは生命のある米と麦とである。殺生戒を犯さずしては、一日も生きてゆけないのである。私はこの頃、医師の命によって、ミルクを主食とし、毎日三クォートずつ飲んでいる。ミルクは生きものでないような気もするが、よく考えてみると、乳牛が草を喰って小牛を育てるために作ったものであるから、ミルクを飲むということは、牛に殺生罪をそそのかすと共に、小牛の物を横領するような二重の罪を犯すことになっている。釈尊が、仏道修行の器たる五体を養うための薬餌と思って食事せよ、とお誡めになっているのも、この不殺生戒と食物との絶対関係を、深く省察あそばした上のことであろうと思う。

五戒は、文字の上だけに止まって、私共の日常生活には大した実用性はないのでないかと疑う人があるかもしれないが、しかし、人生の実際に即した教を説くのを常とせられた釈尊は、決してそんな不用意な教誡をお残しにはならない。或人は、心中を改めたいと思ったが、余り改むべきことが多いので何から手をつけてよいか分らない。そこで蓮如上人に「何をかまづ改め候はん」とお尋ねした処、「(万《ま》づ悪《わろ》き事を改めて)色《いろ》をたて、きはを立て申出て改むべき事なり」(『蓮如上人御一代記聞書』二〇二)と、お答えになったという事である。五戒の中でも、先ず我が身に叶うことから守って行け、あれも、これもと、一度に沢山のことに手をつけないで、これと思う一つのことをきめて、そこから改めてゆけ、との教である。

それにつけて思い出すのは「故《ことさら》」の一字である。大蔵経《だいぞうきょう》中の律部《りつぶ》を本気で読み出した頃に、「罪ありと憶《おも》って発露せざれば、故妄語罪《こもうござい》を得、故妄語罪は、仏《ぶつ》、遮道《しゃどう》の法と説く」という一文が眼を射た。妄語とあるのが普通なのに故妄語とあるので、どのような意味かと調べてみると、「知って故《ことさ》らに言はざるを故妄語と名づく」とある。自分の罪を知って、之を大衆に告白せず、又他から罪の指摘を求められた時、その人の罪過を知り乍《なが》ら、之を告げないのが、故妄語罪だというのである。私の五戒を守る緒《いとぐち》は、「故」の一字から始まる。無知で無力な私は、知らず知らず幾千万の破戒行を続けているのであろう。しかし自分で気づいた限り、謹んで持戒に努めたい。知って故らに他の生命を殺傷したり、人の与えざるものを取ったり、男女の道を紊《みだ》したり、虚言を言うたり、酒に飲まれたりしてはならないという念願と、その実行をすててはならぬ。愚鈍の私には、これだけでも大へんな難行《むずかしいこと》であって気づいてみると、破戒につぐ破戒の生活で終始している。こうして、やっと、自分の醜い現実を戒律の鏡中の影に見る毎に、慚愧すると共に、かかる者が、仏様から救済《おすくい》の第一の目標《めあて》ぞと呼びかけられ同朋同侶《どうぼうどうりょ》から人としてのお扱いを受ける冥加のほどを、ただただ感謝しつつ、称名《しょうみょう》念仏の一日一日を送らしていただくことを喜ぶばかりである。

八、根が有るか無いか（持戒の三）

父母に孝養し、師長《しちょう》に奉事《ぶじ》し、慈心にして殺さず、十善業《ぜんごう》を修す。

――『観無量寿経《かんむりょうじゅきょう》』――

本物と造物

本物と造物《こしらえもの》との違いは、根の有無で見分けられる。本物は、地上に、しっかり根づいている。だから、生命の発展があり、生長がある。造物に生命のないのは、もとよりいうまでもない。どんなに美しい花でも、切花となれば、数日にして、しぼんでしまう。生命の根が断たれているからである。その美しい花を作り上げるには、長い年月と多大の苦心を要する。これに比べると、造花や切花は、手間も余りかからず、少しのお金で、すぐ間にあって、大変便利だ。しかし、この手軽さを信仰の花の上に利用すると、とんでもない見当違いになるのである。多くの先徳や、信者の心の中に咲き出でた美しい法悦の花を摘み採って、自分の胸に飾ることは、ほんとに手軽で、都合のよいことではあるが、切花の悲しさ、すぐにしぼんでしまう。徒《いたず》らに自ら欺き、他を欺くにすぎない。本物と造物とは、根があるか無いかの相違である。信心歓喜の生きた花は、一人一人の個性の実証、即ち真実の自分自身の把握を根として生長する。自分の本物がつかまれた時、本物の信仰の花は、始めて咲き匂うのである。

けれども、この本物をさぐり当てることは、よほど骨の折れる面倒なことで、なかなか辛抱しきれない。どうかすると、根の無い造物で間に合わせようとする。今から考えると、明治以来の日本への西洋文化の輸入は、凡て造物ではなかったかと思われる。最近も、終戦後、日本の時計製造業者に戦前のような精巧な時計の造れないのは、世界の各国から部分品の買えないためだということを、人から聞かされたが、これは、日本の工業が、根の無い借物の上に立っていたことを証拠立てたものと思う。学問や思想の方面でも、亦《また》そうであった。

ヨーロッパ文化の摂取の態度が全面的に問題であった。根を移そうとせずに、ただ人目を驚かすような花だけを切り取って来ようとする。その結果は、その花をたずさえた人がひどく尊敬されたというだけで、その花を咲かすような植物はわが国には育って来ないのである。そういう態度で当時の学者や秀才たちは、騒々しく、仰々しく、大きい身振りをもって、ヨーロッパの知識をふりまわしていた。その気取りや衒《てら》いが先生（ケーベル氏）にとってはまことに鼻もちのならないものに感ぜられたのであろう。（略）そこで先生は（略）花をすてて根を移すことをじみに物静かに努力せられた。「本物」に対する感覚が先生の周囲に少しずつ発生して行った。

——和辻哲郎著『ケーベル先生』三六～七頁——

という一節は、よくその実情を表わしている。そうして、このむしり取った花だけの文化、根無し文化の輸入を明治から大正、昭和と続けている中に、いつの間にか根付いている物のような錯覚に陥ったことが、今日の故国の悲惨をもたらせた原因の一であったと考えられる。戦前、初めて英国に飛んだ飛行機「神風」は、堂々と国産飛行機と銘打たれていたが、百にも余る特許部分品の中、日本のものは、僅か四、五に過ぎなかったというではないか。

摂善法戒

姿形のあるものは、真物《ほんもの》か造物《こしらえもの》か、生命の根があるか無いか、見分けやすいが、目に見えぬ信念の問題となると、中々そうはゆかない。

一、蓮如上人へ、或人安心《あんじん》のとほり申され候（西国の人と云々）、安心の一通りを申され

候へば、仰せられ候、「申し候ふ如く心中《しんじゆう》に候はば、それが肝要」と仰せられ候。（『蓮如上人御一代記聞書』一八二）

一、おなじく仰せられ候。「当時ことばにては、安心のとほり同じやうに申され候ひし。しかれば信治定《しんこうきまつた》の人にまぎれて、往生を仕損ずべきことを悲しく思召し候」由、仰せられ候。（『蓮如上人御一代記聞書』一八三）

この二節が前後して掲げられているのは決して偶然ではない。信心の本物と造物とは中々見分けられぬ。「あなたの心がその通りならば結構、万一、口と心と違っていたら、真《ほんと》の信者にまぎれて地獄に行くぞ」との厳しいお誡めと思う。前節の註の「西国の人」を、近く自分の上に引きとって、よくよく思案しなければならぬ。私共が、自分自身の真実に眼《まなこ》開け、その自分を離れて下さらぬ仏様の前に頭が下った時に、始めて信仰の芽は萌えでる。自分の実際がわかってくるに従って、その芽は育ち、根は張り、その人その人に特殊な信心歓喜の花が咲きでるのである。大、小、紅、紫、色とりどりに咲き匂う。大きく美しい菊の花のようなのもあれば、よほど注意して見ないと気づかぬような小さい色なき雑草の花に似たのもある。けれども、みんな生きている、根のある点で同じである。歓喜の花は散り去っても、自分自身におろされている信仰の根からは、新しい芽が次々と萌えでてきて、法悦の花が咲きつづく。

しかし、この真実の自分を見付けることは、少々の骨折ではない。花作りが、苗、土、日照、気温、灌水と、春から秋まで苦心して、やっと、どうにかこうにか心に叶う花を咲かせるように、一度、仏になりたいとの願《ねがい》（菩提心《ぼだいしん》）を発して以来、幾十年、求め求めて得られないのが真実の自分である。待ちきれない多くの人々は、他人の上に咲きいでた花を切りとって、手軽に間に合わそうとするのも無理はない。この我ながら把みにくい自分の真実を知る道として、釈尊のお説きになったものが、戒律であって、人と人との関係を整える仏教道徳である。すべての徳目は、「為《な》す可《べ》からず」と「為すべし」とに二大別せられる。摂律儀戒《しょうりつぎかい》（前章九五頁）中に、「為す可からず」の項が摂《おさ》められるのに対して、「為す可き善法《ぜんぽう》」を摂められたのが摂善法戒《しょうぜんほうかい》である。経典によって広略種々《こうりゃくしゅじゅ》に説かれているが、浄土三部経の一たる『観無量寿経』には、三世《さんぜ》の諸仏が、成仏の正しき因《もと》として修行せられたという三種の善事を掲げてある。その一は、

父母に孝養し、師長に奉事《ぶじ》し、慈心にして殺さず、十善業《ぜんごう》を修す。

という一節であるが、最も簡明に摂善法戒の要旨を示してあると思う。いつもいう通り、仏教は私共の日常生活から始まっているのであるから、日々の日暮しの中に、手近く仏様の教を味わおうように心掛けなくてはならぬ。

孝養父母

道徳は、自と他（自分以外のもの）の関係を律する掟である。私共が、生まれてから最初に認める他は、父であり、母である。最初に知る言葉は、母を呼び、父をよぶ言葉である。その父母は、自分の生まれぬ先から、心と物の全部を捧げて自分を愛護《あいご》、撫育《そだて》して下さっている。この自《わたし》に一番近い、一番親しい父母に対する道が、「為すべき」ことの筆頭として、「父母《ぶも》に孝養すべし」とあげられているのは、当然の事である。儒教には「孝は百行《ひゃくこう》の本《もと》」と説き、キリスト教は「汝の父母を敬え」（モーゼ十誡の第四）と教えているのも、同じ心の動きを示すものとして、尊くも又有難い。

釈尊は、初めて大乗戒《だいじょうかい》を制し給うに当り、「父母《ぶも》、師僧、三宝に孝順せよ」（『梵網経《ぼんもうきょう》』）とのたまい、「孝を名ずけて戒と為す」（同上）と仰せられた。その他、沢山の経典に、孝養父母の重大なるをお説きになっているのは申すまでもないが、親鸞聖人も亦《また》、孝行ということを大切に心がけておられたと思われる。「親鸞は、父母《ぶも》の孝養のためとて、一返にても念仏まうしたること、いまださふらはず」（『歎異抄』第五節）との一節を見て、聖人が父母孝養に無頓着であられたかのように解する如きは、誤れるの甚だしきものと言わねばならぬ。この一文は、仏より賜わる念仏を親孝行の道具にしないというお心を示すと同時に、聖人が孝行について、いかに真剣且つ深刻に考えておられたか、そして、孝養父母の努力をすればする程、その行《おこない》の出来ないことを常に歎いておられたかということを示している。その歎声が門下の唯円に深い印象を与え、それが遂に『歎異抄』のこの一節となって現われたと見るべきであろう。こうした消息を、我等は深く思うてみなくてはいけない。聖人は幼うして母を失い、次いで父に別れられた方なので、九歳の春の出家の動機には、当時広く信ぜられていた「一人《いちにん》出家すれば九族《きゅうぞく》天に生ず」といった思想の影響が余程深かったであろう。そこから、常に、父母に孝養せよ、と教えられたようである。

親をそしる者をば五逆《ごぎゃく》の者と申すなり、同坐をせざれと候ふなり。されば北のこほりに候ひし善証房《ぜんしょうぼう》は、親を罵り、善信《ぜんしん》をやう〳〵にそしり候ひしかば、ちかづき睦じく思ひ候はでちかづけず候ひき。

――『末燈抄』第十九通――

関東での布教時代に、門弟の一人善証房の親不孝に対して取られた処置を、二十余年後、京都から発せられた書簡の中に記しておられるのがこの一節である。五逆とは仏教で最悪の罪とせられるもので、父を殺し、母を殺し、阿羅漢を殺し、仏身より血を出し、教団の和合を破る、という五事である。聖人が親を謗る者をば、殺父、殺母の逆罪を犯すものとせられたことは、その孝養父母の解釈が如何に厳密であったかを示すものといえよう。こうした背景を眼中において、始めて、上の『歎異抄』に残された、努めても力めても孝行できないという聖人の深い溜息を聞きとることもできよう。

奉事師長

自《わたし》と他《あなた》に関する掟を教えて、人間としての道を進むように指導して下さるのが、師匠であり、先生である。それだから、尊師の教――師に仕うる道――が孝行に次いで説かれてあるのは当然のことで、『梵網経』には、師僧を父母に並べ、之に孝順せよと教えてある。親鸞聖人は、徹底的にこの尊師の道を実習せられた方であった。到る処、師匠法然上人の恩徳を讃えておられるのであるが『高僧和讃』中の源空讃二十首の如きは、恩師讃仰《さんごう》の極を尽された詩である。

阿弥陀如来化《け》してこそ、
本師源空としめしけれ。
化縁《けえん》すでにつきぬれば、
浄土にかへりたまひにき。

という一首の如き、恩師法然房源空上人をば、阿弥陀如来の化身とまで尊信しての讃仰で

ある。またその師に対する絶対信頼の念を示しては、

たとひ法然聖人にすかされまひらせて、念仏して地獄におちたりとも、さらに後悔すべからずさふらふ。そのゆへは、自余《じよ》の行《ぎよう》をはげみて仏になるべかりける身が、念仏をまうして地獄にもおちてさふらはゞこそ、すかされたてまつりてといふ後悔もさふらはめ、いづれの行もをよびがたき身なれば、とても地獄は一定《いちじよう》すみかぞかし。

——『歎異抄』第二節——

の表白となる。地獄行の自分の真相と、その自分が救われてゆく阿弥陀如来の本願《ほんがん》の真実とに眼《まなこ》を開かして下さった恩師の教に、何もかも任せきって、このあいがたき真の知識(先生)の門人となり得たことを、心ゆくばかり喜んでおられる。この一節は、その喜悦の発露である。念仏行者に対する迫害に連坐して流人となり、越後にうつされた時も、

仰《そもそも》、又大師《だいし》聖人源空もし流刑に処せられたまはずば、我又配所におもむかんや、もしわれ配所に赴かずんば、何によりてか辺鄙の群類を化せん。是なほ師教の恩致なり。

——『御伝抄』上ノ三——

と述べられ、普通なら愚痴だらだらになり勝な逆境をも、「是なほ師教の恩致なり」と味っておられる。流人生活五年にして赦免の日が来た時、聖人の最初に思われたことは、老年の恩師にお会いしたいという願であった。折から、春まだ浅く、越中路が開いていないので、越後から信濃路を廻って京都へと急がれた。その途中、上野《こうずけ》の国で、同門の明智房《みょうちぼう》から恩師御往生の悲報を耳にせられ、師のいまさぬ京に上りて何の所詮があろうかと、上洛の旅を思い止まり、そのまま関東布教に努力せられることとなった。こうした尊師の道を重んぜられた聖人であれば、門下に対して相当に厳しい態度をとられるのも自然であろう。殊に、師に背いて、異説を立てた場合は、断然たる処置をとられたようにみえる。かの前に引いた、

善知識《ぜんちしき》をおろかにおもひ、師をそしる者をば謗法《ぼうほう》の者と申すなり。……さればꝰ北のこほりに候ひし善証房は親を罵《の》り、善信（聖人の別名）をやう〳〵にそしり候ひしかば、ちかづき睦まじく思ひ候はで、ちかづけず候ひき。

――『末燈抄』第十九通――

という一節や、又、中心生命に弓を引いた長男の慈信房善鸞《じしんぼうぜんらん》に対して、八十四歳の老父親鸞が、泣く泣く送られた義絶状の一節、即ち、

いかにいはむや往生極楽の大事をいひまどわして、ひたち、しもつけの念仏者をまどわし、親にそらごとをいひつけたること心うきことなり。第十八の本願をば、しぼめる花にたとえて、人ごとにみな捨てまいらせたりと聞ゆること、まことに謗法のとが、又五逆のつみを好みて、人を損じまどわさる、こと、悲しきことなり。ことに破僧の罪（教団の和合を乱す罪）とまふすつみは五逆のその一なり。親鸞にそらごとを申しつけたるは、父を殺すなり、五逆のその一なり。このことども伝えきくこと、あさましさ申すかぎりなければ、今は親といふことあるべからず、子と思ふことおもい切りたり。

——顕智《けんち》本《ほん》所収——

とある悲痛な書簡や、その他、『口伝抄《くでんしょう》』上第六節にある信楽房《しんぎょうぼう》が、「法門の義理故に仰せを用ひ申さざるによりて」「御門弟の儀をはなれて下国《げこく》」する条などは、聖人が、門下の異解異端者《ちがったせつをとなえるもの》、即ち師に背く者に対して、それがいかに親子であろうと、師弟であろうと、いわゆる、大義《だいぎ》親を滅する厳然たる態度を以て臨まれたことを示して余りあろう。

親鸞伝上の謎

親鸞聖人は、御同朋《おんどうぼう》御同行《おんどうぎょう》主義の人として力強く伝えられていて、自ら師として門下に臨んだ方ではなかったように思われている。

専修念仏のともがらの、わが弟子、ひとの弟子といふ相論《そうろん》のさふらふらんこと、もてのほかの子細なり。親鸞は弟子一人ももたずさふらふ。

――『歎異抄』第六節――

という一節の如きは、その御同朋御同行主義を述べられたものとして最も広く知られている。弟子一人ももたずと言われる親鸞聖人と、門下善証、信楽、及び子善鸞を破門せられた聖人との間に、一見何か矛盾した所があるかのように思われぬでもない。しかし、この矛盾の上にこそ、人間親鸞の淋しい姿が、まざまざと浮び上ってくる。聖人の理想としては、師に対しては、どこまでも忠順な弟子であると共に、自分自らは、ただ一介の念仏者として、同一念仏の人々と御同朋御同行の交りをしてゆくことにあったと思われる。さりながら、人間の悲しさ、いつの間にか人師《にんし》に高上りしている自分を見出しては、どんなにか、その驕慢《きょうまん》に悩まされたことであろう。人師たることの重大さを考えられる毎に、「弥陀のおんもようしにあづかりて念仏申し候ふ人」を、「何を教えて弟子といふべきぞや」との強い反省に胸を痛めて、御同朋たろうとする理想と、人師となりがちな現実との衝突に、幾度か悲痛の涙にむせばれたことであろうか。『正像末和讃《しょうぞうまつわさん》』の終にある

是非しらず邪正《じゃせい》もわかぬ
このみなり
小慈小悲《しょうじしょうひ》もなけれども
名利《みょうり》に人師《にんし》をこのむなり

という述懐は、この心境の偽らざる告白であったろう。そして、この苦悩は、師弟の道を真剣にお考えになればなるほど増してきたに相違ないが、その絶頂は、関東二十年の伝道生活の終り頃ではなかったかと思われる。

親鸞聖人の生涯については、今日なお明らかでない点も多々あるが、何故《なにゆえ》にせっかく盛んになった関東教団を後にして京都へ帰られたのであろうか。之も謎の一つである。聖人の門下で今日その名の知られている人は凡そ七十余名であるが、その中で、京都在住の門下は八名を数うるに過ぎない。残り約七十名は、今日の東京都以北に居住《すまい》していたようである。関東教団が相当盛んであったことは、この門下の数を見ても推しはかられる。六十歳を過ぎた老聖が、二十年に亙って築き上げた教団を捨てて、故郷とは名ばかり、三十年間訪《と》うこともなかった京都へお帰りになるには、何か余程の理由がなくてはならないと思う。京都では、関東門下から遥々《はるばる》よせてきた布施によっての生活であったらしく、大分苦しまれたらしい。それに室恵信尼《ふじんえしんに》を始め子女の多くは越後へ引揚げ、聖人の帰京は、家庭の分散というお気の毒な結果になったらしい。こうした高価な犠牲を払ってまでの帰京には、何かよほどの原因がなければなるまい。

この点に就いては、聖人自身の文書にも、門弟その他の著書にも、何等の記録がないから、ただ後人の想像に任すより外はない。思うに、関東の教団が盛んになるにつれ、いつの間にか人師にのし上げられた自分、人師の甘さに酔わされそうな自分に気付かれ、これではいけない、何とかしなくちゃ親鸞自身が失われてしまう、偶像化してしまう、真実の自分を見失って何としよう。こうした念に悩み苦しまれたに違いない。皮肉なことに、教団が栄ゆれば栄ゆるほど、直弟子、孫弟子、信徒の数が増せば増すほど、この悩みは大きくなり堪《た》えられなくなって、遂に関東を去るより外に道なしと決心せられ、すべてを振り捨てて、京都へ帰られたのではあるまいか。帰京後は全然隠遁生活に入って、住居の如きも、兄弟や知友の家に侘住居しておられたことや、御同朋主義という言葉が、この時代の記録に多いことなどやは、帰洛の動機を反面から立証するもののようである。かくて恩師上人に無上の尊信を捧げられたのも、自ら人師たる資格なしとの確信に立たれたのも、共に「師長に事《つか》え奉れ」という教に忠実であった結果とみざるを得ない。

慈心不殺（修十善業）

日常生活を規定する道徳原理は、自《わたし》の他に対する慈悲心でなくてはならない。慈とは楽《たのしみ》を与えること、悲とは苦《くるしみ》を無くすることだから（六章黄金律、八三頁参照）要するに、慈悲とは、自《わたし》の欲するものを他《ひと》に施し、自《わたし》の欲しないものを他《ひと》に施さないことである。この慈悲心の発動として、悪《わるいこと》を止め善《よいこと》を作《な》せ、と釈尊は教えられたので、「慈心」の語は、直《す》ぐ次の不殺にかかるのみでなく、修十善業《しゅうじゅうぜんごう》までかかっている。十善業とは、不殺生《ものをころさず》、不偸盗《ぬすまず》、不邪淫《みだらならず》、不妄語《うそをいわず》、不両舌《にまいじたつかわず》、不悪口《わるくちいわず》、不綺語《むだばなしせず》、不貪欲《むさぼらず》、不瞋恚《はらをたてず》、不邪見《じゃけんならず》の十であって、私共の為すべき善行《よいおこない》を、身に就て三、口に就て四、意《こころ》に就て三にまとめて示したものである。そして、この十善業を実行させる推進力は、実に慈悲心である。換言すれば、己の欲する所を他《ひと》に与え、自《じぶん》の欲せざる所は他《ひと》に施さないというかの黄金律の発動である。

親鸞聖人が、念仏行者の日常生活について細かに指導されていることは前にもいうたが、この十善業の修習についても、又その原動力たるべき慈悲についても、遺著中に、しばしば表裏両面から触れておられる。

> われ往生すべければとて、すまじきことをもし、思ふまじき事をも思ひ、言ふまじきことをも言ひなどすることはあるべくも候はず。貪欲《とんよく》の煩悩に狂はされて欲もおこり、瞋恚《しんい》の煩悩に狂はされて猜《ねた》むべくもなき因果を破る心もおこり、愚痴（邪見）の煩悩に

惑はされて思ふまじきことなども起るにてこそ候へ。めでたき仏《ぶち》の御誓《おんちかい》のあればとて、わざとすまじきことどもをもし、思ふまじきことどもをも思ひなどせんは、よく〳〵この世のいとはしからず、身の悪《わろ》きことをも思ひ知らぬにて候へば、念仏に志《こころざし》もなく、仏《ぶち》の御誓《おんちかい》にも志のおはしまさぬにて候へば、念仏せさせたまふとも、その御志《おんこころざし》にては、順次の往生もかたくや候ふべからん。

――『末燈抄』第十九通――

八十歳の時に関東の門下に送られたこの書簡の一節をみても、先ず身と意《こころ》と口に悪をなさないように次いで、その諸悪の根元となっている貪欲《とんよく》、瞋恚《しんい》、愚痴の三毒の煩悩を起さないように、それから、無条件で悪人を救済し給うめでたき本願があるからといって、悪をしても差支ない、などといった心得違いをしないようにと懇ろに誡《いまし》められる。之は、そのまま十善を修めよという教と味うべきであろう。そは取りも直さず、十善業を修めるのに慈悲心を以てせよ、との釈尊の御指導に従われたもので、師教《しきよう》に忠実な聖人の、特に実行を心せられたものと思う。しかし、その努力に酬いられたものは、悲しいかな、慈悲の念を貫徹し得ぬ身の不甲斐なさの発見にすぎなかった。

慈悲に聖道《しょうどう》、浄土《じょうど》のかはりめあり。聖道の慈悲といふは、ものをあはれみ、かなしみ、はぐくむなり。しかれども、おもふがごとくたすけとぐること、きはめてありがたし。

——『歎異抄』第四節——

とは、そうした悲しい体験から滲みでた言葉である。聖人は、いかにも情け深い師匠であり、親切な友人であり、子煩悩の親であられたと思われる。八歳前に已に両親に別れられた。早く親に別れて、充分愛情に浸ることの出来なかった人は、特に子煩悩なように思う。自分の求めて満し得なかったものを、我が子には充分与えてやりたいとの親心の発露であろう。親と離れて日本で成人し、それから米国の親元に帰って来た人々には、特に子煩悩の人が多いようである。次に、なお、帰京の今一つの動機は、末女弥女《いやにょ》の身の振方についての心づくしからであったろうとの説もある。そうだとすれば、いよいよ子煩悩の一面がうかがえるわけである。末女をつれての苦労、子煩悩の慈悲も、地上では破綻してゆく。弥女はやがて世縁《せえん》、日野広綱《ひののひろつな》に嫁し、一子を設けたものの、間も無く夫の死にあい、身の振り方に困り、父親鸞の苦労をますことになった。

弥女《いやおんな》のこと文かきてまいらせられ候めり、今だゐどころもなくてわびゐて候なり。あさましく〳〵もてあつかいて、いかにすべしともなくて候なり。あなかしこ。

とは、王ご前《おうぜん》という人宛に書かれたお手紙である。

当時は承久の乱の後で、公卿《くげ》の権力は地におちていたのだから、弥女の途方にくれたのも無理はない。しかし、目に入れても痛くないといわれる末子の此の不幸に対しても、物質的に無力な聖人としては、ただ相談相手になってやるというだけで、生きさせるためには、奉公口さえ探してやらねばならなかった。この手紙はその紹介状の一節である。ここにも、人間の慈悲（聖道の慈悲）の無力さを、しみじみ味われた聖人は、また新たに仏の慈悲（浄土の慈悲）の広大無辺な大威力が、自分に約束せられているのを喜ぶ縁と転ぜられたのであった。

また浄土の慈悲といふは、念仏して、いそぎ仏《ぶつ》になりて、大慈大悲心をもて、おもふがごとく衆生を利益《りやく》するをいふべきなり。今生《こんじょう》に、いかにいとをし、不便《ふびん》とおもふとも、存知《ぞんち》のごとくたすけがたければ、この慈悲始終なし。しかれば、念仏まうすのみぞ、すえとをりたる大慈悲心にてさふらふべきと、云々。

——『歎異抄』第四節——

というのがそれである。凡夫の悲しさ、縁に触れ事に当っては、師として、また親として、人間の慈悲を行ずる思いは常に動いていられたことであろう。その聖人に最後の打撃を与えたものは、長子善鸞の義絶事件であったと思う。八十四歳の老父が、四十九歳にもなった分別盛りの子を、思想上、教義上の問題で勘当せねばならぬことになった時の御心中は、果してどんなであったろうか。日本流に生活してきた一世と、アメリカ流に育った二世——親が金儲けに夢中になっていた間にアメリカ流になっていた我が子——との間に、思想上の喰違いができた苦しい経験を持つ在留同胞の中には、聖人のこの苦悩を近く我が身の上に味って、「親鸞さま、さぞおつらいことでしたろう」と、同感申し上げ得る人も沢山あることかと思われる。

小慈小悲もなき身にて
有情利益《うじょうりやく》はおもふまじ
如来の願船《がんせん》いまさずは
苦海《くかい》をいかでかわたるべき

という八十五歳作『正像末和讃』に残されたこの一首は、前年に起った上《かみ》の悲劇を背景として読むと、一層深い味わいがでてくる。

有根の信

親鸞聖人は、絶対他力の信仰に生きられた。身心全部を挙げて自力の道を努め尽した上で、道は開いているけれど、我に行く力なしと、自分の無力を徹底的に体験せられた結果、他力易行《たりきいぎょう》の救済道《きゅうさいのみち》に転入せられたのである。師上人の門を叩かれる前は勿論、念仏行者となられた後も、人間性の奥底深く蔵《かく》されている「おれが」「わしが」の根性に引かれて、又しても驕慢の峰に立ちがちな自分に目ざめては、絶対他力の大慈悲に帰って、静かに合掌念仏なされたことであろう。『歎異抄』の第四（慈悲）、第五（孝行）、第六（師弟）の三節が、『観無量寿経』の道徳的善行（慈心不殺《じしんふせつ》、孝養父母《こうようぶも》、奉事師長《ぶじしちょう》）に、そっくり当てはまるということは、聖人が、常に、人間道の根本であるこの平凡な道徳の実行を、如何に強く心掛けておられたかを表わすものといわねばならぬ。聖人の、あの強い、深い、そして純な信仰は、その日常生活の鋭い観察、毛の先ばかりの妥協をも許さぬ厳しい反省によって得られた自己の無力の体験に根ざしたものだと知らされてくる。

活きた信仰は、真実の自分に眼《まなこ》の開いた時、初めて芽をふく。その開眼《かいげん》への道筋は、先ず人間道の実践から始まる。しかし、釈尊の「為す勿《なか》れ」の誡め、「為すべし」の教を、忠実に実行しようとする自分の努力が、片っぱしから崩れゆく哀れで、惨めで、無力な自分、親甲斐のない、夫甲斐のない自分、子として、妻として、兄弟、友達として、少しも本分を尽し得ない自分、そうした己れを、じっと見つめる。余りの醜さに外《そ》らしたくなる眼をば、じっと、自分自身に据えて見つめる。これは、うぬ惚れの強い痩我慢な私にとっては、なかなか堪えがたい苦痛である。いい加減の時に眼を閉じてしまう。この閉目開目《へいもくかいもく》の苦しい闘争を幾年か、幾十年か、続け続けて、やっと真実の自分が把まれる。そこに他力信心の芽は生えてくる。順次の体験によって信心の根は張る、本物の歓喜の花は咲く。形は細かく、色は淡く、見栄こそしないが、造物には見られない生命の躍動する花、散っても次々と咲き続く法悦の花が、開いてくるのである。他人の体験の現れである美しい造花や、切花で以て自分を飾り、まぎれて地獄におちる組に入ってはならぬ。求道《ぐどう》の旅路は苦しいが、安易な借物の世界は地獄への門である。私共は苦難をおかして、本物を生きた自分の中に探し求めなくてはならない。

九、この法を宣べ伝えよ（持戒の四）

菩提心《ぼだいしん》を発《おこ》し、深く因果《いんが》を信じ、大乗（経典）を読誦《どくじゅ》し、行者《ぎょうじゃ》を勧進《かんじん》せよ。

――『観無量寿経《かんむりょうじゅきょう》』――

無愛想な仏教徒

戦争中、アメリカの東部に出て行った仏青《ぶっせい》たちの中に、

先生、どうして、仏教徒はあんなに無愛想なのでしょう。どこの集りに行っても、知った者だけが一かたまりになって、面白そうに話したり、笑ったりしていて、初めて出席した見知らぬ人には見向きもしません。仕方がないから、淋しい思いを胸一ぱいに抱きながら、隅の方に、ぼんやり坐っていなくてはなりませんでした。他の宗教の集りに行くと、初めての出席者ほど、親切にいたわって下さいます。あいた席に案内して下さる、話相手になり相な同じ年頃の人に紹介して下さる、至れり尽せりのお世話をして下

さいます。それで、仏青《ぶっせい》たちも、自然に、その方に足が向くようになるようです。先生、仏教には、見知らぬ人に親切にして、之を導くという伝道的な精神はないものなのでしょうか。

といったようなことを尋ねた人が沢山あった。これまで沿岸の仏教会の集りには、どうかすると、仲間ばかりの小さな群に固まりがちなわるい習慣があったため、新しく思いたって、仏教に近づこうとする人たちの出足をにぶらしていることを、残念に思っていたが、この癖が、新しく開けた東部の仏教徒にまでついて廻っていると知って、驚き悲しんだことであった。こうした仏教徒の行動から、仏教には、何だか、伝道精神というものがないように思われるのも無理がないようである。しかし、よく調べてみると、仏教ほど強い伝道精神を有するものは他にあるまい。教主釈尊おん自ら、身を以て之を示しておいでになる。

積極的伝道の創始者釈尊

お釈迦さまが仏になられたのは三十五歳の十二月八日であった。その冬の間に六十人のお弟子が出来て悉く《ことごと》阿羅漢《あらかん》の悟を得られたので、これに釈尊御自身を加えて、六十一人の聖者があることになった。そのとき世尊は、この方々に仰せらせれた。

弟子等よ、私はすべての縛《いまし》めからのがれた。汝等も、また、すべての縛めからのがれた。弟子等よ、世間を憐れみ、すべての人々の幸福のために、世を巡れ。二人して一つの道を行かぬようにせよ。初めも美しく、中も美しく、後も美しく、義《いみ》と文《もん》との備わった法を宣べ伝えよ。すべて円《まど》かにして、浄らかな行《おこない》を説きあかせ。私は法を宣べるために、これからウルビラの将軍村に行くであろう。

――『パーリ律大品《りつだいほん》』――

と仰せられて、六十人を各々異なった地方に遣わして、伝道の使命を果さしめ給うた。この仏と仏弟子との伝道が、印度はもとより、すべての宗教を通じて、求めざるものに進んで道を説いた最初であると伝えられている。

それまでは、みな、求め来るを待って教えただけであった。この六十人の仏弟子中には、行蹟が今日まで伝えられている人はごく少く、教団の代表的な方々であった大迦葉《だいかしよう》、舎利《しやり》弗《ほつ》、目蓮《もくれん》等の大弟子は、みなこれより後にお弟子になられたのである。釈尊が、いわば、この無名の弟子たちに、各々独立して伝道の旅に上るように命ぜられたことは、弟子の悟道に対する正しき見解と深い信任とを現わすと共に、釈尊の伝道精神が如何に強く、又盛んであったかということを示すものといってよい。後に世尊の両腕となった舎利弗、目蓮の二人が仏教に帰するに至ったのも、この六十人の聖者の一人であったアシュバジド（馬《め》勝《しょう》）比《び》丘《く》の気高い姿に驚かされたのが因で、同比丘に導かれてその師を尋ね、各々二百五十人の弟子と共に、世尊のお弟子となったとも伝えられている。釈尊ご在世の頃の仏教が、如何に伝道精神に燃えていたかは、この六十阿羅漢の伝道旅行を見ただけでも明らかであると思う。

釈尊がなくなられてから百年余り後に出て、全印度統一の大業を成したアショカ王（阿育王）が、戦争の惨忍なことを深く感じて、断然剣を捨て、仏教に帰し、四方の国々に伝道者を派遣して仏法をひろめたのも、釈尊の伝道精神を継承し発揮したものに外ならない。今日のエジプト、ギリシャ、小アジヤ諸国も、その伝道使を送られた国々の中にある。実に西紀前三世紀のことである。

報謝行としての伝道

伝道精神を、浄土門では特に報謝行《ほうしゃぎょう》といい、その発揚をすすめられている。今から千三百年ばかり前、中国に出られた善導《ぜんどう》大師（七高僧の一人）は、

自ら信じ、人を教えて信ぜしむ、難きが中にうたた更に難し。
大悲を伝えて普《あまね》く化《け》する、真に仏恩を報ずるになる。

と申された。自ら本願《ほんがん》を信じ人にも信ぜしむることは、実に難事である、一番むずかしいことである。しかし、その難事業に全力を尽して如来の大慈悲を伝え、人を信仰に導くことが出来れば、それこそほんとうの御恩報謝の行《ぎょう》であるというお意《こころ》である。親鸞聖人は、その意を、

他力の信をえんひとは
仏恩報ぜんためにとて
如来二種の廻向《えこう》を
十方にひとしくひろむべし

――『皇太子聖徳奉讃』(『正像末和讃』のうち)――

と讃述なされている。二種の廻向とは、如来より賜わる信心の働きである。一は、私を浄土に往生せしめ(往相《おうそう》廻向)一は、その浄土から再びこの世に還って来て縁ある者を済度するを得せしむること(還相《げんそう》廻向)であって、信仰生活に入ったものは、この二つの功徳、利益《りやく》を仏様から廻向して頂くのである。この如来の大慈大悲を十方に広く、一切の生ある者に普《あま》ねく伝えひろめて、以て仏の大恩に報いよ、と示されたのである。

摂衆生戒

この伝道精神を戒律の上に規定せられたものが摂衆生戒《しょうしゅじょうかい》である。また、饒益有情戒《にょうやくうじょうかい》とも名づけ、すべての生命あるもののお役に立つような行《おこない》をせよということであって、これ亦《また》自と他の関係に就いての掟である。「なすべからず」と悪を止められた摂律儀戒《しょうりつぎかい》、「なすべし」と善をなすように教えられた摂善法戒《しょうぜんほうかい》、それにこの摂衆生戒を加えて、大乗の三聚浄戒《さんじゅじょうかい》と名づける。他人の為になること、役に立つことは色々あるけれども、信仰の眼を開いてあげるにまさることはないのである。この点からみると、この戒律は、最上の布施《ふせ》といわれる法施《ほうせ》と同じ内容となってくる。三世《さんぜ》諸仏《しょぶつ》が仏に成られる因《たね》であると『観無量寿経《かんむりょうじゅきょう》』に説いてある三種の善事（三福《さんぷく》）の第二に、仏教徒として行ずる善《ぜん》（行福）として、「菩提心を発《おこ》し、深く因果を信じ、大乗を読誦《どくじゅ》し、行者を勧進せよ」と示してあるのは、この摂衆生戒を具体的に説かれたものであって、浄土三部経《さんぶきょう》の一に、この三聚浄戒の全部が三つの善事として挙げられているということは、思えば、深い意味のあることである。

発菩提心

菩《ぼ》提心《だいしん》とは、仏に成りたいという心である。この心をおこすのが発菩《ほっぼ》提心《だいしん》である。浄土に生れたいと願う心も亦《また》これであって、いずれも、仏道に入る第一歩である。発菩提心という語は、真宗信者には耳なれないから、自力臭いもののように思う人も時にはあるが、この語はアメリカの仏教会でも、仏事の度に唱えられている。

先年、剪枝の時節《ブルーニングタイム》に、信徒を訪問した時のこと、昼食近くに葡萄畑にやって行った。広い畑の向うの方で五六人の働き人《ボーイ》さんが仕事をしておられる、主人の姿も見える。足もとのよい所を、たどり、たどり傍まで行くと、突然一人のボーイさんが「どうだもうガンニシクドクにしようか」というと、みんなが、「よかろうよかろう」といって、仕事を止めて帰ってしまった。覚えず立ち止って、ぼんやりしている私を、独り残って笑顔で迎えて下さった主人は、「若い者はいろんなことをいいますから」と断りながら、「お寺で仏事をつとめて貰う時、長いお経が、いつすむか、いつすむかと待っている中に、ガンニシクドクと唱えられるのを聞くと、ヤレヤレもうすむな、と思います。それで、止めるということを、あんな風にいうのです」と、教えて下さった。おつとめの終りに誦する廻向句《えこうく》の

願以此功徳《がんにしくどく》——願はくはこの功徳を以て
平等施一切《びょうどうせいっさい》——平等に一切に施し、
同発菩提心《どうほつぼだいしん》——同じく菩提心を発《おこ》し
往生安楽国《おうじょうあんらくこく》——安楽国に往生せん。

というあの文が、こんなに使われているとは思いもかけぬことであったが、じょうだん半分にしてもこの偈の一句を口にすることによって、この人々は、必ず仏縁を増長するであろうと有難く思ったことであった。この話が示すように、仏事の度に唱えられるので、いつの間にか聞き覚える程に耳なれた廻向句の中に、「発菩提心」の語が入っており、アメリカでは、日曜説教や家庭集会のプログラムの最後に、会衆《えじゅう》一同でこの句を合唱するのが普通である。菩提心を発すことの如何に大切であるかということが、よく示されていると思う。

深く因果を信ぜよ

一度道を求むる心をおこしたものは、一歩一歩、しっかりと足ふみしめて、仏道を行かねばならぬ。この真面目な求道者に、先ず教えられるのが因果《いんが》の理法である。今日では「まかぬ種子は生えぬ」とか、「自分でまいたものは自分でかりとらねばならぬ」とかいう言葉がある位で、過去に自分のしたことが原因となって今日の結果を生み、今日の行《おこない》が未来の果報《かほう》の原因となるのだ、という因果の教えは、誰でも知っているのである。しかし、このわかり切った道理も、お釈迦さまが初めてお教えになったのであって、それ以前には、誰も気付いた人が無かったのである。

自ら悪を作りて自ら汚れ、自ら悪をなさずして自ら浄《きよ》し。浄、不浄は己れによる、何人《なんびと》も代り得るものなし。み仏はただ道を示し給うのみ。

――『法句経《ほっくぎょう》』一六五――

という風に、自因自果《じいんじが》の道理をごくわかりやすくお示しになっている。この因果の教は、釈尊の創見であり、仏教独得のものであった。

菩提心をおこした者の先ず進み行くべき道として、深く因果の理を信ずることを選ばれた所以も、ここにあったものと思われる。然《しか》し、この誰も承知している因果の理法、即ち、自分のしたことの報は自分が受けるのであって、その他のものはすべてこの自因自果の運びを助ける縁に過ぎないということも、実際生活の上では兎角《とかく》忘れられがちで、自分以外に何か自分を動かす力があるように考え易《やす》い。災難や病気などにかかると、自分の不注意や不養生から来ていることは忘れてしまって、運が悪いとか、ラッキイがないとかいうばかりか、時には血迷うて、狐がついているとか、蛇の祟りだとかいって、畜生に動かされているように思ったり、友人がわるい、近所がよくない、子が悪い、妻のせいだ、夫のわざだと、原因を至る所に求めつくして、最後には神も仏もないものかなどと、とんでもない所に責任を持込む。釈尊出世以前の印度の大衆《だいしゅ》と似たりよったりの同じ所を、アトム時代といわれる今日もなお行きつ戻りつしている仏教徒も沢山いるようである。因果律《いんがりつ》なんて、あんな平凡なことを事新しげに語らなくても、と云い捨ててはならぬ。教は、身を以て行じなければ生命がない。この因果の理法を以て日常生活を律し、深くその道理を信ずるに至って、始めて、自分の真実が少しずつ明らかになってくるのである。因果を知れ、と仰せにならないで、「深く因果を信ぜよ」とお示しになった釈尊の御親切な、こまかいお心持を、よくよく味わわして貰いたいものと思う。

読誦大乗

身を以て因果の道理を徹底的に味い得た者は、続いてその体験を通して、大乗仏教を説いた経典を読まねばならないという教が、「読誦《どくじゅ》大乗」の一句である。お経を読むといっても、今日普通にいわれている読経とは少し様子が違うのである。

先に、「報謝行《ほうしゃぎょう》としての伝道」の項にも名を挙げておいた中国の善導大師は、この「読誦」を解して、「数《しばしば》読《よみ》数《しばしば》尋《たずね》」することであるといっておられる。何度も読み、何度も研究せよということである。お経の意味が分るまで読め、若《も》し分らぬ所があったら、どこまでも尋ねなければならないというお心持であろう。釈尊の時代には経典しかなかったから、「大乗を読誦せよ」とある。その読物は、直接には経典に限られるが、その後多くの先徳が沢山の書物を残して下されている今日では、更に意味をひろげて、大乗仏教に関する聖典を指すものと味うべきだと思う。

「聞《もん》」と「読《どく》」とは道に入る二つの門であって、孰《いず》れも大切であり、どちらにも一長一短がある。話す人の表情、態度、話の調子、といったものに助けられる点からいうと、聞く方が身にしみてよいけれども、ほんとうに聞かして下さる方に会うことは、中々むずかしい。その点になると、書物の手に入り易い今日では、古今の聖賢をわが家にお迎えして、その著書を通じて教を聞かして頂くことができるという誠にありがたいご時世である。しかし、書物は声を出さないし、話す人がその場にいないのだから、どうかすると、空読《からよみ》になってしまいやすい。本を読む時に分らぬ字があると字引をひく、意味の分らぬ所があると註釈を見る。知識欲を満足させるだけならそれでよいが、これではすっかり自分を離れてしまって、一向わが身の養いとならない。読書を自分の心の糧とするためには、身を以て読まねばならぬ。自分が実地に出会ってきた色々な事件——人間同士の間に生ずる涙の痕、笑の響、又は社会的な大小の事変等——を、すべて註釈として読まねばならぬ。

善導大師の「数《しばしば》読み数《しばしば》尋ねよ」と言われたのは、決して字引や註釈書をよく調べよといわれたのではない。汝自身の体験をよく反省し、それを生きた註釈として経を読め、と教えられたのである。こうして釈尊や先徳の残された書物を身を以て読んでゆく中に、為すべきことは一つも出来ていない、してはならないことばかり行っているという醜い自分の真実が浮び上ってくる。即ち「自身は現に是れ罪悪生死《ざいあくしようじ》の凡夫《ぼんぶ》」と申された善導大師のお言葉は、この自分のことであると気付かして貰い、久遠の昔から、「我汝を救う」と待っていて下さる阿弥陀仏の広大な親心に始めて眼があいて、「疑いなく慮りなく、かの願力に乗じ」さして頂けるのである。

行者を勧進せよ

初めて道を求むる志をおこしてより次第次第に仏道を行じ、終《つい》に自己の真実と如来の真実に目ざめて、人生の行路の方向を真反対に転廻した時に、必ず自然に起ってくるのが仏教の伝道精神である。まず「自ら信じ」次いでその信ずる所を「人に教えて信ぜしめる」のである。自ら信ずることが既に難中の難である。この至難なことを他に教うるのであるから、「転《うたた》更《さら》に難し」の歎声が出るのも尤《もっと》もである。しかし、私共は、報謝の行として之を行者に勧進しなければならない。否、勧進せずにはおれないのである。勧も進も、どちらも、すすめるという字で、仏教の伝道精神は、ここにその源泉があるのである。他を仏道に導く勧進の花は、自分の信心の幹に咲くのである。自らの信念が第一であり根本であって、伝道は第二であり末である。私共は、常に、先ず自身の信味増長に心しなくてはならない。少しでも喜べれば直ちにそのよろこびに誇る自分、人が話を喜んで聞いて下されば、直ちに己が手柄にする自分であることを常に反省しなければならぬ。仏法は仏力《ぶつりき》で伝えて下さる。信者は仏力の伝わる道具にすぎない。水を引くには用水堀がいる、パイプがいる。大きなパイプ、小さなパイプ、それぞれに用事がある。自分は小さい小さいパイプにすぎないが、仏様がこのパイプを役に立てて下さって、お慈悲の水を通して下さるのである。ガーデンであれ、キッチンであれ、どこへでも水を送るお役に立てて下さることを喜んで、命《めい》のままにご用をつとめさして頂く。これが至上の伝道である。話す時も、書く時も、仏さまの御力で道を弘むる御用をさして頂くのである。私のようなものを、話す道具に、書く道具に使って下さるのだと味い得る自分の信念が伝道の根本である。

尼入道《あまにゅうどう》のたぐひの、尊とや有難やと申され候を聞きては人が信をとる、と前々住（蓮如）上人仰せられ候よしに候。何も知らねども、仏《ぶつ》の加被力《かびりき》のゆえに、尼入道などの喜ばるゝを聞きては、人も信をとるなり。

——『蓮如上人御一代記聞書』九五——

というのは、自信がそのまま伝道であるということの最も強い表現であろう。

救われるもの同士

然《しか》し何事も一方に偏ずると、また禍の種子になる。ご報謝のお念仏さえ称えておればそれでよい、外に何もすることはいらぬと思ったら、それも行きすぎである。自分の信仰第一と、そこに根をおいた上で、仏さまのお指図のままに、縁ある人々を道に入らしめるように勧めることを忘れてはならない。お慈悲を通して世の中を眺めると、生きとし生けるもの全部が、私と同じく仏さまに救われて往く同朋《どうぼう》だと気がつき、すべてが自分と同じ道を行く同行《どうぎょう》だと分って来て、どんな人にでも、心の底からの親しみを以て接することが出来るのである。信心の深い人として有名な讃岐の庄松《しょうまつ》は、だんな寺の住職の供をして田甫《たんぼ》の小道を歩いていた時、だしぬけに大声で、「今日は」と挨拶した。住職は、びっくりして、前後左右を見まわしたが、人影一つない。「庄松、誰に挨拶したのか」と尋ねると、「あの犬にいたしました」と指ざす方を見ると、成程、さっき、足もとを通りすぎた赤犬が見える。「犬に挨拶？　それだから、お前は、あほうだの馬鹿だのといわれて、仏法にきずがつくのじゃ。わやくも、たいて（い）にせい」と、住職がたしなめると、

世界中の生きものがみんな助かるお慈悲だと聞かして貰ってみれば、あの犬も、同じ御本願《ごほんがん》に救われる仲間かいな、と思えたので、つい「今日は」といいました。すみません、すみません。

と答えたので、彼が信味の尊さ深さに、住職も、いたみ入ったということである。私共は到底そこまで徹底できないが、「四海《しかい》の中みなこれ同朋」という気持で人に接したいものである。知った人、知らない人のわけへだてせぬはもとより、宗教、人種、階級、財産、

職業等のすべての外面的、一時的の区別を乗り越えて、仏様から呼びかけられている「救われる人間」の一人として、親しみあってゆくように努めたいと思うことである。現代の仏教徒が、新しく近づく人に物足らない感じを与えがちなのは、この方面の努力が足りないのではあるまいか。

仏教徒は、もと、出家と在家の二つの教団にわかれて、共に仏弟子として、「自ら信じ、人に教えて信ぜしむる」ことを努めていたものである。それが時代が変るにつれて、伝道の方面は出家専門となり、在家信徒は、ただ之を支持するといった形になったのと、余り差出がましくしては、どうであろうかとの遠慮のためとで、一般信徒の伝道意識は弱くなったものと思われる。私共は、宗教史上伝道の第一歩を印せられた釈尊の御精神に帰り、善導大師や親鸞聖人の、報謝の行として十方にひとしく教を弘めよ、とのお言葉に聞いて、力の許す限り伝道に努めねばならず、又つとめたいものである。

一〇、人間征服（施、戒、忍の関係）

施《ほど》し、おきて、つつしみや、忍び、はげみに、定《じょう》と智慧、菩薩の行《ぎょう》をいそしまん。
——『大無量寿経《だいむりょうじゅきょう》』——

葱と人間

私の知人で葱《ねぎ》をよく作るAさんという人がある。埼玉県深谷の産で、葱の本場育ちだけに、葱作りの名人である。ところで、その葱が見事なだけによく盗まれる。僅か十本、二十本とぬかれても、Aさんは、「アッやられた」と感づくくらい、作るものになって見れば一本でも可愛いにちがいない。時によると、一うねソックリ引抜かれ、さんざん荒されたこともある。

Aさんは困って、「作る身になって下さい」と記した立札を立てた。あくる朝みると、その脇に、「取る身になって下さい」と書き添えてある。Aさんは、ふき出しそうになった。「成程なァ」と思わんでもないが、取られるのはイヤだから、こんどは「この葱には、ところどころ青酸加里《せいさんかり》が注射してあります」と書いて出した。これなら、だれも手を出すものがなかろうと思っているると相変らず盗まれる。Aさんも、これにはほとほと冑《かぶと》をぬいだ、といって、これでひっこむのも癪《しゃく》だとヤケ半分に、「御入用の方は随意にお取り下さい」と書いて出した。

すると今度は、妙に一本もぬかれない、葱殿いたって無事である。Aさんは馬鹿にうれしくなった。盗まれないのがうれしいのではない。やはり人間どうしだ。こちらが礼を以てすれば向うも礼を以て応えて来ると思うと、ほんとうに葱をぬいて、困る人に上げたい、と思い出した。

これは『肉弾』の著者として有名な桜井忠温《ただよし》氏の随筆『葱と人間』の一節である。家庭菜園が重要な食糧の場となっていた敗戦後に於ける日本の大都市の姿が、目の前に浮び上ってきたことであった。葱作りと葱泥棒の顔をじっと見つめていると、その中に、ぼんやり私の顔がもり上ってくる。すると、舞台は急に日本からアメリカに暗転する。

久遠の人間性

愚さを原料とした欲の経《たていと》と怒りの緯《よこいと》とが入り交って、我々の日常生活は織り上げられる。

げに貪瞋痴《とんしんち》こそ、久遠の人間の相である。人間の根本の欲は、生きてゆくことである、生活欲である。食、財、色《しき》、名誉、休養娯楽（睡眠）の五欲は、いずれもこの生存欲の分化、変形に過ぎない。この欲を必要以上に満たさんとするのが貪《むさぼ》りであり、この欲の満たされない時に出てくるのが瞋《いか》りである。「葱作り」は小なりといえ、この食欲と財欲を根とした動きである。立派な葱を作って評判をとろうという名誉欲、運動代りという休養娯楽の欲も混っていたろうと思うと、私たちの職業は、みな一種の「葱作り」といってよい。その大事な葱が盗まれたのである、まさしく職場あらしである。ひどい事をすると、いきりたつ腹の虫をじっと抑えて、「作る身になって下さい」と先ず下手《したて》に出て、どうだ恐れ入ったろうと思っていると、「取る身になって下さい」と、泥棒にもありという三分の理窟を堂々と主張してくる。食うか、食われるか、という生活戦線のすさまじさが、この小さな家庭菜園にまでその姿を顕《あら》わしているのを見ると、私自身が、時には「葱作り」に、時には「葱泥棒」に、一人二役をつとめている惨めな姿を、はっきりと見せつけられる思いがする。

欲から生れて怒りに育てられるこの心の動きは、いよいよ、募ってゆく。青酸加里という毒物が注射してありますよと書けば、そんな見えすいた誤魔化しに乗るものかと意地になって盗みに来る。あらゆる手段を用い尽した最後にとった逆の一手、「御随意にお取り下さい」が見事にきいて、畑あらしはすっかり止んだ。葱作りのAさんは、「礼を以てすれば礼を以て応える」と喜んでおられる。尊い発見である。しかし、それは倫理道徳の世界の見方である。私はこの欲と欲との闘争が、欲の真反対なものの出現によって解決せられたことに尽きざる法悦を味っている。貪りの反対は施しである。

愛欲と瞋怒

お釈迦さまは『大無量寿経《だいむりょうじゅきょう》』に、私共の日常生活を、

尊きも、卑しきも、貧しきも、富めるも、子供も、大人も、男も、女も、みな一ようにお金のことばかり心にかけている。有れば有るで心配し、無ければ無いで苦労して、心の安まる時とてはない。愛欲に惑わされて道徳をさとらず、瞋怒《いかり》に心くらみて財色《ざいしき》を貪《むさぼ》る。

とお説きになったが、二千五百年後の今日も、人間万事金の世の中、といった考え方には何の変りもない。金さえあれば出来ぬことはないという一方だけ見て、朝から晩まで欲の皮を突っぱっているから、いつのまにか、金がかたきの住み心地の悪い世の中を作りあげてしまう。

今や全世界の国々は東と西の二つの陣営に分れて、武器の音のしない冷たい戦争をつづ

けている。而《しか》して、ロシヤを中心とする東の共産主義も、アメリカを盟主とする西の資本主義も、愛欲と瞋怒《いかり》を基とした生活を少しも反省しないことに於ては同じことである。この愛欲と瞋怒とに手をつけない限り真実の平安は、個人にも、社会にも、決してくる時とてはない。

大戦後イギリスの政権を握った労働党は、大衆の福利増進という日頃の理想をば次々と実行に移してきた。まず重要産業の国有についで、国家保険法を制定して、「ゆりかごから墓場まで」の生活を保証した。ところで、国民大衆は大いに感激して一層生産に努力するかと思いのほか、生活も医療も凡てが保証せられた上からは、いくら働いても賃金は同じだというので、仕事に身が入らず、生産量は次第に減じてきて、英国では大問題となってきた。労働党員エドワード氏は、歎息して、「労働者の能率を増す道は二つしかない、高賃銀と強制の鞭がそれである」といっている。ここにも人間の欲をそのままさしおいて、社会問題を解決しようとした失敗の一例が見られる。

人間が自然を征服して作り上げた物質文明は、日に月に進んでいることはいうまでもない。山も、川も、海も、空も、皆人間が自由にしている。アメリカで使用せられている全部の動力を一億四千万の人口に割り当てると、一人が毎日平均六十人のどれいを使っていることになるという。してみると、私共はみんな昔のお大名も及ばぬ暮しをしているといってよい。しかし、我々がこの数知れぬ機械を使って自然を征服し、現代文明を作り上げることに夢中になったため、すっかり忘れていた一大事があった。それは、この輝かしい文明を仕上げた人間その者の征服ということである。正宗の名刀も、使い手次第で、殺人剣ともなれば、活人剣ともなる。文明の利器も、一度使い方を誤ると、全世界破滅の悲惨事をひきおこすという危険な所まで来る。それが今日の実情である。ところで、その文明の利器の使い手は人間である。使う人の心次第で、殺人剣ともなれば、活人剣ともなる。

自然征服に夢中になっていた人々が、やっとこの危険に目ざめて、今更のように人間征服の急を叫んでいるのは、そのせいである。人間征服には、色々の方面から手をつけねばならぬ。複雑な人間生活の全体を考えて、あらゆる手段を講じなければならぬが、その中心は、個人個人を動かす各人の心の問題である。その大切な心は、寝ても醒めても五欲を追う方にばかり動いている。私共の腹の底にみちみちている生存欲と所有欲、この欲を満足させる唯一の手段としてのお金の魅力は、あらゆる人をそのどれいとしてしまって、誰も彼も、ただ、金、金、と夢中になり、金を使う筈の人間が却って金に追いまわされている。それで欲が満たされるかというと、「思うこと一つ叶えばまた二つ、三つ四つ五つ、あら六《む》つかしの世や」と、いわれている通り、私共の欲には限りがないから、満ち足りる時は永久に来ない。この欲は根を何とかしない限り、私共は、一生いらだたしい、苦しい日暮しを続けなければならない。人間征服の根本は、この欲の扱い方にある。

施

この欲の病をなおす薬としてお釈迦さまの与えられた処方箋こそ、布施である、貪欲《とんよく》の真反対である。私共の所有物はもとより、身体も、生命も、他に与えるのが布施である。そこまで徹底した境界は、私共のとても及ばぬ所だから、先ず手近い所から考えて行くことにする。葱作りのAさんも、その葱を盗んだ人たちも、欲を本として、かれこれしている間は解決がつかなかった。困りぬいたあげく、「ご入用の方は随意にお取り下さい」と出たとき、意外にも泥棒事件は、すらっと解決した。Aさんの心境は、どうせ取られるものなら気持よく呉《く》れてやれ、といったやけ半分で、布施の教えなど、ゆめにも考えていなかったに違いない。しかし、いくら無自覚でも、不純でも、それは、欲とはすっかり逆な心構えであることは争えない。こう出られると、盗む方でも欲では立ちむかえなくなって、待てよ、と考えざるを得なくなる。仏さまの処方箋通りの欲退治の良薬「布施」が、両方に利いたのだから、事件が根本から解決せられるのは当然である。いくら良薬でも、のまねばきかない。しかし、良薬は口ににがし。布施を行《ぎょう》ずる機会は無数にあるが、なかなかその機会を把《つか》もうとしない。私共は、先ず第一に、施を行《せ》ぜんとする願をもち、手近なところ、小さなことから実行してゆかねばならぬ。

人情の鼻緒

終戦後の日本からくる便りは、暗い、むごたらしいものばかりで、お互に胸の痛むことであるが、その中に次の記事を見つけた私は、苦難の中に輝く道光《どうこう》を拝して、覚えず、歓喜の念仏を称えたことである。

▲私はこの前の日曜に、M町の友人の家を訪ねた。裏通りを通ってゆく途中、下駄の前鼻緒がきれて閉口してしまった。ポケットをさぐってもハンカチだけだし、仕方なく下駄を引ずって歩いた。約一町もゆくと、戸袋に十本ほどの麻ひもや細きれを下げて、「どなたでもご利用下さい」としてあるのを見つけて、地獄で仏にあったおもいがした。

▲友達の家でこの話をしたら、友達は、「実はおれもその人情をうけた一人なんだ。その時こんなささいなことでも、困った時には有難いものだと知ったので、それ以来、僕の家でも戸袋に下げてあるよ」といった。また、「やあ、実に面白いものだね。こうして下げておいてやると、利用した者が何時《いつ》かまた持ってきて足してゆくので、鼻緒はふえるばかりだよ。今では駅からここまでに、もう五、六カ所鼻緒を下げてあるよ」という。

▲敗戦後の日本には人情が薬にしたくもないと、だれでも嘆く。しかし誰も人情のタネをまこうとしない。人情を生むものは人情である。私たちの周囲に、こんなささいなこ

とでも人情のタネをまき、その人情が人情を生んでいったら、世の中はどんなに明るくなることだろうか。

――朝日新聞(東京版)「声」一九四九、一、二一――

いかにもささいなことである。しかし尊い布施行《ふせぎょう》である。この心根が自を救い他を豊かにする。少しの心掛で人情の鼻緒はどこにでも見つけられる。この春の蒔付時《まきつけとき》に、カンサスの一農場主が病気で困っていると、友人達が電話で話し合って、日を定めて、その農園に集まった。数十台のトラクターは地ごしらえから蒔《ま》きつけまで一気に片づけて、四百余英加《エーカー》の仕事はすんだ。一行はそのついでに、他の二人の病友の畑仕事を仕あげて解散したということを、ライフ誌で見て、まことに有難いことだと思った。志さえあれば、施す物も、施《せ》の機縁も、どこにでも見つけられる。欲とは、他を自に奪うことであり、施とは自を他に受けて頂くことである。欲退治の薬として施が教えられている所以は、ここにある。

施と戒と忍

在家仏教徒の日常生活を指導する原理は六度である。その中で、初めの布施、持戒、忍辱の三つは他に対するものであり、後半の精進、禅定《ぜんじょう》、智慧は自ら修むべきものである。施は貪《とん》を治する道であり、戒《かい》はその施を実現する道である。戒は自と他との生活の規律である、人と人との間を整えてゆく掟である。自分が他からして貰いたいことを他にしてあげる、自分がして貰いたくない事は他にしないという黄金律を精神としているものだ。私の一番好きなものは楽であり、一番嫌いなものは苦である。その楽を他に与えるのが「悲」であり、その苦を他に与えないばかりか、若《も》し他《ひと》が苦しんでおれば、その苦を引抜いてやるというのが「慈」である。

だから、戒の根本精神は慈悲であるといわねばならぬ。しかし、この戒を日々の生活の上に生かすことは実に難中の難であるが、而《しか》も、この難関を突破させるのが忍である。慳《おしみ》と貪《むさぼり》とは私の自性《じしよう》である、この自性が内から持戒《じかい》を妨げる。「私の周囲は物欲を追うより外に何も見えぬメクラの集りだ。そんな施とか戒とかいう説教が何になる。三文にもならぬことにつぶす暇があったら、少しでも金もうけの工夫をするがよい。何千年来あれだけ説法されても、人の心は少しも変らぬではないか。そんな役にも立たぬことにだまされる馬鹿があるか」こんな調子で、まじめに仏道を修むるものを、却って、分からずやだの、狂人だのと罵り辱かしめる。こうした内外二重の障害を乗りこえて、施と戒とを行ぜしめるものが忍である。欲と二人連れのもうけ仕事でも、汗水たらさねば金にならない。ましてや欲を断ちきる難行である、少々のことで成就するわけはない。どんな苦難を受けても、よく忍びぬいて、初めて、この施と戒は、事実となって現じて来る。

しかし、忍というのは、がむしゃらな、盲目的な我慢ではない。この行《ぎよう》により、自分が仏に成るばかりでなく、すべての生命あるものを共に仏道に入らしむる自利利他《じりりた》の大行《だいぎょう》をしているのだ、という自覚の下に、りきまず、瞋《いか》らず、楽な、平静な心で忍んで行くのである。

有名なアソカ王の師モガリプッタチッサの父は、バラモン族の富豪であった。シカバ沙《しゃ》門《もん》は日々行乞《ぎょうこつ》して、此の家を訪うこと七年、未だかつて何物も与えられなかった。或日、はじめて「出ませんよ、お通りなさい」と言葉をかけられた。その日、このバラモンは道でシカバに会い、「何か貰ったか」と、からかった。「然《しか》り、七年にして初めて得たり」と答えた。バラモンは之は変なことだと思って、帰るなり家族や使用人にただした。一同から何も与えずとの返事を得た彼は、かの「沙門妄語罪を犯す」というて、翌日これを詰《なじ》ると、「しかり、昨日初めてことばの施を得たり」とシカバ沙門は答えた。バラモン大いに感じて、これより熱心な仏教徒となったと伝えられている。七年にわたる忍のおかげである。われらと衆生と、共に仏道を成《じょう》ぜんという自利利他の念願に立って、いかなる悪罵、迫害にも瞋《いか》ることなく、恨むことなく、心を修めて之に耐えるのが忍辱《にんにく》の行である。

自分の実力の正見

こうして、私共在家仏教徒の行くべき道は、自然と人事の凡ての苦難を忍んで、施と戒を行ずるにあることは明らかにせられているが、これを実際に行ずる段になると、唯々わが力の及ばざることを歎くほかないのが私共の現実である。「仏法のこと、わが心にまかせず、たしなめ。こころに任せては、さてなり」と教えられているように、欲に目のないわが心任せにしていては一大事だから、たしなまねばならぬと、力《つと》めれば努めるほど出来ないことが知られてくる。平気で五欲を追うている時は気づかないが、一度そのみじめさに気づいて、それから脱れ出ようと志してみると、我が身に、からみついている欲の鎖が、どんなに強いかということが初めて知られてくる。私の家は角《かど》にあるので、東の一面の二キロ、北の一面の半ブロックに並木が十本余りある。この頃は日よけになって都合がよいが、落葉の始末に困っている。掃除をして貰っていた青年が、夏休で農園に働きに行ったので、家内がその代り役をしているが、これまで自分で掃除しない間は、少しぐらい落葉が吹きよせられていても何ともなかったのに、今は、ちょっと汚れていても気にかかるという。自分で掃除してみて初めて汚さは知られ、清めきれぬことがわかる。やったり取ったりの普通の生活から、取ったり奪ったりの貪欲の生活に移り行く自分を、受けて貰ったり与えたりの布施の生活に高めてゆくことの困難さは、自分でやってみて初めて分ってくる。物質上の成功をするのにさえ、寒さ暑さの苦に耐え、義理しらず不人情者との悪口《あっこう》を聞き流し、骨を砕き肉を削って働かねばならぬのに、まして仏になる道を進むのではないか、この位のことを辛抱できんでどうするか、自利利他の大行《だいぎょう》を修める身ではないか、忍《にん》辱《にく》の行はここだぞと、いくら力んでみても、修行の足は一歩も進んでくれない。ありったけの我が力を出し尽して、はじめて自分の無能さを行知《ぎょうち》したとき、自分の実力の不甲斐なさを正見《しょうけん》したとき、自力を誇る憍慢《きょうまん》の心が、からからと崩れた時、その時始めて自分を囲む絶対者の力、阿弥陀仏の本願力《ほんがんりき》は、ひしひしと感じられてくる。「われ汝を救う」という大慈悲の呼声が聞えてくるのである。貪《とん》と瞋《しん》の煩悩の中からのみ、浄土に生まれたいと願う心も生まれるのだ。汚《けが》れた泥の中から蓮華が咲き出るようにと先徳がその体験を語られたのも、この味いであろう。

懺悔道

かくて我々が、その日常生活の規律とすべき、施も、戒も、忍も、自分は修め得ないのだと分った時に、多くの仏教徒の陥り易い誤は、どうせ出来んのだし、出来ないそのままで仏さまの大慈悲中に住まして貰っているのだから、そんな施とか戒とか忍とかいったものは捨ててしまえ、といった放逸《なげやり》、無慚《はじしらず》な心を起すことである。無条件のままの救いは、大悲から与えて下さる仏さまのお仕事である。それをよい事にして、為すべき事の出来ていない自分の言いわけとしてはならない。仏の智慧の光に照らされて、これまで知らなかった自分の罪悪に気づいて、ただ、ひたすらに慚愧し、懺悔《さんげ》するばかりである。「念々に称名《しょうみょう》して常に懺悔す」という故人の遺された味いは、ここに至って初めて生きてくる思いがする。

懺悔といえば、普通にすぐ滅罪の語をおもう。懺悔によりて、過去の罪を滅することはいうまでもないが、懺悔は過去の清算のみに止まるべきものでなくて、将来への決心が、その中に活きていなければならないのである。

仏弟子カッサバゴッタは、犯した罪を釈尊に懺悔するとき、「世尊、この後再び犯さぬために私の罪をお許し下さい」と申し上げている。こうした「再びこの罪を犯さじ」という願いがついていてこそ、初めて懺悔は生きてくる。これで過去の罪は浄められて、さっぱりしたといった風の、手軽なものであってはならなぬ。しかし、悲しいことには、その決心も次から次へと破られて、仏教の掟の守れぬ自分の姿がいよいよ明らかに知られてくる。この懺悔と決心と破戒の尽きざる連続から滲み出てくる微かな歓喜の水を味いながら、生きている限り懺悔道を進み行くのである。若《も》し、この道をふみはずすと、いつのまにか自分の姿は見失われ、仏の呼声に耳をふさぐ無耳人《むににん》となってしまう。人間征服の戦線は、この懺悔道に到って、その跡を歿している。

一一、糸車を廻す人（忍辱）

諸《もろもろ》の有情《いきもの》に於て応《まさ》に安忍《あんにん》を修め、打《うち》に打を報いず、罵に罵を報いず、謗《そしり》に謗を報いず、瞋《いかり》に瞋を報いず、訶《しかり》に訶を報いず、忿《はらだち》に忿を報いず、恐に恐を報いず、害に害を報いず、諸の悪事に於て皆能《よ》く忍受《にんじゅ》すべし。

――『金剛般若経《こんごうはんにゃきょう》』――

非武装国

日本は、新憲法で戦争放棄を宣言し、武力行使を永久に禁止した。これは、不殺生、不傷害を根本教義の一つとしている我々仏教徒にとって、大いに喜ぶべきことと思う。しかし、昔から武力によって国を護り平和を保証してきた歴史を顧み、世界各国競って軍備の充実に苦心し、科学の新発見を悉《ことごと》く武器に応用して、唯その遅れざらんを怖れるが如き現状からみると、武装なき日本の将来は果してどうなることか、との不安も感ぜざるではない。

武力なしの丸腰で、しかも人口八千万という日本のような国が、今後、果してそれで立ってゆけるかどうか。これについて憶《おも》い出されるのは、人口三億五千万の大国印度《インド》の無血独立である。革命とか独立とかいえば、必ず流血の惨事が伴うものとされている。この合衆国が英国から独立するため、数年にわたって苦戦をしたことは今更申すまでもない。しかるに、その同じ英国の宝庫として二百余年間も自由を奪われていた印度が、一九四七年八月十五日、英国をして「光栄ある退出」を余儀なくせしめ、無血独立を完成したことは、史上に稀な事実である。この未曽有の大事業の推進力となって、三十年の努力を傾け尽した人こそ誰あろう、実にマハトマ・ガンディ聖人であった。

真実一路

貧しい無教育な印度の大衆を導いて、この無血独立の大業を成就したガンディの精神は、「真実一路」（サトャグラファ）の一語に盛られている。先ず、すべての事物の真実を正しく見てとることが、サトャグラファの第一段である。正しく認めた真実をよく考え検《しら》べるのが、その第二段である。若《も》しその真実を言葉に表わすべきものと思えば、ありのままに之を語るのが、その第三段である。ただに口にするだけでなく、之を実行に移すべきものと思えば、正直に之を行うのが、その第四段である。この認識、思考、表白、実行のすべてを真実を以て一貫せよというのが、サトャグラファである。一見まことに平凡で楽なことのようであるが、いざ、やってみようとすると、いかに難かしいかということが分る。

真実を見、かつ考えることは、どうにか出来そうであるが、その真実を語り行う段になると、ぴたりと行き詰る。権力者の前で鹿を馬といった昔の人が笑われない自分、うそも方便、社交上なら仕方がないとか何とか理窟をつけて、白々しい虚言《うそ》を言って平気でいる自分には、真実を語るということは出来ない。ましてこれを実行するとなると、いよいよ困難だ。思うに、虚偽は影の如きもので、そこからは何の力も出てこない。真実こそ、あらゆる力の源泉だ。まつわりくる色々な難関を突破して、真実一路を生き抜く所から、無尽の力は生まれてくる。ガンディは、この真実を源泉とする無尽の力を動力として、あの偉業を成し遂げたのであった。

糸車を廻す人

ガンディが如何に真実一路に生きたかを示す一例として、手織木綿運動がある。印度ほど貧富の差の大きな国は他にあるまい。世界一の富豪もおるかわりに、総人口の八割五分を占める農民の収入は、平均一年二十六弗《ドル》に過ぎない。ガンディは、この事実を、或は農民の実際生活から、或は各種の調査報告や統計数字から、よく見究めた上で、原因が何処《どこ》にあるかを考えてみて、農民が作物処理を誤っている所にあるを知った。印度は米国に劣らぬ綿の大産地である。農民はその綿を外国人に安く売る。英国や日本では、その綿を原料として作った木綿物を印度に輸出する。貧農は、売った綿の値に数倍もする製品を買わねば衣服の材料がない。こうして貧乏の度を増す一方だ。この有り余る原料の綿を、同じく余っている農民の労力で製品にすれば、安い着物が出来ることに気づいた。で、早速それに必要な糸車と織機《はたおりき》を探したが、永いこと使わなかったので何処にも見つからない。やっと、或る物置の隅から拾い出すと、今度は使い方がわからない。色々苦心して漸《ようや》く使用法を知っている人を見つけだし、やっと手織木綿が製産できることになった。ガンディは、この手工業を農民一同に勧めたばかりでなく、自ら糸車を廻して糸を紡ぐことを日課の一部とし、入牢中も続けたとのことである。糸車を廻しているこのガンディ聖人の姿は、恐らく読者多数の方の目にもふれたことと思う。

サトヤグラファ、即ち真実一路の四段は、この手織木綿運動に全き姿を示している。そして、この運動は、潮の如く印度大衆の間に拡がりゆき、ついには多くの大都市で、外国製品の焼棄て運動を起すに至った。農民達は、これによりて直接経済的に救われたばかりでなく、真実一路の線に沿って大衆が結成せられるとき、如何なる難事業も果し遂げられるという実物教育を受けて、独立運動に対する自信を増大した。しかし、ガンディは、決して近代産業に反対して手工業を選んだのでなく、当時の印度の事情としては、この外に途《みち》がなかったのだ。大衆の経済事情が進んでくれれば、当然機械工業に転換すべきだといっている。

釈尊が成道《じょうどう》の後、五比丘《ごびく》に向ってなされた最初の説法も、四十五年の伝道生活を終えさせられて入滅の前に最後の弟子スバッダ老沙門《しゃもん》に対しての説法も、その中心は四諦八聖道《したいはっしょうどう》の教えであった。八聖道とは、正見《しょうけん》、正思《しょうし》、正語《しょうご》、正業《しょうごう》、正命《しょうみょう》、正精進《しょうしょうじん》、正念《しょうねん》、正定《しょうじょう》、即ち之である。ガンディの真実一路の四段、真実を知る、考える、言う、行うは、そのまま八聖道の前半の四支《しし》と全く同じではないか。後半の四支は、前の四つを内容とした生活（正命）、この教を実現する推進力（正精進、正念）、こうした結果得られる智慧（正定）であることを思うと、サトヤグラファと八聖道との間には、緊密な絡りのあることが知られる。釈尊が個人個人の救済の道として説かれた仏教を、政治、経済、社会の各方面に展開させたのが、とりも直さずガンディのサトヤグラファの教であるといってもよい。私共仏教徒は、ガンディが、仏の教を各自の実生活に活かせと注意してくれたものと思って、よくよく考えてみるべきであろう。

敗者の自覚

言うは易く行うは難きこの「真実一路」を一貫すること三十年、遂に印度独立の夜が明けた時、ガンディは、自分は失敗者だと淋しい告白をしたといわれている。待望の独立が成就したのに、失敗とは合点の行かぬことであるが、ガンディの願《ねがい》は、印度を一国としての独立であったのに印度教徒の印度共和国と、マホメット教徒のパキスタンと、宗教を背景とした二つの国が同じ印度に出来たことと、その立国に際して、移動する異教徒に対する迫害から流血の惨事を見るに至ったことを、我が責任と感じて、かくも自分は失敗者だと告白したのであった。この一語にこそ、ガンディの高貴な精神は晃々と輝いている。失敗の責《せめ》は全部他人に押しつけ、ただ成功の美果のみを貪らんとする私共とは正反対に、米国とソ連に次いで国際間に重きをなす大国印度の無血独立という古今未曽有の輝かしい一大成績をよそに見て、理想の完全に実現せられなかった責を自ら一身に負うて居られることの態度こそ、実に真実一路の全き発露の見本と言わざるを得ない。まことに一分一厘の誤魔化しを雑《まじ》えない真実の一行だからである。

印度の独立運動は、英国政府から治安を妨害するものとみられ、いつも、その関係者らは逮捕、投獄の憂き目にあった。その度にガンディは同志を戒めて、我等は現に治安維持法を犯すことを承知でやっているのだから、英国政府から犯罪者と認められて捕縛されても、決して抵抗してはならない。また獄にあっては、自ら囚人たることをわきまえて、よく獄則を守れ、と言われたそうである。これ亦《また》サトヤグラファの原則に準ずるものである。悪人に対しても、その悪業《あくごう》を憎んで人を咎めず、悪人をして自ら悪を知らしむるように、両親、兄弟、師友の慈愛を以て教え導くのが、悪事と、之を行う人を、真実に見た者の取る可き態度であるとせられている。

軽賤

成すべきことを成し得ない自分をじっと反省していって、理想と現実の隔りが余りに大きいのに気づくと、自分が如何に小さな者かということが明らかに知られてくる。釈尊は、之を「軽賤《けいせん》の自覚」と仰せられた。ガンディが自ら失敗者であるといったのも、この軽賤の自覚からである。ものは比べ方次第で、軽くもなれば重くもなり、賤しいともいわれ、貴いとも言われる。しかし、その比べ方の自由な所に危険性があるので、私共はとかく身勝手な比べ方をしたがる。貧乏人は、金持を見ると、小金は持ってもいようが学問では己が、地位では私がと見下げる。金持は、貧乏人共が何をいう、学問も地位も皆金で買われる世の中ではないかと、ふんぞりかえる。自分に分《ぶ》のわるい所は忘れてしまって、都合のよい所だけを誇張するから、天狗の鼻と鼻が、ぶつかりあって、互に怒り、罵り、争いの絶ゆる時なく、居心地の悪い不安な世界を、我と自分で作り上げてゆく。

私共は先ず比べ方を誤ってはならぬ。形を比べるから大小が分り、重さを比べるから軽重が計られる。財産は財産と、学問は学問と比べるべきで、もし、財産と学問を比べれば、枡で量る水と物差で量る反物《たんもの》を比べるようなもので、出来ない相談である。また、同じものでも、比べる相手の選び方ですっかり違ってくる。そこらの丘も、庭の築山より高いが、向うの小山よりは低い。その小山も、奥山と比べたら、大人と赤ん坊ほど違う。そこで、お釈迦さまは、自分より下の者と比べて慢心を起してはならぬ、いつも上の者と比べて、我が身の軽賤の程を自覚せよ、と教えられたのである。

自分では一かど偉いと思っているのに、一向他人は認めてくれない。そこで、何だ人を馬鹿にしていやがると、腹を立てがちだが、実は山の麓の蟻塚ほどにもない我が身の程も忘れているからだと気がつかない。憍慢《きようまん》も瞋恚《いかり》も、みな自分の軽賤の程を忘れた所から生まれてくる。自分の真実に目がさめると、罵られても、笑われても、当り前だと、安らかに之を受けることが出来る。仏教徒の守るべき掟として六度《ろくど》の第三に挙げ伝えられている忍辱行《にんにくぎよう》は、ここから生まれてくる。辱は侮辱である。人から馬鹿にせられた時に、尤《もつと》もです、と、平気でお受けするのが忍辱行である。辱められるわけはないので腹は立つが、忍べ、といわれるのだからと、無理に力んで辛抱するのではない。軽賤の自覚に基づいて、受くべきものを受けるのだと、心安らかに忍ぶのが忍辱行である。この行を安忍行《あんにんぎよう》とも言うているのはこの故である。「なる辛抱は誰もする、ならぬ辛抱するが堪忍」という諺で示されているように、忍耐、堪忍という言葉は、歯を喰いしばって無理に我慢するといった風な味が附いてしまっている。軽賤の自覚から生まれる忍辱には、こうした無理が伴わない。自然で、楽な気持で忍受することができる。

フィールド判事

米国が、今日のような自動車時代に入らぬ前のことであろうか、大審院判事をしていられた方にフィールド判事という法律家が居られました。平素、質素倹約をされ、大概のことは自分でして居られた方ですが、仁慈の人で、貧乏人などを可愛がられました。或朝のことでしたが、一人の老いたる奴隷の女が沢山の荷物を提げて、やっと歩いていました。その奴隷は、判事さんの附近の百万長者の家に抱えられている奴隷でした。判事はこれを見て、可哀相だと思い、馬車からおりて、その荷物をボゲに乗せて奴隷の主人の宅へ送り届けられました。そのとき多くの人は、奴隷の荷物を運んだりして、何ということかと判事を笑いましたが、判事は寧ろ、そうしたことを喜ばれたとのことです。その後、判事は毎朝市場へ買物に出かけ、近所の者の荷物を運んでやられました。それが為に、近所の者は判事を心から尊敬するようになり、奴隷を手伝ったと云って嘲笑した自分等の不都合を後悔しました。或人が判事に、人生を幸福に渡る秘訣をたずねたら、判事の云われるには、「他の人を自分より下に思うと、馬鹿にして軽蔑するから失敗する。自分の目上と思って叮嚀に取扱いさえすれば、反って自分が尊敬される」とお答えになったとのことでした。

——藤井整《せい》『わたしの欄』——

『加州毎日』紙によって之を教えられた私は、大乗菩薩《だいじょうぼさつ》の行人《ぎょうにん》の姿をこの判事の上に拝して、思わず合掌させられた。米国大審院判事といえば、この国最高の法官で、全米で九人しかいない高位の人である。女奴隷とは、その地位に天地の差があるけれども、人間同士という眼で見られた時、重荷を運んでいるこの忠実な婦人が、馬車《ボゲ》を駆っている自分よりも、ずっと上に居るのだと気づかれたのである。この下座《げざ》の自覚が、気楽に奴隷の手伝をもさせ、大衆の嘲笑をも安んじて忍受する力を与えたものと思う。恐らく、この判事は仏教を知られなかったであろう。しかし、行持《おこない》は正に大乗の菩薩であった。仏道は釈尊が発明せられたものでなくて、発見せられたものである。仏教を知らぬ仏道の行人があるのも、当然であると言わねばならない。

思うと、知ると

道を学ぶ者に意外な躓《つまず》きの石となるものは、「思う」と、「知る」との混乱である。火を熱いと思い水を冷たいと思うのと、熱いと知り冷たいと知るのとの間には、本質上の違いがある。「思う」は批判の世界で、その裏に反対の場合が潜在し得る。「知る」は体験の世界、絶対の世界である。つまらん者と思う間は、どこかに無理が潜んでいる。私がつまらん者になりさえすれば家庭は円満ですから、という人の家庭は案外円満でない。何かこだわりがあり、冷たいものが滞り勝《がち》である。つまらぬものになるという利口さが、そこらに漂うからである。宗教は「知る」の世界である。つまらぬ者と知るのである。利口者が無理に馬鹿と思うのでなくて、馬鹿が馬鹿と知るのである、真実一路である。救は、そこから生れる。

Mさんの二男は東京帝国大学の経済科を出て、樺太《カラフト》の或る商事会社に勤めていた。そこで現地召集を受けた。一緒に召集された者は、漁師の子とか、工夫の子とかいう小学校をようやく出た位の者ばかりだった。いわゆる訓練はそういう連中を目安としてやるのだから、彼は最初は、ばかばかしいような気がした。だが、彼は上官に対して、自分が高等教育を受けた者だなぞということは、おくびにも出さなかった。又、訓練を受けながら考えてみると、自分が大学を出ているということが、自分の人間としての本質を、どれだけ高めているであろうか。大学では若干の知識を頭の中に詰め込まれただけで、つまり頭の内だけのことだ。駆け足をしたり、壕を掘ったり、一個の男子としてすることは、漁師の子も自分も少しの変りはない。そのことを、これまで自分は忘れていて、何か自分が優れた人間だと思っていたのが間違いだった。そうした誤った観念を是正して、一個の人間として出直すということが、この毎日の訓練なのではないか――そう考えたので、彼は柔順なる勤勉なる一兵卒として、隊の中でも成績が好かった。ついに隊長の副官として選ばれた。そこで、家郷のことや履歴など問われたにつけて、彼が大学出であることが解ったのだが、その以後も彼は何処までも普通の一兵卒として働いた。そうして帰休を得て、もとの職場に復帰して後、彼はその隊長に宛てて、心から感謝の手紙を書いた――

「この一年本当に教えられました。或は大学四年で教えられたよりも以上のことを教えられた気がします」と。すると、その隊長から直ぐに返事が来た。――「いや、自分こそ貴兄には教えられた。貴兄のような立派な心に対して、口に出すことは出来なかったが、心の中ではいつも帽子をぬいでいたのだ」と。

彼も好い、また隊長たる人もよい。

――荻原井泉水《おぎわらせいせんすい》『耳順《じじゅん》の書』――

いやな事ばかり聞かされる今度の戦争が残した尊い話である。学問とか地位とかいう衣服を脱いだMさんは、きっと、力仕事では仲間に敵わぬと知った事だろう。大概の人が、其処《そこ》で先に脱いだ学問地位という衣服をもまた着てしまうのだが、人間としての本質に目ざめたM氏は、進んで下座の生活に入ったのだ。ふなれな力仕事にも、安んじて全力を尽し得る安受苦忍《あんじゆくにん》の心境が、開けて来たのだ。

近代の大聖人と讃えられたガンディ翁が、余は失敗者なり、と懺悔《さんげ》せられたのも、フィールド判事が女奴隷の荷を運ばれたのも、M氏が一兵卒として真率《まじめ》にその勤務にいそしまれたのも、みんな人間同士という心境から生まれた軽賤の自覚に導かれて、人生の下座に就かれたものである。私共も、財産、学問、才能、地位、名誉等のすべての衣裳を脱ぎすてて、丸裸の自分を正しく見るとき、自然に謙虚な心が生まれてきて、下座に就くべき自分だということが知られてくる。しかし、悲しいかな、久遠の昔からの憍慢心《きょうまんしん》に妨げられて中々その席に就けない。しなければならないと、よくよく承知しながら、なし得ない自分が知られたとき、人生の最下座こそ我が席ぞと得心させて貰って、極悪低下《ごくあくていげ》の凡夫《ぼんぶ》ぞとのお言葉が身にしみて味われ、おのずと湧きいずる合掌念仏の中に、懺悔と感謝の念を新たにさせて頂くことである。

軽賤と尊貴

親鸞聖人は、仏教徒を、真《しん》の仏弟子《ぶつでし》、仮《かり》の仏弟子、偽《ぎ》の仏弟子の三種に分けて、「真の仏弟子というのは金剛心《こんごうしん》の行人《ぎょうにん》なり」と断定しておられる。絶対他力《たりき》の信に生くる念仏の行者こそ真の仏教徒であることを、釈尊の説法と、その説法の註釈とに拠って堂々と宣言し給うた。軽賤の自覚に徹底し、自分の無価値に眼《まなこ》を開けられたその瞬間に、軽賤のまま、無価値のまま、如来の本願力《ほんがんりき》より廻向《えこう》せられた大慈悲と大智慧との中心におかれている自分を発見する。自らは真黒い一片の団塊に過ぎない月が、太陽の光を受けて皎々《こうこう》と輝く如く、如来の加被力《かびりき》の故に、軽賤のままで尊貴に、最下の座に就いたままで最上の座に転ぜられる。かくて聖人《しょうにん》のいわゆる「真の仏弟子」の資格は、仏よりの賜物であることが知らされる。

「仮の仏弟子」というのは、仏教に心をかけて、仏道修行に努めている人々である。人の顔が、それぞれ異うように、人の心も千差万別である。このすべての人に向くように説かれてあるから、「仏教多門《たもん》にして八万四千《しせん》なり」といわれている如く、仏教に入る門は無量である。夫等《それら》の門の、どれかから仏道に入ってはいるが、未だ悟りも開かず、他力の信仰にも入らぬ者が、仮の仏弟子といわれる。

「偽の仏弟子」というのは、仏教の門に入らざる大衆《だいしゅ》である。釈尊時代の印度には、仏教の外に九十五種の教えがあった。この仏教以外の教を外道《げどう》といい、これを奉ずる者が偽の仏弟子である。この偽の仏弟子という言葉の表現には、一見、大きな矛盾があるようにも見える。仏教を奉じない者は仏弟子ではない、これに偽の字までつけて、強いて仏弟子というのは無理なようにも思われるからである。しかし、一切の生命ある者は皆仏性を有し、仏性の種子はいつかは生育する機縁のあることを思い、「無辺《むへん》の衆生《しゅじょう》誓って済度《さいど》せん」という仏菩薩の誓願《せいがん》に鑑み、わけて「十方《じっぽう》の生命ある者をして必ず悉《ことごと》く仏《ぶつ》とならしめん、若《も》しその願《がん》果し得ずば我も仏とならじ」との阿弥陀如来の本願の成就しあることを信知《しんち》する時、凡ての異教徒は、そのまま如来の本願海中《かいちゅう》に浮んでいるのであって、これらの人々はすべて無自覚の仏教徒であることが解る。かく味いきたると、偽の仏弟子という語の中には、仏教独自の広大な世界が蔵《ぞう》されていることを知らされる。

以上のような三種の仏弟子の批判を下して、自ら真の仏弟子たる尊さに感泣せられた親

鸞聖人であった。そして、すぐその下、急転直下して

> 誠に知りぬ。悲しきかなや愚禿《ぐとく》（親）鸞、愛欲の広海《こうかい》に沈没《ちんもつ》し、名利《みょうり》の大山《たいせん》に迷惑して、定聚《じょうじゅ》（必ず浄土に生まるる者）の数に入《い》ることを喜ばず、真証《しんしょう》の証《さとり》（真実の証）に近づくことを快《たのし》まず、恥《は》づべし、傷《いた》むべし矣。

という沈痛な告白を以て、この一章を結んでおられる。釈尊に次いで、この地上で成仏せられるという弥勒菩薩に等しき真の仏弟子たる最高位から、この最下座に転落した自分を凝《みつ》めて悲泣《ひきゅう》しておられる。恐らく、仮の仏弟子と貶し去った仏道修行の道人《どうじん》、偽の仏弟子と言い捨てた異教異学の道士達、それらの人々の厳重な行業《おこない》の程を見て、今更己の罪業深《ざいごうじん》重《じゅう》さを、痛感せられたやるせなさを、ありのままに表白せられたものが、この一文であると思う。而して、この実感から再び如来の大慈悲に還《かえ》り、金剛心《こんごうしん》の行人としての生き生きとした歓喜に浸られたことであろう。こうした最上より最下《さいげ》に、再び最下より最上へと、螺旋形に移り行く姿こそ念仏行者の生活の実相であり、そして、この最上、最下の両端をつなぐものこそ、仏教徒の日常生活の指導原理として示されたかの八聖道、六度等の教説なのである。思えば、忍辱行は、六度の一つとして、念仏者に無尽の法味《ほうみ》を与えて下さるではないか。

一二、銀行王（精進の一）

審《つまび》らかに、諦《あきら》かに、観察して、精進に修業せよ。

――『大般若経《だいはんにやきよう》』貪行品《とんこうぼん》――

番号続きのライセンス

今から四十六年前のこと、加州《カリフオルニヤ》州庁から、二枚の銀行創立許可書を発給した。その出願者の一は伊太利《イタリ》系であり、他は日系人であった。番号続きの許可書によって同時に発足した両銀行の中、前者はこの半世紀の間に世界最大のアメリカ銀行となり、後者は之に買収せられてその一支店となった。米国の経済界を支配している東部の財閥を向うに廻して、この大銀行を育てた偉才こそは、貧しい伊太利移民の子として、加州サンノゼに生まれたA・D・ジニイニイ氏であった。彼が七歳の時、金銭貸借のもつれから、父親は、彼の目の前で、人手にかかって非業の最後を遂げた。後に彼がその銀行の営業方針として、「小市民の銀行」、「小事業家への融資」を敢行し、金持相手の金融を主としていた当時の銀行業者を驚かせたのも、恐らく少年時代に受けたそうした悲痛な印象の影響ではなかろうか。釈尊は、幼時、父王につれられて農園の耕作初め式に列せられた。掘り出されてくる虫を小鳥が食う、その小鳥をまた猛禽が餌食とする。この有様を見られた王子は、「ああ生物はなぜにこうも殺し合わねばならないものか」と、地上の矛盾に深い印象を受けられ、それが一生を支配したと伝えられる。この話と思い合わされることである。

ジニイニイ氏の十二歳の時、母親がスカテナという人に再婚したので、一家は桑港《サンフランシスコ》に移住、ジニイニイは学校を止めて、義父が新たに創めた果菜仲買の仕事を助けた。真夜中から起きて市場に行くといった精勤さで、十九歳の時には義父の共営者となって、遂に桑港《サンフランシスコ》一の問屋に仕立て上げ、三十一の時、年収三千弗《ドル》の地所家屋の所有者となり、当時としては相当な資産を作ったので、業界から引退した。「必要以上の金を持つと金の奴隷になる、と言いますからね」というのが、引退理由として友人への挨拶の言葉であった。

天才とは努力の別名

彼の引退生活はまもなく破られた。彼は、夫人がその実父から譲られたコロンブス銀行の権利を保護する為に、同銀行の重役の一人となったからである。ところが「庶民の為の銀行」という彼の経営方針を力説して容《い》れられなかったので、この銀行を去って、新たに資本金十五万弗で桑港伊太利銀行を創立し、理想通りの銀行経営に乗り出したのが一九〇四年のことであった。これが次第に発展してイタリー銀行となり、アメリカ銀行となり、世界最大の銀行となるまでの彼の努力、精進は、実に容易ならざるものであった。

創立二年後に有名な桑港の大震災が突発した。サンマテオの住宅でこの異変を知ると、直ちに桑港に出かけた彼は、銀行の建物は潰滅しているが、諸帳簿、現金、証券類には異状のないことを見定め、義父の店から野菜運びの荷車を借《か》ってきて重要なものを全部積込み、上にオレンジを並べて人目を避け、サンマテオに引っぱって帰った。市内の秩序が恢《かい》復《ふく》するや否や、イの一番に業務を再開して、同業者を、あっといわせた。この機敏な行動は、ただに彼の銀行の基礎を堅めたばかりでなく、桑港の復興を早める大きな刺戟となり、彼の努力は、ここに禍を転じて福と為したのである。

爾来二十四年、銀行は発展の一路を辿り、一九二八年には他の事業経営機関として、姉妹会社のトランスアメリカが生まれた。一九三〇年にはアメリカ銀行と改名するに至ったが、普通人の為の銀行という方針は不変であったので、ジニイニイは靴磨きや、荷馬車曳きや、行商人を百万長者に仕立て上げる不思議な力のある男だと評判せられた。こうした事業の発展に満足して、東部出のウォーカーという人に業務を譲った上で、二度目の引退を断行し、欧州旅行の途に上ったのが、彼の六十歳の時であった。

欧州で思わぬ大病にかかったので、旅先で療養に努めている間に、後継者ウォーカーが、彼の事業を滅茶苦茶にしてしまい、トランスアメリカの株は六九弗《ドル》から三弗に下落し、潰滅の一歩手前という危機に迫った。病床でこの報を耳にした彼は病を押して帰国、株主の委任状集めに走りまわって、一九三二年の総会で、やっとその経営の実権を恢復した。かくて彼は再び引退生活から起って第一線に乗り出し、又しても、努力精進によって事業の基礎を固めた。爾来、愈々繁栄して少しの不安もなくなったので、七十五歳、三度目の引退生活に入り、一九四九年六月七十九歳で逝去した。支店五百、使用人一万三千、預金者三百五十万人、資産五十億弗という大銀行の事実上の支配者が残した遺産が何と四十八万弗、彼が果菜業から引退した当時の資産とほぼ同じであったという。しかも、その遺産の大部分はアメリカ銀行従業員の福祉資金に、一部は公立運動場創設に使用するようにと遺言していたということである。

自分の苦心は、如何にして大富豪にならぬようにするかという点にあると、よく友人に話していたということだが、年俸一弗で働いていたトランスアメリカから賞与金二百五十万弗を貰った時は、その金を加州《カリフォルニア》大学の農業経済研究資金として寄附したし、彼一族の所有株は、アメリカ銀行の全株数の四分の一パーセントしかなかったといわれている。

金の奴隷にならないように、金に使われぬようにという細心の注意の下に、極力努力した点に、他の財界人と異った所がある、遺言執行人宛に残した書簡に、

この遺言執行に当っては、常に人間の苦悩ということを考えて、寛仁に、高貴に執行

して下さい。法規とか、判決例とかいう条文にこだわって、この目的を無にしないようにして下さい。徒《いたず》らに善を論ずることを止めて、アッシジのフランシスコ聖人のように善を実行して下さい。

とあったという。身、アメリカの銀行王となりながら、貧困と結婚した彼《か》の清貧の聖者フランシスの教を奉ずる人であったということは、尊くも又有難い話ではないか。こうした信仰に根ざした奉仕の精神があったればこそ、あの大事業が完成せられたのであろう。十二歳で学校を退いた貧しい少年のこの成功を見て、財界の天才だから出来たのだと思う人は、天才とは努力の別名であることを知らないからである。実にジニイニイ氏の一生は、稀に見る努力精進の連続であったことを、よく知るべきである。

成功の公式

成功の秘訣を問われたジニイニイは、次の公式を以て答えた。

一、自分の好きな事業を見付けること。
二、千弗《ドル》蓄めてその事業に投資すること。
三、住宅を所有すること。

四、何時でも、一年先の今日、していなければならぬことを知っていること。

大抵の成功者が、漠然とした抽象的な言葉で、勤勉なれ、努力せよ、と説くところを、手近な、具体的な公式を以て示した処に、この忠言の特色がある。好きな事業とは、自分の性に合った仕事でなくてはならない。それには、先ず、諦《あきら》かに、審《つまびら》かに、自分を知らねばならぬ。千弗の貯金は中々骨が折れる。しかし、この汗水たらして得た金を投資して、初めてその事業が我がものになる。同じ勤め人でも、その事業の株主であるのと、唯の雇人であるのとは、心構えに格段の相違がある。住宅を所有せよとの意見に、氏の、よくよくの苦労人たることを物語っている。昔から「居は気を移す」といわれているように、住居ほど私共の心持に影響するものはない。自分の家ができて初めて落着が出てくる。近来日系人の住宅所有者がめきめきと増してきたのは、この点から見て誠に喜ぶべきことであろう。最後の、一年先のことを考えているためには、現在の自分の正直な評価と、社会情勢の鋭い観察を、常に怠ってはならない。この成功の公式をよく味ってみると、現在のありのままの自分、真実の自己という大地に立って、一歩一歩着実に進んでゆけということである、真実一路である。立身出世病にとりつかれた者は、どうかすると、謀略の抜け道や、誤魔化しの近道という危い所を通るから、足が地につかない。何かの拍子に踏み外したら、再起できない深い渓谷に落ち込んでしまう。祖国日本を今日の悲況に叩きこんだ一番大きな原因は、国民全体の立身出世病、殊に指導者たちの劇《はげ》しいこの病気であったことを思うと、急がば廻れと、真実の大地を一歩一歩と、力強く踏みしめて進まねばならぬことが身に沁みて知られることである。

観察と精進

経済的・物質的成功の公式として示された先の四項目は、そのまま、求道の指針として深い味いがある。道を学ぶ者は、まず第一に、真実の自分自らを知り、その自分に叶った道に就かねばならぬ。行くべき道の見定めがついたら、一心一向、精進にその道を進んで、自らと道と一つにならねばならぬ。而《しか》してその道を修むる自分自身を不断に反省して、少しも誤魔化しや妥協があってはならない。釈尊は修道《しゅどう》の清規として、冠頭に引いたように、

審かに、諦《あきら》かに、観察して、精進に修行せよ。

とお示しになった。観察と精進が、ジニイ氏にとって、成功の公式の根底となっていたことは決して偶然の一致と言い去るべきではなかろう。

釈尊は、仏法修行の道として七種の科目をお挙げになったが、その七科の凡てに観察と精進を収めておられる。観察は知の世界である。修行の旅に上る者は、まず最初に、智慧

の眼《まなこ》を以て、行くべき道を見定めねばならぬ。行き着く所と其処《そこ》への道筋が分ったら、一歩一歩その道を進まねばならぬ。徒《いたず》らに行先の詮議や道中の研究に日を暮していて、実は出発点から一足も進んでいないようなことが多いが、これは宗教と学問を混同する所からくる誤りである。宗教は行《ぎょう》である。智の目と行の足が並《なら》び働いて、初めて信仰の味いは進展してゆく。この行を押し進める力こそ、精進である。

今では、精進といったら、精進揚げとか、精進料理とかいう文字の示すように、単に肉類を食わぬという意味に変ってしまっているが、「精」というのは、正味とか、生一本とかいう意味で、いい加減な誤魔化しの混らない、真率に、きまじめに、一心一向に、ということであるし、「進」というのは、懈《なま》けず、怠らず、ぐんぐん進んで行くという意味で、道を求めて、ひたむきに努め励むのが精進である。その原語 virya は、「うち勝つ」「制する」という意味だと聞く。すべての困難にうち勝ち、あらゆる誘惑を制して、一心不乱に道を修めるのが精進である。古来、言うは易く行うは難し、といわれている修行道を、力強く邁進せしむる推進力が精進である。もし一度この精進の念《おもい》が失われたら、修道の全機能は忽《たちま》ち運転を中止して、形骸だけの死物になってしまう。丁度ガソリンを切らした自動車のように、動かないばかりか、始末にこまるお荷物になってくる。釈尊が説かれた修行道の全部に、必ずこの精進の名目の見ゆるのはその為であって、孤立した一行《ぎょう》としてでなく、いつも前後の行全体を動かす原動力としての役目を与えられている。在家《ざいけ》仏教徒の日常生活の掟とせられている六度に就てみても、布施、持戒、忍辱はもとより、禅定も、智慧も、精進によらない限り、自分自身にこれを活かすことはできない。禅定と智慧とには、特に精進の力を要することの大なるを示すために、その前に精進が置いてあるのだといわれている。

ホームラン王の悩み

銀行王ジニイニイの一生が努力精進の一生であったことは、先に述べたが、どの道でも一流と呼ばれる人は、必ず人知れぬ苦心惨胆の一面を潜めている。ホームラン王と呼ばれたベーブ・ルースが、嘗てエキザミナー紙の記者に語った所によると、打撃王としての地位を保つために、彼は次の十誡を守らねばならなかったということである。

一、映画を見に行くことができない、私の目を傷《いた》める恐があるから。
二、ダンスをしてはいけない、足のためにわるいから。
三、ナイトクラブを訪《と》うてはならぬ、世間の人が大酒飲だと思うから。
四、汽車の中で本を読んではいけない、目に非常にわるいから。大部分を汽車の上で暮す私には禁物である。
五、賭事をしてはならぬ、賭博場にいるのが見つかったら噂話の種になるから。

六、飛行機で旅行できない、所属野球クラブとの契約並びに生命保険契約違反になるから。
七、やたらに握手してはならぬ、危険だから。
八、水泳に行くことができない、風邪を引くかも知れないから。
九、自動車のスピードを出すことが出来ない、怪我したら給料を貰えないから。
十、ゴルフを楽しんでもならぬ、自署《サイン》を求める人が付きまとって来るから。

約二十年前の新聞記事であるから、今なら差支えないと思われる箇条もあるが、アメリカ人全部が楽しんでいるダンスや映画まで断つような厳重な戒律生活を続けていたことは明らかで、カソリックの孤児院に育ったといわれるベーブ・ルースが、米国運動界の英雄として花々しい一生を送った原動力も、この不断の精進にあったことを知らねばならぬ。スポーツ人や財界人のこの精進に比べて、大菩提心を発《おこ》して成仏の念願《ねがい》に生くべき我等仏教徒の日常生活は、これは又、なんと余りに無反省であり、非精進であることよ、と痛感せざるを得ない。願わくは、精進の語の真意義に徹して、日々の実際生活を、悉く仏道修行の道場たらしめようとの念願に生きたいものである。

真宗教徒と精進

阿弥陀仏の本願力《ほんがんりき》による無条件救済を信ずる真宗教徒は、他力《たりき》という文字に拘泥して、努力とか精進とかいうことを自力臭《じりきくさ》いといって、とかく毛嫌いする悪いくせがある。これは大変な思い違いだ。自力を行じ尽して、とても叶わぬとわかった時に、始めて他力の門は開ける。自力の行き詰りが他力である。本願他力に目覚めるまでの凡ての行動はみな自力である。どうかして信心を頂きたい、仏様のお慈悲をわからして貰いたいと、宗教狂とか信仰狂とかいう世間の噂など少しも気にかけないで、明師《めいし》を尋ね、信者を訪うて、十年、二十年と聴聞に苦労する、あの骨折は自力の精進に外ならぬではないか。こうして一心一向に求め、求めた末、どうしても信心が頂けないという絶壁に突き当って、自力の無効《むこう》に眼が開けた瞬間、自分は既に絶対他力の掌中にあったことが知らされるのである。

親鸞聖人が叡山で二十年、自力と承知で修行し、その不可能を体験なされた道筋を、聴聞という形式で無自覚の中に辿っているのが、まじめな真宗教徒の求道の実際である。そして聞いて、聞いて、聞きあげたあげく、聞いてわかろうとする自力の無効に眼が覚めた時に、絶対他力の如来の呼び声が聞き開かれるのである。この精進の念がなくして、ただ徒らに、経典の文句や講釈を丸呑みこんで、これでわかった、救われたと思っている人たちは、人間の限られた浅い智慧、はかない自分の頭で聞きわけただけのことで、それこそ、自覚せざる自力の行者であり、自分ごしらえの信仰に安んじている人々で、蓮如上人が、真の信者に「まぎれて地獄におつる者」といわれた、その気の毒な人々と申さねばならぬ。

親鸞・蓮如両師の精進

比叡山時代の親鸞聖人が、精進の行人《ぎようにん》であったことはいうまでもないが、他力念仏の生活に入られた後の六十年も、また精進生活の連続であった。常に真実を求めて、少しの虚偽も許されなかったその生活ぶりから、目もかすみ、耳も遠くなられた晩年まで著述に努めて、八十歳を超えた老年の筆とも思われないほどの生気に満ちた文書を残して居られることは、聖人の一生を貫く努力精進の程を、最もよく示すものと言わねばならぬ。

蓮如上人の前半生が、自らの信念を培うために精進せられたことは、黒木の燃ゆる明りや、月の光で読書せられた話や、聖教《しようぎよう》は読み破れ、などのお言葉などで明らかである。殊《こと》に三十三及び三十五の壮年時に、二度までも宗祖聖人の旧跡巡礼の旅に上られたことは、求道者としての蓮師の真面目さを示すものと思われる。「二、三日も御膳まいり候はぬことも候由、承り及び候」（『蓮如上人御一代記聞書』一四五条）と伝えられているように、その日の食事にも困られたことさえあった当時であるから、今日の本願寺を見る者には、想像出来ないほどの、しがない旅行であったに相違ない。そのころ、足利将軍の勢力は地方に及ばず、政情不安であったし、交通機関も不備な時代に、乏しい旅費で巡礼せられたのだから、ほんとうの草鞋がけの一人旅であったのではあるまいか。その著書を通じて祖聖を勧請《おまねき》するだけでは物足りず、敢て危険で不自由な旅に上り、現地で親しく祖聖の教を受けたいという燃ゆるが如き求道心が蓮師を動かして、この旧蹟巡礼行となったものに違いない。道を求めて精進にして退かれなかった壮年時代の、ひたむきな姿が偲ばれる。

蓮如上人細々《さいさい》御兄弟衆等《ごきょうだいしゅうら》（ご子息達をさす）に御足をお見せ候。御《おん》わらぢの緒《お》くひ入り、きらりと御入《おんいり》候

――『蓮如上人御一代記聞書』三〇一条――

とある草鞋の緒のあとこそは、自ら信じ人にも信ぜさせんものとの、生涯に亘《わた》りての努力精進の痕を物語るものといえよう。

常精進と常懺悔

こうした親鸞・蓮如両祖の努力、精進の跡をたどるにつけても、その行持の源が何処にあるのかと考えられてくる。絶対に自力無効と知って阿弥陀仏の本願力に帰依した者に、今更、努力精進とは何事かと思われるかも知れない。成程、救済は絶対他力である、無条件の救いである。しかし、この救済に気付かせられるまでには、先に述べたように精進に

道を求めなければならぬし、入信の後は報謝、報恩の行《ぎょう》として、身を粉に、骨を砕くの精進をせずにおれなくなる。

然るに、その精進の源泉はといえば、実に阿弥陀仏の大慈《だいじ》大悲《だいひ》そのものである。因位《いんに》の法蔵菩薩（仏の修行中を因位という）として、凡ての衆生を救わずばやまじという願《がん》を立てられる前に、その師、世自在王仏《せじざいおうぶつ》の威徳を讃嘆《さんだん》し、自分の志願を発表せられた彼の四言九十句《ごん》から成る嘆仏偈《たんぶつげ》（『大経《だいきょう》』中の）という短い讃歌の中には、五回まで「精進」の文字が出ていて、最後に、

たとい身を諸々の苦毒の中におくとも、我が行は精進にして忍んで終《つい》に悔いざらん。

と結んである。菩薩のこの精進は、成仏の後も絶ゆることなく、私一人を救う為に、今も、なお続けていて下さるのである。根機《こんき》つたなき自分が、とも角も、求道の旅を続け得ることも、今にして思えば、全くこれ阿弥陀仏の常精進が原動力となっていて下さったからである。一度ここに気付かせて頂いた者は、叶わぬまでも一心に精進せずにはおれなくなる。報謝行《ほうしゃぎょう》の源泉は実にここに潜在している。お他力で助けて頂くのだから何もせんでよいのだと、懐手して楽寝でもする気でいる人は、まだまだ御親《みおや》の大慈悲に眼のあかぬ人である。

「一世の親の辛苦のおかげで、何とか独り立が出来るようになりました。親の御苦労を思

えば、出来るだけ働かして貰わねばなりません」というのが、親の恩を知った二世の行くべき道である。親の血と汗の結晶ともいうべき財産のおかげで生活しながら、その恩徳に気のつかぬ者は、とかく懈《なま》けがちの日暮しをしている。そうした若い者に意見をする一世は、「そのままのお助け」という言葉を丸呑にして、懈怠《なまけた》、放逸《きまま》の生活をしてはいないかと、自らをも、よくよく反省してみなければなるまい。

こうして、審かに、諦《あきら》かに、自分の日暮しを観察してみると、常精進の覚悟は、いつのまにか忘れられて、お恥かしい、だらしない、ぐずぐずの生活に堕している意気地なしの自分の惨めな姿が浮び上ってくる。慚愧、懺悔《さんげ》の外はない次第である。常精進をと念じながら、その決意が片っ端から崩れ去る己が現実を、じっと見つめて、常懺悔の念仏に生き返らせて頂くのが、私の毎日の日暮しである。

一三、顔（精進の二）

我が子アジャセのため、牢獄に押しこめられたビンバシャラ王は、憂いの余り、面《おも》はやつれ肉は落ちていたが、王后イダイケが密かに運ぶ食をとり、レウジュ山より飛んでくる仏弟子モクレン、フルナより法を聞くことを得たので、顔も和ぎ、悦《よろこび》の色に満ちてきた。

――『観無量寿経《かんむりようじゆきよう》』――

閣員候補

国祖ワシントンと並び称せられているリンカーンは、米国大統領に当選して、新内閣を組織することになったとき、顧問の一人が熱心に推選した或る候補者の入閣に同意しなかった。理由を問われて、「あの男の顔を好かないから」と言葉すくなに返事した。「可愛想に、顔附がどうだって、あの男のせいではありますまい」と言えば、「四十を越した男は、誰でも、自分の顔に責任をもたねばならんよ」と答えて、話題を他に変えたということである。

勿論《もちろん》、私共の顔は生れ附きである。お盆のように丸い顔、馬のように長い顔、箱のように四角なの、横に面長といった風な顔の輪廓はいうまでもない、眼・鼻・口・眉・頰・額等の小道具に至るまで、みな父母所生のもので、責任は一応両親に帰すべきものと思われる。しかし、それは顔の肉体的構成の一面だけのことで、死物に過ぎず、土や木や紙で作ったお面のようなものである。生きた私共の顔には必ず、自分自分の心の動きが映じている。同じ顔でも、その奥に潜む心次第で、その表現の上には天地の差を生ずる。リンカーンが、四十以上の人が責任を有《も》たねばならぬといったのは、こういう意味の顔を指したのであろう。

明治の文豪、森鷗外も、このリンカーンの意見を裏書したようなことを言うている。

父(鷗外)は人の気持について、実に微妙な、同情深い、心を持っていた。その人の欠点、ひけめ、そうしたものに少しでも触れる事を非常に憎み、かつ怖れた。母が子供たちを叱責するような場合、その子供の容貌だとか、その他の欠点に触れるような事が少しでもあると、父は縦《たと》い自分の子供に対してであってもそう言う事を言うものではないと言ってよく怒った。

それというのも一つは自分の容貌が幼少の頃から美しくなく、彼はその少年の心持をたしか書いていると思うが、くだらない事のようでも、そうした事に対する人の気持にも自然思いやりがあった。

「人間は親から貰った顔のままではいけない。その顔を自分で作って行って立派なものにしなくてはならない」

とよく言っていたそうである。

その言葉の通り、晩年の父の顔は実に立派な美しさを感じた。

——小堀杏奴《こぼりあんぬ》「思出」『晩年の父』所収一六四〜五頁——

心の彫刻

親譲りのものだから、自分の顔には責任がないと思うのが普通である。然るに、リンカーンも、鷗外も、生れつきの顔を自分で立派に作りあげてゆけという。それも役者の舞台顔のように紅や白粉で化粧した、一時的の、他所ゆきの顔を作るのでなく、地顔のままを変えてゆけというのだ。なかなか我々には出来相《できそう》にもない註文のようだが、よく考えてみると、私共の顔は作りつけのままで、変化しないと定《き》めている方が却って間違いである。「借りる時の地蔵顔、なす時の閻魔顔」で、同じ顔でも、時と場合で、お地蔵さんと閻魔様ほどに違うのも、生地《きじ》の顔に心の動きが浮き上って来るからで容貌を変えてゆく秘訣が、近く我が心の上にあることを知らせる。親譲りの顔を素材として、心のノミやカンナで彫刻してゆくと、美しい顔はもとより、醜い顔も、まずいはまずいなりに、研《と》ぎ出されて来て、個性の深さを背景とした見所のあるものとなってくる。戦争中の収容所や転住所で盛んであった石磨きにしても、最初は、こんなごろた石がと思われたものでも、一生懸命に石と取組んでいる中に、いつとはなしに見違えるばかりの宝玉となってきたものだ。宝石となる素質のない平凡な花崗岩や玄武岩でも、磨きあげると、その石相応の美しさが出てくる。しかし、そこまで仕上げるには、ずいぶん根気よく辛抱しなくてはならない。リンカーンが、四十以後の顔は自分の責任だといったのも、顔の仕上げに、もの心ついてから、少くとも三十年はかかると見ていたからであろう。鷗外の晩年の顔の立派さを、その女小堀杏奴が讃えているのをみても、親譲りの顔を自分のものに彫《きざ》みあげるまでの時間の、並大抵でないことが知られる。恐らく、死ぬまでの一代仕事であろう。

工具と動力

この生得の地金を研ぎ出す工具、親ゆずりの顔を彫《きざ》みあげるノミやカンナとして仏様がお与え下さったのが、五戒《ごかい》、十戒《じっかい》、六度《ろくど》等の規律であり、この工具を運転する動力が精進である。殊《こと》に在家人にとっては、なすべきことと、なすべからざることを、判然と示されてある六度の教が、最も適切で手近なものと思う。抜き難い本能として、私共を腹底からゆすぶり動かす貪欲《むさぼり》、個人と個人、団体と団体、国家と国家、すべての闘争の根元となっている貪欲を退治する教としての布施《ふせ》行に始まり、人間として犯してならぬ最小限度の徳目を挙げられた持戒行《じかいぎょう》、千日かかって刈りためた茅《かや》も火がついたら最後、一ぺんに焼け尽す如く、ただ一度発《おこ》しただけで、これまで積み上げたあらゆる善根功徳《ぜんこんくどく》を無くするという瞋恚《はらだち》を退治する忍辱行《にんにくぎょう》、一歩退いて心を鎮め、常に自分とその周囲を省みよと教えられた禅定行《ぜんじょうぎょう》、かかる行によって、次第に開かれて来る智慧の光に照らされて、次々に高次の行持に進ましむる智慧行《ちえぎょう》、而《しか》して、これ等の行を実現せしむる原動力となる精進行《しょうじんぎょう》、これが六度の教である。阿弥陀仏がその成仏以前に、数字に表わし難いほどの長い長い時間にわたって、私共を救済する能力を得るために努め励まれた修行の内容もこの六度であって、「勇猛精進にして、志願《しがん》倦むことなし」（『大無量寿経』）とあるように、一切の有情《いのちあるもの》を仏と成らしめんとの志願を果すために、ただ、ひたすらに六度の修行に精進せられたのである。かかる次第であるから、いやしくも仏教徒たるもの、釈尊の御教えを奉行《うけおこない》し、阿弥陀如来の本願力《ほんがんりき》を信ぜんと願う者の全てが、この六度の教に深い関心をもち、その実修に努力しなくてはならない。

精進不退

親譲りの顔をば、心の彫刻として自分の創作とする工具が六度であり、特にそのうちの精進が、実修の原動力であることは記した通りであるが、その動力を使用するには、細心の注意を要する。あせらず、たゆまず、充分時間をかけて、根気よく彫り上げてゆかねばならぬ。短気を起したり、無理に急いだりすると、却って顔の素地までも損ずることになる。いつも忘れないで、こつこつとやって行く。若《も》し、うっかり忘れていたら、気の附く度に、思い出す毎に、また、こつこつと続けてゆく。こうして二十年、三十年と、あせらず、たゆまず、六度のノミやカンナを動かしている中に、知らず知らず心の彫刻は完成せられて、生地のままの顔に、刻《ほ》りの深い美しさが内から浮き上ってくる。しかし、言うは易く行うは難しで、せっかく発心《ほっしん》しても、その実行はなかなか容易でない。手にした六度の工具は、いつの間にか貪欲《むさぼり》・瞋恚《はらだち》・愚痴等の道具に持ち代えられて、罪業《ざいごう》の陰影の深い醜い姿を彫《きざ》んでいることの方が多い。こうして、善を成さんと願いながら、実は悪を行じている自分の真実に気がついたら、素直にそのことを認めて、慚愧と懺悔《さんげ》の念を起し、再び六度の工具を手にして立ち上るべきである。かくて三度、四度、否数千度も、倒れては起ち、倒れては起ちして、不退の精進行に生きることが、仏教徒の行くべき道である。

ころびてもおきあがりつつ　ころびてもおきあがりつつ、おきあがるなり
——甲斐《かい》わり子——

と、不倒翁《おきあがりこぼし》の絵に記された一首の歌を見て思うのであるが、この歌こそ、我等の座右の銘として頂戴すべきであろう。

有名なヨセミテ国立公園は、数十哩《マイル》四方の境域全部が偉大なる一枚の花崗岩の上に乗っかっているといってもよい構成で、その幅一哩、長さ七哩の渓谷は、有史以前に氷河がこの岩盤を截《き》り割って出来たものといわれ、三千呎《フイート》から四千呎の絶壁が両側に聳え立っている。雪融け頃になると、その絶壁の各所に滝が懸《かか》るが、なかでも、直下三千呎・二千余呎の処で、上下二段に折れているヨセミテ滝は名高い。二十余年前の秋、大谷尊由《そんゆ》師を案内して、この滝の反対側の絶壁をグレシャポイントまで馬で登った時、丁度、滝の真正面に立った。ふと、上の滝の真下に、深い海の色にもまごう真碧《まつさお》な丸い処が目にとまった。水量の豊富な春から夏には現われない滝壺が、年中一番の水涸れ時にその姿を見せてくれていたのだ。あの水の色では、とても三、四十呎ではきくまい、恐らく百呎に近い、いや、もっと、もっと深いかも知れない。あの堅固な花崗岩に、よくも、あれまで彫りこんだものと、自然の力の偉大さに驚嘆したことであった。その時、すぐに思ったのは、「いたりて堅きは石なり、いたりて柔かなるは水なり、水よく石を穿《うが》つ。心源《しんげん》もし徹しなば、菩提《ぼだい》の覚道《かくどう》なにごとか成《じよう》ぜざらん」と、蓮如上人がよく口にせられた古句であった。

昔、明詮《みようせん》というまじめな青年僧がおった。深く学事に心がけ、明師《めいし》を尋ねて一生懸命に勉強していたが、その進みが極めておそかった。苦学三年の甲斐もなく、成績誠に宜《よろ》しからず、そこで自分は到底学問の器でないと諦めて、この学林を去ることに決心し、涙ながらに、師匠にこの由《よし》を申上げると詮方なし、とお許しになった。手廻りの荷物をまとめ、同門の友にも別れを告げて、泣く泣く学寮を後にした。自分の余りの愚鈍さに気づいて、学事を捨てる気にはなったものの、心の中には残念さ未練さを一ぱいにたたえて、重い足を引きずりながら山門まで下って来た。名残りの礼拝をと本堂の方に向き直って、静かに頭を下げた時、敷石の上に、ぽつん、ぽつんと小さな穴があるのに気づいた。山門の屋根から落ちる雨滴《あまだれ》が、何十年、何百年という長い間に穿《うが》ったものである。これを目にした明詮は自分の勉強ぶりには、まだまだ足りぬ処《ところ》があったと気づいて、再び学林に帰って、層一層の努力精進を重ね、遂に音羽の明詮と呼ばれる程の高僧となられたということである。

釈尊は、その最後の御説法の中に、

汝等比丘《びく》、若し勤めて精進すれば、即ち事、難きものなし。この故に、汝等、まさに勤めて精進すべし。譬えば、小水《しょうすい》の常に石を穿つが如し。

——『遺教経《ゆいきょうぎょう》』——

と教えられた。「水よく石を穿つ」この一語、よく仏教にいうところの精進の意味を顕わし尽している。りきまず、あせらず、こつこつと、不断に、不退に、努め励んで、長時に、自然に、ことの成るのを待つのである。

人間道

元来、仏教は、人間は如何に生くべきかという問題から出発している。未来のこと、死んでから先のことが仏教の専門だと思われるに至ったのは、誤って出家の形式が尊ばれ、その出家の仕事が、葬式とか仏事とかにかたよって、実際生活の中に仏の教を味うことを忘れたためである。釈尊は、家庭生活のままで其の教に帰依した在家の弟子も、家庭を捨てて仏道修行に専心した出家の弟子も、ともに修むべき根本の道として、五戒を説き、六度を教えられた。いずれも、人間として生きてゆく道を示されたものである。だから、私共は、先ず、この教を、日々の生活の上に生かしてゆくように精進しなければならぬ。人もし、この道を進み得るならば、国豊かに民安らけく、浄土をこの世に実現することができるであろう。

人の性は善である、悪を行うことを喜とするものはない。いかなる悪人にも悪事の後味は不快なものに違いない。サンフランシスコのフィルモア街に、盲人が新聞雑誌やキャンデーを売っている店があった。客の求める品を間違いなく出すところは盲人とは思われない。形や、包紙や、新聞の端にある切口の相違などを指先の勘でより分ける。釣銭の勘定もこの勘で正確にやってのけるが、ただ紙幣を出されると困る。紙質も形も同じで、何弗《ドル》札か見分がつかないからである。そこで、お客に何弗札かときく。お釣に紙幣のいるときは、お客にとって貰う。そんなことをして、ごまかされはしないかと新聞記者が問うと、お陰さまで一度もありません、との返事。人の物をたたき落してでも引ったくりたい根性も影を潜めて、善をなさんとする本性が出てくるとみえる。フレスノ郵便局の売店も盲人が経営しているが、欺されたことはないということだ。ニューヨーク地下鉄の切符売場に働いているガーネスという人は、地下鉄の哲学者と呼ばれている人だが、十仙《セント》の乗車賃を持合わさないで困っている人に、気持よく立て替えてあげる。一日平均五十仙になるが、大ていは返して呉《く》れる。ただし、酔っぱらいだけはお断りだといっているそうだ。ここにも、人の性の善なるを示す微笑ましい一例がある。

しかし、悲しいかな、私共の日々は悪に明け、悪に暮れて、人の性は悪なり、という説が真実ではないかと思われるまでに、醜い罪業の生活を送っている。仏は、これを哀《あわれ》んで、五戒を説き、六度を示し、善に帰ることを教え給うたのである。

言行忠信

日本人は、どうかすると、一方に偏しがちで、言《ことば》と行《おこない》の釣合を失うことが多い。言《ことば》に偏しては議論倒れとなり、行《おこない》に偏しては独断専行となり易い。宗教は言葉や文字だけでは駄目で、必ず行《ぎょう》の裏づけがなければならぬといえば、然らばその行とは何ぞやと、またしても議論に暮れて、行の足は一歩も進まない。そこで、これに不満な人たちは、そんな無益な言論なんか廃《よ》してしまえ、ただ断行あるのみだと、行に偏してしまう。この唯言不行組《ゆいげんふぎょうぐみ》と不《ふ》言実行組《げんじつこうぐみ》が、互に勝手な振舞をするから、何もかも、ちぐはぐになって、大事を誤る。第二次世界大戦で、日本を奈落の底に突き落したのも、政治家の唯言不行と、これに憤慨した軍部の不言実行であったともいえる。民主主義は、言論を尽して得た最善の結論を実行に移す政治だと信ずるが、日本の民主主義が、またしても議論倒れになっているように見えるのは甚だ残念なことだ。釈尊は『大無量寿経《だいむりようじゆきよう》』に、「言行忠信《げんこうちゆうしん》なれ、表裏相応せよ」と教えられた。言うことと行うことの違わないのが忠信である。言行に表われることと、心中に思うことと一致するのが表裏相応である。この教語が、仏教国と称せられている日本よりもむしろ、このアメリカの方によく行われている観のあるのは、残念なことである。

言を尽した上でその結果を行《おこない》に移してこそ、始めて言行忠信なるを得る。この言《ことば》を尽すことは、親子が言語を異にしている在米同胞の家庭に於ては特に必要である。如何に面倒で厄介でも、親子は常に語り合って、互の思を知らねばならぬ。「勤めて精進せよ」との教を、まず手近な我家の生活に生かしてゆく、これが仏教である。互に話さねば、その思は知られぬ、話せばわかる、分れば不安も遠慮もなくなってくる。親子の言語の相違で、よくよく意志が通ぜぬ時は、お互の信頼する家庭の友人を通じて話し合うべきである。このわかりきった方法を、億劫がり面倒がって、怠っていると、家庭不和の根が知らぬうちに張りまわされて、後悔さきにたたぬこととなる。懈怠《おこたり》は常に精進によって退治されねばならぬ。

かくて、この「言行忠信、表裏相応」の教に精進するところ、家庭に、地方に、国家に、全世界に、豊けさと安らかさを齎《もたら》しきたる。千の空言よりも、一つの勤精進《ごんしょうじん》の方が尊い。

聴聞行

蓮如上人は、先の「いたりて堅きは石なり、いたりて柔かなるは水なり、水よく石を穿つ。心源もし徹しなば、菩提の覚道なにごとか成ぜざらん」という「古語」に続けて、「いかに不信なりとも、聴聞《ちょうもん》に心を入れ申さば、お慈悲にて候あいだ、信を得べきなり。ただ仏法は聴聞にきわまることなり」と仰せになっている。その聴聞の心構の一として、蓮師は、「かどを聞け」と教えられた。大事な点をのがすな、ということである。例えば、

> さらになにの造作《ぞうさ》もなく、一心一向に如来をたのみ参らする信心一つにて、極楽に往生すべし。あら、こころえやすの安心《あんじん》や、又あら、ゆきやすの浄土や。これによりて、大経には易《い》往而《おうに》無《む》人《にん》とこれをとかれたり。この文《もん》のこころは、安心をとりて弥陀を一向にたのめば、浄土へは参りやすけれども、信心をとる人まれなれば、浄土へは往《ゆ》きやすくして人なしといえるは、この経文のこころなり。

とお文《ふみ》（二ノ七）にあるが、この一文の「かど」はどこにあるか、「こころえやすの安心」

であり、「ゆきやすの浄土」であるならば、なぜに真宗の根本経典たる『大無量寿経』に「易往而無人《いおうにむにん》」とあるのか。蓮師は、之を「信心をとる人まれなれば、浄土へは往きやすくして人なし」と味って「こころえやすの安心」であるが、実は「とる人まれ」な信心であると断じて、得がたきこと「難中の難この難に過ぐるは無し」(『大経』下巻)とあるように、真実の信心を得ることは、とても難かしいのだが、多くの人は極めて楽なことと思い違いをしている点を突いておられる。この点が上にあげられたお文の眼目であり、即ち「かど」であるが、うっかり聴聞していると、気がつかない。そこで蓮師は「ただ仏法は聞くにきわまることなり」と、聴聞の行に精進することが、如何に大切であるかということを示して下さった。また蓮師は、ここにあるように「仏法」の語を愛用しておられる。「真宗」とありそうな所に、「仏法」の語を用いられている。仏教全体を背景として立つ真宗という意味で、仏教の一部として存するような小さな真宗でないことを示されたものと思う。

こうして何十年という長い年月にわたって、日常生活の上に六度の実行に精進し、一心一向に聴聞の行を勤めている中に、六度の一つだに実行できない無能力さが、つくづくと知られてきて、常慚愧常懺悔《じょうざんきじょうさんげ》の外なき自分の真実が知られてくる。威張りたくてならぬ自分が、何時でも、何処でも、誰にも、頭の上らぬ者だと気づいて、自分の坐すべき最下座につく時、虚偽の衣裳が自然にとれて、ありのままの自分が出てきた時、「心の彫刻」が、どうやら、こうやら、この顔に現われてくる。

一四、赤信号（禅定の一）

舎利弗《しゃりほつ》よ、もし止観《しかん》を成就せば、すなはち能《よ》く悪を捨て、善を修習《しゅじゅう》するを得ん。

——『中阿含経《ちゅうあごんぎょう》』——

書斎の窓から

今度頂いた私の住宅は角屋敷《かど》で、前方のイー街は静かな通りだが、横のベンチューラ街は、州道と州道をつなぐ近道なので、かなり交通がはげしい。事故を防ぐために、イー街の方に立ててある「止れ」という赤信号は、書斎の窓の真向うに見える。ベンチューラ街を横ぎる自動車は必ず一度そこで止ることになっている。時々キイキイという、けたたましい音が耳に入る。自動車を急停止したのだ。眼を上げて見ると、まあ、よかったと言いたげの運転手の顔や、ほっとしたような同乗者の顔が窓ごしに眼に入る。幸に、この角ではまだ事故はない。赤信号のおかげで、注意して止るからであろう。どうかすると、話に夢中になったり、考え事をしたりしていて、赤信号に気づかない、そんな時に大事が起る。

私の身近な所だけでも、先方の不注意運転の犠牲になった人が随分ある。半身不随の身を瀬戸内海の一孤島に養っておられるSさんや、昨年死去せられたF夫人などは、その中でも一番お気の毒な方々である。

交通事故を防ぐために、鉄道の踏切とか、国道や州道を横切る所などには、「止れ」の赤信号があるし、交通の激しい都市には、「行け」「止れ」の信号があって、交通整理をしているのだから、その注意に従っておれば怪我はないのだが、兎角《とかく》之を面倒がる処から色々の間違いが起る。我々には妙な癖があって、自分等の安全の為に作られた規則を、交通巡査といったような係の役人のために出来ているように勘違いして、うるさがることが多いから、気を付けねばならぬ。蓮如上人が「王法《おうぼう》をもととし、公事《きまったこと》をまったくせよ」と申されたのは、こうした日常生活の規則を守れということで、法治国に住む我々の一日も忘れてならぬ教である。「止れ」「行け」の指図を面倒がって、信号のない道を撰《よ》って行く人と、信号通りに自動車を使っておれば決して間違わないのだからと、却って之を喜ぶ人とあるが、どちらが仏教徒に相応しいかは申すまでもあるまい。赤信号を無視する人は、人生の凡ての教を見向きもしない無眼人《むげんにん》、無耳人《むにん》となりがちな気の毒な人々である。

人生の赤信号

この危険を示す赤信号は、道路や鉄道に掲げられているばかりでなく、人生行路の道筋の至る所に示されている。元気であった人に熱がでる、咳がつく。この熱や咳は、身体の何処かに異状があります、と知らせてくれる赤信号である。永く病む私の病状悪化を知らせてくれる赤信号は汗で、一九五二年は一月から三月初めにかけての寒い盛りに大汗がでた。読書しても、原稿を書いても、来客と話をしても、すぐ汗をかく。この赤信号がでたら、凡ての仕事を中止して静養するのが、私の身体を守る「王法」である。忠実に赤信号の指図通りに静養したおかげで、三月中旬から発汗が止んで元気になり、夏のさかりの方が却って汗が出ない。中風《ちゅうふう》でも、高血圧でも、腎臓病でもきっとこうした注意の赤信号がでるが、うっかりしていると、それに気づかない。しかし、病気の経過によく気をつけていると、何かの形で「危いですよ」という赤信号の出ることがわかる。この赤信号に従い得る境遇にありながら、これを無視して敢て順《したが》わなければ、病気は悪くなるばかりである。これは病人の不徳である。色々な事情で、従いたくも従い得ない気の毒な方もある。その時は、自分の業報《ごうほう》の拙《つたな》さを思うべきである。

人の身体が地水火風《ちすいかふう》の四大《しだい》から出来ていると思っていた古代の印度《インド》人は、病気のことを、四大不調とか、四大不和とか呼んで、身体の病が肉体の不調和から起るように言っているが、怒り、嫉《ねた》み、憎むというような心の病も、精神の不調和から起って、自ら苦しみ他を苦しめる。この病の発《おこ》る時も警告の赤信号が出るが、病気の経過が早すぎて、めったに間に合わない。その上に、この病気の発作が度かさなると、愚痴、不平、僻みなどの慢性病をひきおこして、自分も悩み、家庭も悩むことになりがちであるから、このいらいらした腹だたしい動きそのものを赤信号と心得て、何がこんな風にさせるのかと、深く内省しなければならぬ。この頃よく耳にする一世の親と二世の子供との間の不和なども、成行に任せて、徒らに不平不満を増長させないで、どうしてこうなるのかと、静かにその原因を考えないと、和解の手掛りさえ見付からないで、親子の間の隔りは深くなってゆくばかりである。

止と観

釈尊が、私共の担うている現実の苦悩を、いかに求道の上に活かして、終《つい》に仏と成るべきかということを示されたものが六度の教であり、その第五禅定《ぜんじょう》は、現実の人生を内観自省する道として教えられたものである。禅定は止観《しかん》である。「止」とは、文字どおり「止《とど》る」ことである。人生の大道を傍目もふらず全速力で突進している者が、病気、家庭問題、事業の失敗等の色々な赤信号に行路を警《いまし》められて、「待てよ」と止《とど》まることである。自分を引止めたその問題を見究めるのが、「観」である。この「止」と「観」で、私共の生きてゆく道筋の見当がつき、終には、仏に成る道、悟りの道救わるる道に入ることが出来るのである。

大統領トルーマンの賓客として、一九五一年、この国を訪問したインド共和国の首相ネ

ール氏は、ニューヨークの記者クラブに招かれた際に、

若し、多くの政治家が歩を止めて静観し得れば、世界的難問題の多くは、恐らく、もっと楽に解決せられるだろう。記者諸賢も時々止観を試みられたい、必ず得るところがあると信ずる。

と語っておられる。二千五百年の昔に説かれた釈尊の止観の教が、インド教徒のネール氏によって現代に活かされていることは、我々仏教徒の大いに考うべきことであると思う。誠に、この教は、大は国際政治の難局から、小は一身一家の問題解決に至るまで欠くべからざるものであるが、さて、この「止」と「観」を実際に使いこなすだんになると、種々の障害がでてくるから、少からざる努力、精進を要する。まず第一に、問題そのものを、はっきり把むのが一仕事である。

この国の風習に従って、私は毎朝ひげそりをしているが、七、八年前から、剃刀の刃を新しく代える度に、顎だの頬だのを切るので、成るだけ刃を代えないで我慢していたが、それもなくなれば、是が非でも代えねばならぬ。刃を新しくすると、どんなに注意しても、二、三の切口から血を吹く。厄介なことになったと、その時は思うが、その次に刃を代える迄は忘れてしまって問題にしない。刃がにぶくなる頃から、ぼつぼつ問題になるが、

愈々決心して刃を代え、案じていた通り切口を作って血が出ると、また当分忘れてしまう。出血問題は依然としてあるのだが、取上げない中に三、四年たってしまった。我々の一身一家の問題は、大概この形式に取扱われていないだろうか。色々の問題があるけれども、うるさいから、面倒だから、厄介だからと、愚図愚図している中に、二年や三年はおろか、人生の半ばは過ぎて行く。問題を問題として把み上げることが、先ず大きな仕事だ。

剃刀の刃を代える時には、嫌だなあ、と思うけれど、大したことでもないので、二、三年ほっておいたが、こんな小事も度重なると、終には耐えられなくなって、或朝、どうしてこんなに切るのかと、鏡に映る顔に、じっと見入ったとき、ふと、額のしわが目についた。これかもしれないなあ、年と共に面の皮は千枚張りの鉄面皮となったが、肉体の衰えは何とも出来なくて、頬や顎の肉のたるみ加減はどうだ、こんなに老衰とも知らないで、元気だった頃と同じ手加減で剃刀を当てたら、切傷の三つや四つ出来るのは当然だわいと気づいた。試みに、ぐっと力を抜いて軽く当ってみる。果して切口一つできないとみえて、少しも血がにじみ出ない。よく考えてみると、之もやはり止観の活用だったのだ。こんなことを二、三年も続けるなんて、余り、だらしないではないかと、新刃出血事件を、とうとう問題として取り上げたのは、「止」である。一寸《ちよつと》待ったと立止って、鏡の中の顔に見入ったのが、「観」の始まりであった。額の皺が糸口となって、まだまだ元気だと、独りぎめしていた顔の皮膚の衰えを自覚し、事件の原因を突きとめて、問題を解決したのが、

「観」の終りである。やはり、「止観」のおかげだ。六度の第五禅定の行《ぎよう》が、いとも小さな日常問題の解決に役立って下さった一実例だと気付いて、浴室の中で、高々と念仏さして頂くと、奇なるかな、その汚《けが》れた浴室がそのまま安禅《あんぜん》の道場と化し、仏恩歓喜《かんぎ》の法堂と変じて、この世のものとも思えぬ尊厳な一瞬を味ったことであった。

事と理

こんなに申すと、そんな浴槽があり、洗面器があり、便所まである浴室を、道場の、法堂だのとは余りに勿体《もったい》ないではないかと、不快に感ぜられる方があるかも知れない。一応、ご尤《もっと》もですと言いたいが、無暗《むやみ》に、勿体ない、勿体ない、といって、仏教を敬遠することほど、仏教の真意を傷つけ、釈尊の御精神を覆うものはないと思う。釈尊は、常に手近な事実によって仏道を教えられたのだ。農夫には牛と鋤、樵夫《きこり》には大樹とその実、商人には貿易、象師《ぞうつかい》には象を調《な》らすこと、国王には政治の要諦といったように、つねに聞手に身近なことによって法を説かれた。かくて、仏教と生活は一枚になり、日暮しは仏教によって整えられ、仏教は実生活の中に生きておった。然《しか》るに、現代では、仏教を尊敬するあまり、知らず知らずの中に、却って之を日常生活から遠ざけることになっていないだろうか。私共は、釈尊の昔に帰って、もっと、もっと、身近に、その教を味うことが大切だと思う。

近来、老境に入った一世の親と、その後を継いだ二世の子との間が、何かしら、しっくり行かないで、大なり小なりの苦労をする家庭が多いと聞いて、誠に気の毒な事だと思う。他人同士の間では余程の大事でないと問題は起きぬが、同じ屋根の下に住む者同士となると、第三者が聞いたら馬鹿らしいと笑う程の小さな事でも、いざこざの種となり、苦悩の因となり易い。自分でも気がつかぬ位の小さな事がもとになって、何となく、いらいらしてくる。年に一度、せめて月に一度くらい起るのなら、何の気にもならぬことでも、毎日毎日繰返されると、いらいらして、たまらなくなる。台所のシンクの水口がゆるんで、ポトリポトリ滴が落ちる。夜中に眼が覚めたとき、ふと、この音が耳につく。もう、いらいらして眠れない。昼間なら、とても耳に入らないほどの小さな音が、寝室まで、はっきり聞えて、うるさくてたまらぬように、他人さまには分らぬ程の小事でも、一家内で毎日続くと、神経を刺戟して堪らなくなる。こんな時こそ、何よりも先に、「止観」の教に、その解決を仰ぐべきである。

　最初に行ずべきは「止」である。ただ、徒らに、いらいらした気持に押し流されないで、「ちょいと待てよ」と、動く心を制するのが「止」である。この制止によって、初めて自分の心の動きが把まれ、問題の所在が明らかになる。一度問題が捕えられたら、その問題の性質、発生の原因、解決の方法と、次々に考えられて行く、これが「観」である。

　聖徳太子が、「人皆心あり、心《こころ》各《おのおの》執《と》るところあり」（『十七条憲法』第十条）と仰せられたように、人の顔がそれぞれ異う如く、人の心も皆異ることを忘れて、誰でも自分と同じるように早合点する癖がある。多くの誤解は此処《ここ》から発生する。殊に同じ家族となると、相互に何でも分り合っていると思っているが、事実は中々そうでない。杉村楚人冠《すぎむらそじんかん》は、たとい家内に死別するようなことがあっても、決して再婚しようとは思わない。妻に私の気持がのみ込めるまで教育するのに、十年かかった。あの苦労を二度と繰返す気はしない、と何処かに書いていた。ノミといえばツチと出るまでに気心がわかる中になっても、もともと、心は別なのだから、私共とその周囲の間には、この思いちがいや早合点が、渦を巻いているものと知らねばならない。しかるに、我々は、その事実には気がつかないで、わが子だから、この位のことは知っている筈、我が夫なら、こんなことは承知しておりそうなものと勝手に定《き》めてしまいがちだ。幸にして、予期した通りにゆけばよいが、この期待がはぐれると、不平不満が、むらむらと湧き上ってくる。

在留同胞の家庭には、この上に尚大きな特別の事情が加わってくる。一世と二世と、血の繋りは親子に相違ないけれども、その言葉や教養の点から見れば、全く外国人同士の同居といわねばならぬ。日本語を語り、日本流に物を見たり考えたりする親と、英語を語り、アメリカ流に見たり考えたりする子とで、同じ家庭を作っているのが冷い現実なのである。同国人の親子でも、時代が変れば思想も相違しがちで、意思の疎通を欠きがちなのに、まして親子と呼ばれる外国人同士が同居しているのだから、悲劇の因は、当然潜在しているものと覚悟すべきである。然《しか》るに、この不自然な事実の存在を忘れて、親も子も、相手は自分の心がよく分っている積りで、互にその考を先方に強いる所から色々な誤解が起り、それが次から次と重なって、どうにもこうにも成らぬ破局に押しやられる。私共は不和があまり劇《はげ》しくならぬ中に、「ちょいと待った」と、心を端《ただ》し、意《おもい》を制して、「止」の教を活かさねばならぬ。心を静めてよく考慮すると、自分の立場が次第にはっきりしてくる。言語や考え方の相違している事実が諦《あきら》かに了解せられ、その相違が何処から起ったかと次々考えて行くと、親の財産欲、名誉欲といった野望の犠牲者としての子供の姿が見えてくる。子供を自分と同じ言葉、同じ考え方の世界で育てるか、又は自分が子供と同じ言葉、同じ考え方の世界に入るかしなければならなかったのに、そうして、そのどちらを取るかを決めるのは、西も東も分らぬ子供でなくて、世事に通じた親の義務であったのに、ただ、ぼんやりと、成るままに過して来た親としての自分の無責任さが知られてくる。ここに眼が開けた時に、責むべきものは自分である、間違ったのは私であると知られて、気の毒な我が子、可愛想な愛子よと、親心をもって我が子をいたわる念《おもい》が自然に流れでてくる。この慈悲のみが、親子のもつれを洗い流してくれるのである。自分はこんなに苦労して財産を作った、こんなに骨を折って土地を買った、この苦労のおかげで、お前達は今日の幸福を得ているのだと、無暗に己が功に誇ってはいけない。この、こうした物質上の成功が、案外、子供を毒しているかも知れないし、この驕慢《きょうまん》が、子に反《そむ》かれる最大原因かも知れないのだから。

親がこの内観自省《ないかんじせい》の座につくと共に、子も亦《また》「止」と「観」の行者とならねばならぬ。老先短い父母は、自分たちと違った言葉、考え方の世界に住んで居られる。しかも、その世界の住人は極めて少い。自分の家でも唯父母二人だけで、自分も、妻も、子も、弟妹も、両親にとっては子孫でありながらも、みんな外国人である。さぞ、お淋しいことであろう。何とかして、少しでも愉快にお暮しになれるようにしなければならぬ。異人種と交わった歴史の無い国に生れて、言語はもとより、生活様式のすっかり違った異境の地に土着せられ、刻苦精励《こっくせいれい》五十年、よくも我等のために永住の基礎を作って下さいました。同じ移住民でも、生活の様式も同じく、同じ系統の言葉を使う国の人たちの知らない数々の苦労をよくも乗越えて下さいましたと、先駆者として、開拓者としての功労を思うて、どうか心ゆくばかり気楽に余生をお過し下さい、という心持で、老父母に仕えなければならぬ。

こうして、私共の実生活の中の事実と、仏様がお遺し下さった教の道理が一つになる所に、事理無碍《じりむげ》の世界が成就せられ、あらゆる問題が解決せられてゆくのであるが、さて、この解決方式の実用という段になると、色々な障害が出てきて、如何にも理窟はその通りですが中々そうは参りません、ということになる。

念仏に導かれて

事実と道理の融合一体を妨げる障害の第一は、お互で、相手が先にその道理に服することを望む点にある。何事にも出しゃばりたがる私共だが、道理に服することになると、いやに謙譲の美徳を発揮して、まずお先にと、相手が先に道理に屈することを要求する。「お言葉通り、子は親の立場を止観すべきであります。ところが、倅《せがれ》は一向その点に気がつきません、誠に困ったものです」と、一方が不平を言うと、「うちの老人にも困ったものです。アメリカに居ることを忘れてしまって、一にも二にも日本式を主張します。頑固一徹には閉口です」と、片方も口を尖らす。之では何年たっても和解の時は来ぬ。どちらでも気の付いた方が先に「止」と「観」を行ぜねばならぬ。「永くもない一生を、泣きの涙で不平不満の中に過さねばならぬとは、何という情けないことだろう。何とかならぬものだろうか」と気がついた親から、「折角の人生を、嫌な冷い空気の中で暮さねばならぬとは、何という淋しいことだろう。何とか愉快に笑い合って日を送る道はないものか」と願う子から、どちらでも、先に気付いた方から、「待てよ」と心を止めて、和解の道を求めねばならぬ。

同信の先輩S氏は、或大学の教授であった。その専門の方では世界的の水準に達した学者として同侶《どうりょ》や門下から尊敬せられ、他方、念仏行者として深い信念に住し、文学美術に一隻眼《いっせきがん》を有する人であった。S夫人は快活な性質で、主人と信仰を共にせられ、日曜毎の集りにも必ず二人で参詣して居られた。ただ子宝に恵まれなかった為に、何となく淋しい家庭のように思われた。或時のお話に、「自分達は子供がないので、若い時は静かではあるし、煩わされることもないので、之で結構だと思っていましたが、この頃、なんとなく物足りなさ、淋しさを感じてきました。特に二人の間の意見が衝突して、無言の行など始まると、とても堪りません」との事なので、「貴方がたにそんなことがあろうとは思われませんが」と申すと、「いや、中々そう平和ではありません。それに二人とも強情ですから、一度こじれると、二、三日はおろか、一週間も、ものを言わぬことがあります。用事があれば、書いて下女に取次がす、同じ家の中で手紙の遣り取りが始まるのです。こんな馬鹿らしいことをと、すぐに止めたくなるのですけれども、私も妻も頑固で勝気ですから中々譲りません。何しろ、どちらでも先にものを言った方が負になるのですから、油断がならんのです。それで、この頃、二人で相談して、無言の行を早く止める申し合せをしました。先に口をきいた方が負けるような気がする点に引っかかるのですから、どちらでも気の付いた方が、お念仏を称えること、先に称えた方を勝とすることにしました。以来、黙り合いは半日も続きません。腹の中では自分のわるいことはよく分ってるのです。ただ負けるのが癪だから黙っていたのですから、この頃は、気のついた時に、すぐお念仏を称えます。すると勝ったね、お勝ちになりましたね、と互に笑い合ってすみます。仏様を道具に使って済まないことだと思いますが、自分の間違に気付かして下さった仏様に、お詫をしたり、お礼を言ったりする心持でお念仏させて貰って居ります」とのことであった。

家庭争議の解決者として仏様を勧請《かんじょう》し奉り、南無阿弥陀仏の御名《みな》を称えて和解し合われたS教授の真面目なお話は、氏が極めて温厚篤実な至って口数の少い方であっただけに、特に深い感激を覚えて、その日の印象は今もなお鮮やかに残っている。「私も悪いかしらんが、お前だってあまりよくもないよ」と、兎角《とかく》、相手から先に頭を下げさせようとするやせ我慢が、小さな争を根強い大きなものにしてしまって、始末に困ることになりがちである。

「止」と「観」によって自分の間違が知られたら、愚かな自分をここに気付かして下さったのは、仏様のお智慧の光からであったことを感謝して、誰より先に、仏様に、お礼とお詫の念仏を称えさして頂くと、相手に下げられなかった頭が自然に下ってきて、親に、子に、夫に、妻に、すまなかったという念《おもい》で接せられるように心が開けてくる。お念仏は、台所で、居間で、寝室で、店頭で、農園で、街頭で、地獄行きの行をしている時にこそ、生きた働きをして下さる。お仏壇の前や、仏教会のベンチに腰掛けている時とは、すっかり違った大きな用《はたらき》をして下さる。私共は、問題の多い日常生活の只中に、「止観の行」と、お念仏とを並び迎えて、之を実際生活の糧とさして頂かねばならぬ。親と子と、白い眼を向け合うような不幸な者はもとより、貪《むさぼ》り、瞋《いか》り、愚かさの為に苦悩の海に沈淪《ちんりん》して、人を恨み世を呪いがちな私共は、我等の先達S教授の教に従って、先ず我が行を止観し、次いで、み名を称えて、懺悔《ざんげ》と感謝の生活に返らねばならぬ。かくして、始めて、禅定《ぜんじょう》の教は、我等の日常生活に生かされてゆく。

一五、実体は小事に（禅定の二）

行《おこない》を正しくして、小さな罪にも恐を見、真面目に学び進めよ。

――『中部有学経《ちゅうぶゆうがくきょう》』――

軽い罪でも極めて重い想《おもい》をなし、人が若し詰問すれば、実に犯したと答えよ。

――『大涅槃経《だいねはんぎょう》』――

無頼の若者

今から二百五十年ばかり昔、赤穂義士復讐の壮挙が、華美な元禄時代に武士道の華を咲かせた頃、南朝累代の遺跡、大和は吉野の里に近い丹生谷《にうだに》（奈良県高市郡船倉村大字《おおあざ》丹生谷）の山村に、清九郎という馬方渡世《うまかたとせい》の青年がいた。早く父親に別れ、一家は、母親と女房と一女小万《こまん》の四人暮しであったが、肝心な主人の清九郎は、大酒飲の博奕好きといった典型的な無頼漢だったので、生活は貧窮のどん底にあった。箸にも棒にもおえない乱暴さの一例として、一定の生業とて持っておらなかった清九郎は、或る時は人に頼まれるままに馬を追い、或る時は少しばかりのわが田を耕し、又、山に入っては薪をとって、その日その日の口を啜《すす》いでいたのであります。元来、体が極めて頑健な上、殊《こと》に腕力は人に優れて強かったものでありますから、馬を追うにも鞭などは使わず、力まかせに拳固でぶんなぐって馬を痛めつけましたので、ついには、誰も馬を貸してくれるものがいなくなったと云うことであります。

ましてや、喧嘩口論ともなれば、われ先に飛び出し、前後のみさかいもなく暴力を振ったので全く近隣の人から毛虫のように嫌われていました。この様なありさまですから、もとより一銭の貯えとてなく、或る年の梅雨の頃、わが家の雨漏りを繕うため、とうとう隣家の莚《むしろ》を一枚二枚と盗むことになり、それが発覚して、隣家の主人にひどく罵られました。いかな、清九郎も、これには弁解の仕様もなく、そんなこんなで、丹生谷の在所にはとても居られなくなって、到頭、丹生谷から十八丁ばかり離れた鉾立村《ほこたてむら》へ移住することになったのであります。

――高木智《さとし》『妙好人清九郎《みょうこうにんせいくろう》』――

鉾立村に移って後も、清九郎の乱暴さは少しも変らない。こんな主人を中心とする一家の生活の惨めさ、母も妻も涙の日々であったに違いない。このどん底生活のさ中に、清九郎は妻に死別した。臨終に当って主人を枕もとに呼び、一人娘小万の将来を懇々《こんこん》と頼んだ後に、今日までの彼の非道な所行を改め、どうか真人間に帰って下さいと誠心《まごころ》こめての願《ねがい》の中に、妻は苦難の一生を終った。身からでた錆とはいえ、たれ一人相手にしてくれ手のない淋しい清九郎にとって、唯一の味方であり慰め手であった愛しい妻の臨終の願は骨髄に徹したらしく、それからは、好きな博奕も喧嘩も、ふっつり止めて、時折は近所のお寺にお参りする姿が見られるようになった。苦難のどん底で淋しく死んで行った妻の掲げてくれた赤信号に、始めて我が身の過去を「止観《しかん》」する機縁《きえん》を与えられて、無頼漢の半生を清算した清九郎は、新たに求道《ぐどう》の行者《ぎょうじゃ》としての新生活に入ったのである。

清九郎は、我が笠に書いて貰った「ほこたて、せいくろう」という仮名文字さえ読めぬ無学文盲の山男であったが、性情は素朴で、正直で、一生がい童心をもち通した純真な人であった。こうした人の常として、悪にも強ければ善にも強く、新生活に入って後は、真面目に家業にいそしむ身となって薪を拾い、畑を耕して暮していたが、いつの頃からか、二三羽の鶯が常にその職場に現われて、自分に近く鳴き連れていることに気づいた。この可憐な小鳥の群を我が生活の一部のように親しみながら仕事の暇々には近所の寺々にお参りして求道の旅路を辿る中に、早くも二十年の歳月は過ぎ去った。その頃、吉野山の麓、飯貝《いいかい》の本善寺《ほんぜんじ》で、宝物の披露があると聞いてお参りした処、数ある宝物の中に蓮如上人御所持の象牙の鶯籠があった。鶯は「法を聞け」と囀《さえ》ずる鳥だからといって、蓮如さまが御病中、特に枕頭におかれた鳥籠だという因縁を聞いた時、この二年来自分の身近を離れぬ鶯のことを思い出し、さてこそ、私に法を聞けとの御催促であったのだ、如来さまは不請《たのまぬさき》の友となって、いつもこの私につきまとうて居て下さったのだと、常にわが身を照らし給う如来の大悲《だいひ》を味う身となられたと伝えられている。

妙好人清九郎

逆境のどん底で淋しく死んでいった愛する妻の、涙ながらの諌《いさめ》に深く我が身の悪行《あくぎょう》を悔い、無頼漢の足をきれいに洗って、懺悔《さんげ》求道の生活に入った清九郎は、無心の鶯の鳴声に如来冥護《にょらいのみえぬまもり》の妙用《はたらき》を味得して、絶対他力《ぜつたいたりき》の信者となり、ここに妙好人《みょうこうにん》清九郎として再生する事となった。妙好人とは、他力《たりき》念仏の行者を称讃する言葉で、妙好華《みょうこうげ》（白い蓮華のこと）の如き人という意味である。『妙好人伝』という信者列伝が出版されている程に、多くの篤信者《とくしんじゃ》の法悦が伝えられているが、清九郎は代表的妙好人の一人として、今なお多くの信者から追慕せられている。彼と同時代に、実成院仰誓師《じつじょういんごうせいし》という信仰の深い学者が居られた。勧学《かんがく》職という本願寺最高の学位を有する身を以て、大和の片田舎に、わざわざ清九郎を訪ね、その目出度き信者ぶりを眼にして、「かずかずの有難き物語うけたまわり、歓喜の涙にむせび、あまりの尊さに、我ひとり、かかる有難きことを見聞《けんもん》せんは本意なきことなりと思いて、急ぎ島根県邑智郡《おうち》市木《いちき》に帰り、老母妙誓《みょうせい》、ならびに道俗二十四人うち連れて、再び清九郎を訪問し云々」と、その著『妙好人伝』に記しておられる。清九郎の篤信のほどは、ただこの一事からでも偲ばれるではないか。清九郎の法悦三昧といい、仰誓師の謙虚さといい、ともに有難く又尊い。

清九郎は亦《また》、稀に見る孝子として有名になった。母の枕を、暗やみで足蹴にするようなことがあっては済まんといって、天井から縄をつるして、その枕をくくりつけていたという程に、素朴な、純真な孝養ぶりであった。

ある時、清九郎老母をつれて御本山へ参られし事ありき。年いと老たる母なれば、歩行もなり難ければ、もはや参るまじといいけるに、清九郎いふよう、「何とぞ御参りさふらへ、某《それがし》し負《お》てまゐるべし。尤《もっと》も一人をやとひて、某と二人して駕籠にのせまゐらせば、御身《おんみ》も楽におはすべし。又一人やとふ程のあたへのかつて出来まじきといふにもあらねども、清九郎ごとき者の親が、駕籠にて京参りといふも似合ぬ事にぞんずれば、御身、窮屈にはあるべけれども、私に負《おわ》れ給へとて、二十里の行程《みちのり》を背《せな》に負て上京し、下向《げこう》も亦《また》しかり。

——仰誓《ごうせい》『妙好人伝』初篇巻上——

無頼生活の十余年間、苦労のかけ通しであった老母に、せめてもの孝養を尽してと、己が不孝を懺悔する切ない思いが、この逸話を通じて、しみじみと味われるではないか。世間から白眼を向けられている自分の味方となり、この老母と共に、どこまでも、かばい慰め、いたわってくれた亡き妻の面影も、きっとこの母の上に、二重写しになっていたに違いない。

一女小万が年頃になったので、親類や友達から、親切に色々と養子の話があった時、選《よ》りによって近村に隠れもない不良青年の久六《きゅうろく》を選んだのも、自分の青年時代を顧みてのことに違いない。人殺しの罪を犯した罪人の磔刑に行われるのを見て来た或人が、清九郎に、「あのような悪人でも、如来さまのお慈悲で救われるだろうか」と尋ねた処、言下に「救われるとも、救われるとも、この私でさえお助け下さるもの」と答えたと伝えられる清九郎は、久六の上に、若き頃の己が姿を、いな、いな、現にまだ内心うずうずしている己が不逞の姿を発見し、いとおしくて、ふびんで、ならなかったのではあるまいか。果してこの真情は、不良児久六の心根に滲透し、「あんな者を家に入れて」といった知友の憂慮を裏切って、一ヶ月の中に大酒も博奕もすっかり止め、真面目な優しい働き手となって、小万との中も睦まじく、清九郎に孝養を尽したということである。人生の赤信号に驚いて、止観の行に精進したよき例を、妙好人清九郎の上に求め得らるることは、誠に有難いことである。六度《ろくど》の第五禅定《ぜんじょう》は、かように止観の行として、随時随処にその妙用が示されている。

ホテル王スタトラー

「成程、清九郎の前身は、そんなに親泣かせ妻子泣かせの悪徒だったのですか。それで、あんなに徹底した信者となられたのでしょう。しかし、私たちは平凡な一生を送って来て、悪徒らしい悪徒にもなり切れなかったからか、信仰の方も何だか定《きま》りがつき兼て、困ったものです」と愚痴をこぼす方があるかも知れない。しかし、それは、私共が小学校時代に、貧しい家に生れた少年が、しじみ貝を売って病母の薬代にあてたという孝行の例話を聞いて、「自家は貧乏でもないし、両親も元気だから、孝行のしようがないが」と困った時と同じことで、形の末に走って、その本質を見失っているからだといわねばならぬ。平凡な生活をしている私共にとっては、罪悪の実体は、小さな日常の小悪《しょうあく》にある。形の上では小悪に過ぎないけれども、罪悪の実体としては、異常な大悪と少しも変りはない。私共は、むなしく他人の体験を羨むことを止めて、自分の脚下に転がっている小悪の実体を止観することを心すべきである。

民主国のアメリカには、国王はないけれども、鉄道王、製鉄王、自動車王から、ポテトーキング、レタスキング、苺キングと、沢山の王様があるようだが、その諸王の一人に、ホテル王スタトラーという男がいる。東部各都市に、多くの大ホテルを持っているということだが、この人は、元、西バージニヤ州の或ホテルで、ベルボーイとして働いていたが、月給はわずか六弗《ドル》だったとのことだ。その頃から彼は、ホテル業に就いて見聞したこと、思いついたことを日々書きとめていた。或日、お客が食堂で、給仕に、「このステーキは、私の注文通りによく焼けてない」と、小言をいうているのを耳にした。二人は暫く言い合っていたが、間もなく話がついたらしく、静かになった。この小事件は、何かスタトラーに思いつかしたらしく、にんまりと笑いながら、所持の覚書に、一句書きこんだ。ところが、この一句こそ、原爆の材料に用いられるウラニウムにも勝る高価なものであって、後日、彼が最初に所有したホテル経営に、この一句を適用して大成功を収め、その結果、ホテル事業経営に一大革新をもたらし、彼をして、終《つい》にホテル王と称せらるるに至らしめたのだということである。そんな魔法使のような威力を示した言葉とは、「お客の言うことはいつも正しい」と記された覚書の一句であったとのことだ。止観の資材は、敢て大を要しないことを教えて余りあるではないか。花が散り、葉が落ちるのを見て人生の無常を感じ、これを機縁として悟りの境地に入られる聖者のことを縁覚《えんがく》と呼ぶ、飛華落葉を見る機会は万人に与えられている。しかし、大多数の人は、何の変哲もない日常茶飯事と見逃してしまう。せいぜい「厄介物がまた散らばって、掃除に一骨折らせるな」と小言をいう位の所で、この平凡な一小事の中に蔵《かく》されている、汲めども尽きぬ深い教に眼《まなこ》を開く人は極めて少い。しかし、このありふれた小事実も、これを止観する人にとっては、悟達安楽《ごたつあんらく》の境《きょう》に入《い》るの門となるのである。「今に何か大事件が起るだろう、その時こそ」と、徒《いたず》らに行先ばかり見つめている人は、折角その待っていた大事件が出て来ても、それを機縁として把み得ないかも知れない。どんなことから入道の扉が開けるかもわからないと、常に心の用意を怠らぬ人にのみ、救いへの入口が見付けられるのであって、この心構えを欠く人が、いわゆる無縁《むえん》の衆生《しゅじょう》と呼ばれるのである。静慮反省《せいりょはんせい》の資材は、我等の日常生活のうちに満ち溢れている。布施《ふせ》・持戒《じかい》・忍辱《にんにく》・精進《しょうじん》の諸行《しょぎょう》は、その資材が空しく失われてゆくのを防いで、私に自分の真実の姿を反省させて下さる鏡である。布施を心がけて貪《むさぼ》り惜《お》しむ念《おもい》の根強さを知り、戒を守らんとして破戒の日々に気付き、忍辱行《にんにくぎょう》を努めて、初めて、つまらぬことに怒り腹立つ自分に驚き、精進行《しょうじんぎょう》によりて、骨惜みする自分の懈怠《なまけ》さ加減がやっと分ってくる。仏教は、真実に眼《まなこ》を開くことを教えるのである。正しさは凡《すべ》ての人の願い求むる所であるが、正《ただしさ》を求めて邪《まちがい》に止住《とどまる》する自分を見出すのが悲痛な現前《めのまえ》の真実である。しかるに、正を求むる念《おもい》の余りに強い為に、うっかり、邪の存在を忘れ果てて、自分は正しい、相手は正しくない、と決めてしまっているのが私共の日常である。この思い違いが、すべての不足・煩悶・苦悩の根元となっている。仏さまが、常に自分の周囲との真実を知れ、と教えられているのは、この苦悩の根を絶たせんがためである。柳里恭《りゅうりきょう》〔柳沢淇園〕の『雲萍雑志《うんぴょうざつし》』に、主人は、おのれが仁《なさけ》のおよばざるを歎きて、臣《けらい》の不忠なるを、はづべからず。
臣は、おのれが忠が及ばざるをなげきて、主の不仁なるを、うらむべからず。
親は、おのれの慈悲のおよばざるをなげきて、子の不孝なるを諭《さと》すべし。
夫は、妻の不貞を歎かずして、おのれの和の及ばざるを歎くべし。
妻は、夫の不和をなげかずして、おのれの不貞なるを、なげくべし。
朋友たがいに人の不信をなげかずして、おのれの誠の及ばざるを歎くべし。

と誡《いまし》めてあるが、私共の日々は、全くこれと逆で、親としての己の無慈悲を忘れて徒らに不孝の子を咎《とが》め、夫も、妻も、ただ相手の非を責むるに急で、自分の過《あやまち》を反省しない。他の非を裁くばかりで、自分の悪は少しも顧みない。たまたま目に余る大悪《だいあく》を行って、自分でも誤魔化し切れなくなると出来る限りの理窟をつけて之を正当化するに努め、中々その悪を認めようとしない。もし自らその悪を認めたら他から馬鹿にせられるばかりで、親の威光も、夫の権威も、失われてしまうだろうと心配して、我が非を覆うばかりで足らず、他の非を発《あば》いて、少しでも自分の立場をよくしようとする。そうなると、相手も黙ってはいない。お互に相手の欠点・悪事を数え合い、果てしなき泥仕合が展開して、家庭も、社会も、地獄と化してしまう。天上の星ばかり見て、我が足下を忘れた天文学者が井戸に落ちた話は、遠い昔話ではない。

この痛ましい現実こそ、私共を止観に導く赤信号である。これまで他に向けられていた眼を翻して自を見つめるとき、初めてその浅間しい鬼畜の姿が明らかになり、親に、子に、夫に、妻に、隣人に、朋友に、自分の非行を懺悔《さんげ》し、よくも今日まで人間扱いして下さいましたと、感謝せずにはおれなくなる。我が真実に目ざめて、どんなに見下げられても当然だと覚悟のできた自分は、意外にも、己をかこむ凡ての人から過分の慈愛を注がれ、敬意の払われていることを発見する。そして愈々《いよいよ》懺悔と感謝の念《おもい》を深くするばかりとなり、どんなに軽侮《けいぶ》せられることかと案じた取越苦労の愚さを思い出し、今更のように現前の境地を感謝し、満足せざるを得なくなる。止観の資材は、かように平凡な日常生活の小事の中にころがっている。その機縁こそ小事であっても、それを通じて自己の真実に眼《まなこ》を開かれた上は、汲めども尽きぬ法味が湧きでてきて、いわゆる、一生愛用して尽きぬものがある。

お伴、お伴

止観の機縁は、人生行路のすべての面に蔵《かく》されている。家庭に、職場に、車上に、街頭に、到る処に充ち満ちて、心ある人の活用を待っている。十余年前、愛用の古《ふる》自動車を駆って、西北部に行脚した際のことであった。「こんな自動車で加州《カリフォルニア》から?」と、シヤトルの道友を驚かした古フォードで千哩《マイル》に余る長途を行くのだから、中々気がもめる。幸に、交通が激しくなかったから、割合気楽に旅が出来たものの、それでも時折、坂道などで、大きな荷物自動車に先頭を抑えられて、そろり、そろりと行くより外《ほか》ない十数台の中にはまりこむ。前の自動車が、もっと機敏に、ぐんぐん抜いて行けばよいのにと、少し、いらいらしてくる。そんなに愚図愚図しているなら、お先に失敬してやれと、向うからくる車の絶え間をねらって、車の頭を少しねじ向けた所へ、意地悪く、先方からくる車の影が見える、慌てて引込める。その中に、後方の車が、お先にごめん、と威勢よく乗越して行く。いまいましがっている中に、前の車が急に停る。屹度《きっと》、先に乗り越した車が何処かへ無理に割り込んだぞと思っていると、果して先方から一台走ってくる。無理をせんでよかったと、ほっとする。それにしても、なんて、のろのろしてるのだろうと、いらいらしてくる。その時、ふと考えた。自分は今一人で旅をしているが、シヤトルには多くの道友が、途中事故なく着くようにと案じて下さっている。ランポークでは、家族が無事着の報《しらせ》を待っている。ここで僅かの時間をあせって、万一のことでもあったら申訳がないではないかと、あせる気持を、止観の機縁に代えることを得て、すっかり落着をとり戻すことができた。それからは、徐行を強制せられるたびに、「シヤトルでは皆さんが……ランポークでは家族が……」と繰返して、微笑の中に進み得ることを喜んだ。その中に、この長い文句をくり返すのが煩わしくなって、これを一句か二句に縮める工夫はないかと思いついて、色々考えてみる。ふと、思い当った。自分は今、前の車のお伴の地位にある。その地位を忘れて、無理に前に乗り出そうとすると、どんな輪禍《りんか》を引き起して、シヤトルやランポークの……とやってみている中に……。そうだ、お伴の地位を忘れねばよいのだと、以上の長文句を「お伴、お伴」の一句に縮め、徐行を強いられる度に「お伴、お伴」と唱えることにした。西北部旅行の往復はもとより、爾来《じらい》、常にこの「お伴、お伴」の活用を怠らないようにしている。

　こうして「お伴、お伴」と口にしていると、いつしか、自分を囲んでいる親しい人々、恩師、道友、家族等から加えられている厚い冥護《みえないおまもり》の程が偲ばれて、いつの間にか、お念仏が浮んできて、これ等のご恩の根本である如来の大慈悲《だいじひ》が、ひしひしと有難く感ぜられ、一しきり、報謝の念仏を称えさして頂くのが常となった。長い念《おも》いを盛った「お伴、お伴」の一言から、無限絶対の仏の智慧と慈悲をその中に丸めこんで下さった「南無阿弥陀仏」の一語に導かれ行く自然な移り変りの上に、象徴としての言語の深い味を思うと、又、新しく御名《みな》が浮んでくる。思いもかけず車上に得た止観の行は、罪業深重《ざいごうじんじゅう》の自身と、その悪人が重々のご恩の中心におかれている現実とに開眼《かいげん》さして頂く好因縁となり、「百《ひゃく》重千重囲繞《じゅうせんじゅういにょう》して、喜び護《まも》り給うなり」という諸仏の護念を身近に感じたことであった。それにつけても、物の実体は小事であることを、しみじみ有難いと思う。

一六、眼見と聞見（智慧の一）

見るということに二つある。眼見《がんけん》と聞見《もんけん》である。諸仏は、眼に仏性《ぶっしょう》を見ることは、掌中のアンマラ果《か》を見る如《なっ》くである。衆生は聞見するのであるから明らかでないが、若《も》し心に信を生ずれば聞見とは名けない。

――『大涅槃経《だいねはんぎょう》』――

雪の朝

ユタの高原トパアズのキャンプに入った最初の年の春の頃、ある朝、早くから子供達が騒いでいる。何事かと窓越しに見ると、昨夜の中に降った少しの初雪をいじって、大さわぎしているのであった。雪だるまや、雪合戦には足りないこの少しの雪に、何であんなに、はしゃぐのかと不審であったが、この少年達が、桑港《サンフランシスコ》や、オークランドのような一年中雪の降らない地方で育った子供たちだ、と気付いた時、これまで話で聞いたり、本を読んだだけで、まだ見たことのない真物《ほんもの》の雪を、初めて見たり触ったりした喜びのあまりの叫びだと知って、そのいじらしさに何となく胸せまる思いがしたのであった。大正の初め頃、桜の花盛りに、東京に時ならぬ大雪が降ったことがある。徳川末期に、井伊大老の暗殺せられた旧暦三月三日は大雪で、「落花《らっか》紛々《ふんぷん》、雪紛々」と伝えられているのもこんな風だったのでしょうね、などと市民が語り合っていた時、折から修学旅行で滞京中であった沖縄中学生の一行は、うまれて初めて見る真物の雪に大喜びで打興じたという話や、サイアム王室に家庭教師として招かれていた人が、雪の説明に困り果てたという話など、かれこれと、憶《おも》い出したことであった。

真実の智慧は、自らの体験のみから得られる。聞いたり読んだりして得た知識は、どんなに努めても、今一息という所で行き詰る。いくら上手に話しても、いかに詳しく書いても、真の智見に達し難い。雪は白い、砂糖のように白いというと、そんなら甘いかときく。氷の如く冷いというと、同じように固いかと尋ねる。雨のように空から降るというと、それでも絵で見ると空中に止ってるがという、とても困りましたと、南国で雪を教えた先生が話した。こんな疑問も、一度雪の降るのを見れば、雑作もなく片付く。「百聞は一見に如《し》かず」とは、即ちこれである。

眼見と聞見

釈尊は、この直接の体験から得る智慧を「眼見《がんけん》」と呼び、読んだり聞いたりして間接に得る知識を「聞見《もんけん》」と呼ばれた。見とは、見解という時の見で、智慧を意味する仏教独自の言葉である。釈尊が、一切の生命あるものには必ず仏性《ほとけだね》のあることを見出されたのは、この眼見を以てせられたのである如く、涅槃《さとり》に入《い》るにも、信仰を得るにも、皆この眼見によらねばならぬ。お経に書いてあるから間違いあるまい、あの先生が言われたのだから確かなものだというように、読んだり聞いたりしたことを丸呑みするのは聞見であって、火の熱さ、氷の冷さを、この自分の手で触れて知ったと同じ確かさがなく、火は熱いという ことだ、氷は冷いものだそうな、といった程度の噂話になってしまう。私共は、兎角《とかく》この安易な聞見に止《とど》まりがちであるが、真実の信心は、眼見によってのみ得られるのだから、聞見の世界、理窟だけ解った処に停頓してはならぬ。

この点になると、聴聞ずれのしていない二世や白人は、理窟が通っているだけでは満足しない。何でも、実地に感得できないと承知してくれないから、実は一番確かな道を進んでいる。これまで仏教に縁の薄かった一世も、二世流の進み方をしている人が多い。いずれも所謂、眼見の徒《ともがら》である。ところが、お寺参りを仕事にしている様な古参の仏教徒は、お経の文句や、先輩の信仰談を無条件に受け入れるに忙がしくて、これを自分の体験の上に再吟味しようとしない。止観《しかん》の行《ぎょう》を通さないから、教えと自分が別れわかれになって、聞見の世界から一歩もふみ出すことが出来ない。蓮如上人が、「ことばにては、安心《あんじん》（信仰）のとほり申候うで、口には、同じ如くに」述べてはいるが、それは聞いた通りを口にしたただけで、真実の信念に住《じゅう》していない偽者だから、本当の信者に「紛れて空しくなるべき人を悲しく覚え候」と言われたのも、先徳が、第一に地獄に落ちるのは僧侶、次は聞き分けた信者、と言われたのも、皆この聞見に止《とど》まった人々のことを指されたものである。

仏教入門

多くの人が、仏教に入《い》る門は、仏を知ることにあると考える。だから、仏とは何ぞや、仏は実際に居られるか、極楽（仏の住まれる国）があるか、地獄があるか、といったようなことが第一の問題となってくる。そこで、本を読んだり、話を聞いたりすると、或る所までは分るが、何だかぼんやりしていて捕えどころがない。元来、理窟の上に理窟を積み上げて作った空中楼閣なのだから、はっきりしないのが当然なのだ。そこで、仏を見せてくれ、地獄・極楽を見せてほしい。もし見せてくれねば仏教を信じないなどと、じれてくる。しかし、こんな無茶なことをいう人は、眼見を求めているのだから、まだ見込がある。理窟で積みあげた空虚な概念を後生大事に抱えこんで、分った積りでいる人は、聞見の世界に停頓しているから、真の仏教徒となる縁は却って薄くなっている。

元来、仏とは、人間ゴータマが最後に到着された世界である。すでに幼年時代、まだ生物の闘争を面白がる年頃に、何故に生物は害し合わねばならぬか、と悲しまれたといわれるほどの俊敏多感な、少年ゴータマであられた。その人が、成長と共に、人生の実相《じつのありさま》に目ざめ、生存・老衰・病気・死滅等の諸苦に縛られている現実から脱れる道はないかと、求め求めて、終《つい》に、妻子も、地位も、富もふり捨て、六年間、ただそのことのみにかかり果てた末、やっと、たどり着かれた決勝点が成仏である。だから、私共のように、朝から晩まで家業に追われ通しの身が、片手間仕事に、「仏とはなんぞや」と叫んで見た処で、見通しが付かないのは当然といわねばならぬ。

前にいった通り、仏は、釈尊求道の決勝点であった。その決勝点に対するものは、出発点である。出発点のない決勝点などの有ろう筈はない。しかるに、多くの人は、この見えすいた道理を忘れて、徒《いたず》らに決勝点入りのみにあせって、実は未だ出発点にさえ立っていないことを忘れている。私共は先ず出発点に立って、自分の進むべき求道の路程に入らねばならぬ。然らば、この仏教に入る門ともいうべき出発点は、一体何処にあるのであろうか。

人間性の藪の中

釈尊求道の出発点は、人間苦の自覚であった。生――生きてゆくこと――（心なき布教者は、「生れる苦」などと説くが）老、病、死は、昔も今も、将来も、すべての人の避けることの出来ぬ事実である。その日その日を生きて行くことさえ大変なのに、病気に備え、老後も考えておかねばならぬ。そんなに苦労するのだから、いつまでも生きておられるかと思うと、最後に待ちうけているものは、やはり死であることに変りはないが、死にたくないのが私共の腹の底からの願いである。私みたいな老病人にも「貴方が死んだら」とは書けないから、「大兄《たいけい》百年の後は……」と、大負けに負けて、百歳で死んだらといって下さるが、死にたくない私の心を、すっかり見抜かれているのには苦笑するが、悪い気もしない。人生七十古来稀なり、といわれておる位だから、万々一、百まで生きたら喜んで死ねそうなものだが、中々そうゆかぬらしい。もし、百になっても、私の心は、死にたくない、死にたくないと、言い続けるに相違ない。朝鮮事変の死傷者が多いために、トルーマン大統領の人気が落ちたのも、絶対平和を叫ぶ日本の左派社会党に人気があるのも、みんなこの死にたくないという願《ねがい》の反響に過ぎない。

その上に、この余り長くもない一生の中で、愛する者と別れる苦《くるしみ》、嫌な者にも笑顔で交ったりせねばならぬ苦《くるしみ》、欲しい物が得られない苦《くるしみ》、たまたま得たら、こんどはそれを失わないようにとの心配といったように、私どもの一生は、苦悩の連続である。私だって、何も好んで、こんな不景気なことは言いたくないけれども、偽らぬ現実に眼を閉じることはできない。先頃も、一婦人が「沢山の子供を育てる時には、随分つらいと思いましたが、その子供が成人した今の方が余程苦労が増しました、おむつのいった頃の方が、けっく気楽でございました」と述懐せられたので、「我が子のしわ面を見ながら、苦労の中に人生の幕が下りるのですよ」と答えて、お互に苦笑したことであったが、人間性に基づくこの諸苦だけは、万人に通ずる。現身仏《いきたほとけ》としての釈尊と私とでは、天地の相違であるが成仏以前《ほとけになられるまえ》の釈尊、即ち人間ゴータマとしての釈尊も、これらの事実に苦悩せられたことは、私と同じであり、しかも、この諸苦が求道の出発点であったのだと思うと、私も亦《また》、釈尊と同じ出発点に立ち得ることが知られる。

唯我独尊

お釈迦さまと同じ出発点に「立ち得る」ということと、同じ出発点に「立っている」ということとは、一見何の相違もないようだけれども、その間には、雪と墨ほどの違いがある。「立ち得る」ということは、立てる理窟だな、と理《わけ》がわかっただけである、聞いて知っただけである、聞見《もんけん》の人である。「立っている」とは、自分の生きた苦《くるしみ》の体験に現在立っていることである、道理や理窟を自分に生かしている。ただの「物知り」でなく、その奥底に潜む智慧に立っている。これが眼見《がんけん》の人である。

宗教は、自分が救われてゆく道である。もとより教えは万人に通ずる。しかし、その教を自分に生かさねば、救いの道は現われて来ない。救われる自分が、先ず、はっきりと把まえられない限り、教の門は開けて来ない。

たとい、百千万億無量《むりょう》の釈尊なり聖人なりよりも、私にとりては、この微妙《みみょう》な一片の見る影もなき哀れな自分自身がより尊重であります。その尊重なる自身を照見《てらしみ》するということは、私自身の出世本懐《うまれてきたもくてき》であるからであります。

——臼杵祖山《うすきそざん》『自然法爾《じねんほうに》』——

と、一生を真率な学道者として終られた臼杵先生は、自分自身の尊重《とうとさ》に徹底する必要を述べておられる。釈尊の誕生偈《たんじょうげ》として伝えられるところの

天上天下《てんにもちにも》 唯我独尊《われひとりとうとし》

というお言葉も、自己の尊厳さを示されたものと味わうべき一面があると思う。「見る影もなき哀れな」自分だけれども、すべての問題が、この自分のこととなり切って、始めて解決せられる。

詩人で小説家のピイテイ夫人が、思いもかけぬ急病のため愛児セリヤを失ったのは、フランス旅行中パリの客舎でのことであった。愛する者に別離した苦悩を、少しでもまぎらしたいと、野辺の送りを終ると、間もなく、プロバンス地方の旅に出た。しかし、悲しい胸に堅く抱いた亡きセリヤの面影は、行きつく先の山に、川に、はては、めぐり会う人々の上に浮び出て、別離の苦悩は増すばかりであった。或日、その地方特有の小山の辺りを

歩いていると、セリヤと同じ年頃の幼女を守している老婦人に出会った、物分りのよさそうな、感じのよい眼付の婆さんだと見とれている中に、その幼児が、よちよちと自分の足下にやって来て、にこにこしながらピイテイ夫人を見上げている。夢中でその子を抱きあげて、お婆さんの手に返しながら、「たったこの間まで、わたしにもこんな顔色のよい巻毛の可愛い子がいたのに」と、胸一ぱいの悲しい思いの中から言うと、その老婦人は、やさしい笑顔を見せながら、いなか言葉で静かに答えた。「だが奥様、子供ってものはね――どの子供も、みんなわたし達の所有物ではありませんけん」と。亡くなった愛児を心の奥深く抱きしめて、いついつまでも離さじと、もがいている自分の姿を、この老婦人の一言で、ピイテイ夫人はハッキリと見定めさせて貰った。「そうだ、所有欲が本なのだ。所有したい欲、一度所有したら離したくない欲、握ったが最後、開けることを知らぬ堅い握りこぶしのような心、その拳の中のセリヤは、もう其所《そこ》にはいないのに、なおも握りしめて止《や》めない自分」と、こう気付いた時、堅いこぶしは、いつの間にか自然と開けていたのであった。

握られたこぶしの中には、物の入りようがない。しかし、一度このこぶしが開かれると、その開いた掌には、あらゆる物が入り満ちてくる。現前の喜びはもとより、過去への追憶、将来への希望と数知れぬ宝玉が何時の間にか溢れてくる。飽くなき所有欲が苦悩の根元であることを、愚かな母に教えに来てくれた天使であり、善知識であったと気付いた時、不思議や愛児セリヤは、自分の魂の奥深い宮居に永久に生きていることが知られた。所有欲を全然断ち切ることは、もとより聖者でなくては叶わぬ事だろう。しかし、何人《なんぴと》も欲の握掌を今少しゆるめる心掛が大事だと、しみじみ感じたと、ピイテイ夫人は述懐している。「わが子」という言葉通りに、とかく子供を自分の所有物の様に考え、親の思い通りにしようとしがちな私共は、大いに反省しなければならぬ。出産のお喜びを言われた或信者は、「はいはい、またお同行《どうぎょう》さんを一人頂きまして」と答えたということだが、私共は、親子であると同時に、同じ仏の道を行く信者同士であり、各々独自の人格を有する一人一人であることを忘れてはならない。我が子に対する度を越えた所有欲が、一世と二世の間の悲劇の因となりやすい現時だから、特にこの点に注意しなければならぬ。かように、すべての苦悩の根元は所有欲―貪愛《とんあい》であり、その欲の満されぬ所に瞋《いかり》と憎みが生れる。しかしてこの所有欲も、瞋も、憎みも、愚痴から生ずる。この欲と、瞋と、愚さが、私共の生をさいなむ三つの毒物であると、仏は教えられた。そのことは道理としては誰にもわかるが、私がこの三毒《さんどく》の主だという自分自身の体験がない限り、この毒物の始末はつかない。ピイテイ夫人は、最愛の幼女に先だたれた悲しさから、所有欲そのものになり切っていた折しも、親切な老婆から、その急所を突かれたので、貪欲《とんよく》の化物ともいうべき自分の姿を正《しょう》見《けん》することができたのだ。夫人には、愛別離苦《あいしたものにわかれるくるしみ》が、現実の生きた問題、即ち眼見の境地であった。さればこそ、所有欲の権化としての自分が正見せられ、そこから眼見の智慧が閃めいて現実に感じ得る救済の門が開かれてきたのだ。自分の生きた問題をもつこと、生きた自分に徹することこそ、正見正智《しょうけんしょうち》の源泉である。

行鏡

病に応じて薬が与えられる。病気の診断は決定した、それに対する一番よい薬が与えられた。ところが病気は少しも快《よ》くならない。どうも変だなあと験《しら》べてみたら、病人はその薬を少しも飲んでいなかった。こうと分ったら、人はその病人の愚を嘲笑するだろう。しかし、心の病について、私どもは常にその愚を繰り返している。心の病の根本は所有欲（貪欲《とんよく》）にある、と診断せられた大医王釈尊は、その欲を退治する妙薬として布施《ふせ》を示されたが、悲しいかな、良薬口に苦く、中々用いようとしない。たまたま飲んでも、飲み方がわるい。施して施したることを忘れよと、特に服用方を注意してあるのに、うっかりして、たまにした僅かの施《ほどこし》を、いやになる程よく覚えていてお礼でもいわれないと、何か不足を感ずる。少しも服用方が守られていない。之では与えたとは表面だけで、実はまだ我が拳の中に堅く握りしめているると同じだ。それを「与えた」「施した」と思っているから、二重の間違いをしていることになる。布施を実行してみて、始めて自分の所有欲（貪欲）の根強さが知られ、とても断ち切れるものでないことに眼が開いてくる。この欲の為に、自分も苦しみ家族はもとより、多くの人を苦しめているのだから、何とかしなくてはならぬと百も承知しておりながら、それが出来ない。自分のこの醜い真実の姿が、布施を行じてみて、やっと少しずつ明らかになってくる。かくて布施行は、赤裸の自分を見せて下さる鏡であることが知られる。仏が戒められたあの、殺すな、盗むな、うそつくな、邪淫をすな、酒に溺れな、という人間の道の基になっている五つだけでも、これを行ってみると、とても実行できないことがわかる。即ち、持戒の行の鏡に写して、始めて自分の不道徳な姿が知られてくる。この布施と持戒の二行《にぎょう》を、できる限り忍辱《しのび》と精進《はげみ》を以て努力した上で、自分の通って来た跡を静かにみかえすと、今更のように、自分の無力さ、愚かさ、醜さを理屈ぬきに承知せざるを得なくなり、ここに始めて自己の真実を見る智慧が生れてくる。六度《ろくど》の最後におかれている智慧《ちえ》は、布施《ふせ》、持戒《じかい》、忍辱《にんにく》、精進《しょうじん》、禅定《ぜんじょう》の五つを真剣に実行した体験からにじみ出て生命の充ちた智見となり、疑を超えた眼見となり、絶対の正見として自分に生きてくる。

六度の逆用

元来、六度は菩薩の修する行である。菩薩とは「成仏の志ある有情《いきもの》」という意味で、広く解すれば、仏教徒ということである。だから、いやしくも仏教徒である限り、六度修行に生きなければならぬ。幸にして成仏の理想を実現し、忍辱《しの》び精進《はげ》みて布施と持戒を行じ得る方々には一歩一歩聖者の位に上り行く者としての自己が正見《しょうけん》せられ、悟りの智慧の世界が開けてくることと思うが、残念ながら、私には、辛うじてその境界の片はしを聞見するだけで、絶対に眼見することを許されない。聖者への道とせらるる六度の行を力《つと》めれば努むるほど、自分の無能さ、無力さが明らかとなって、上り行く為の修行により、自分の価値をいかに高く買いかぶっていたかということに気付かせられ、上るつもりでふみ出した自分は、逆に下り下りて、凡中《ぼんちゅう》の極凡《きょくぼん》、愚中の極愚《きょくぐ》、悪人中の最悪の座こそ、私の着くべき位地だと知られてきた。しかし、この悲痛な行道《ぎょうどう》を歩一歩通って来たことによって、始めて自分についての真実の智見は生れ、何一つ善と名づけられることが出来ぬ私、悪という悪、罪という罪を一つ残らず具えている私自身が判然と見えてきて、「煩悩具足《わるいことでいっぱい》」とか、「罪悪深重《つみとがふかくおもし》」とかいう文字は、自分一人のために用意せられていたのだと覚らせて貰うことができた。この自覚は、実地に通り過ぎて来た事実から生れたもので、誰が何といっても、疑うことのできぬ、動かすことのできぬ真実である。上り切って入るのだとばかり思っていた智慧の世界が、下り切った底に、私の為に用意せられてあったのだ。最上と最下《さいげ》、それこそ天地の相違であるが、真実の智慧の作用は不可思議である。この極悪低下《ていげ》の凡愚《ぼんぐ》の自覚の底に、仏の智慧光《ちえこう》が輝きいでて下ったのだ。自分の所有欲に目が覚めた時に、握り拳は自然に開けて、無尽の宝が掌の中にあった、というピイテイ夫人の心境は、ここである。真実一路の人であった釈尊は、愚人の愚というは、むしろ智者にて、愚人の智者と名告《なの》るぞ、真の愚者なれ。

——『法句経《ほっくぎょう》』愚闇品《ぐあんぼん》——

と教えられた。自分の愚かさを忘れて、己こそ智慧者と思い上っている真の愚者は、永遠に虚偽の闇室に繋がれる。しかし、その愚者が、分相応の愚者の座に着く時、久遠の暗は破れて、真実明《しんじつみょう》の世界が開かれる。とはいえ、朝から晩まで偉くなりたい、偉いものと見て貰いたい、という思いに、ひたりきっている私共には、痴愚の己を知ることは、難中の難である。

法律語に情状酌量というのがある。罪を犯すに至った経路をよく調べて、家庭や社会の事情がここまで追い込んだので、犯罪には相違ないが、その境遇上、同情すべきものだとわかると、裁判官が、その刑を軽くしてやることをいうのである。だから、情状酌量による減刑の第一要件は、犯罪当時の事情を明らかに知ることである。ところが自分のことは自分が一番よく知っているから、自分が行った罪悪については、根限《こんかぎ》り情状酌量をやる。自分勝手に、何とか、かとか、理屈をつけ申訳をするから、何時《いつ》でも罪が罪にならない。反対に、他人のことは分らないから、その表面だけを見て罪の量定をする、決して情状酌量をしない。こうして、親も、子も、夫も、妻も、友人も、みんな悪人罪人にしてしまうが、自分だけは情状酌量のおかげで、罪人とならない。ここに虚偽の第一歩がある。私共は、自分の所行に対して、惨酷《ざんこく》なほど冷静に判断の眼を向けねばならぬ。よほど厳しくやった積りでも、まだまだ情状酌量をやっている。こうして厳密な自己省察の道に就くと、布施も、持戒も、少しも行ぜられていないばかりか、その布施や持戒が機縁となって、新たに罪を重ねている惨めな自分が浮き上ってくる、己の醜さが明らかになればなるほど、かかる愚かな者、醜い者が、そのまま仏の大慈悲《だいじひ》の中に生かされていることが知らされて、その御親《みおや》の御名《みな》を呼び、南無阿弥陀仏と、おのずからに称えずにはおれなくなってくる。

古来、聖者の道と伝えられ来《きた》った六度の行は、真実の智慧に入《い》る門として、全仏教徒のために開かれている行道であって、悪人は悪人のまま、愚者は愚者のまま、偽らぬ真実を眼見する道であることが知られる。この六度の行を日々の生活に生かす事こそ、我等全仏教徒の念願でなくてはならない。

一七、自力本願、他力本願（智慧の二）

若し、私が仏となる時、十方《すべて》の人々が至心《まごころ》に疑なく信じて、私の国へ生れようと欲《おも》い、少なくとも十《と》たび念《こころ》がけて、而《しか》も生れることが出来ぬならば、私は覚《さとり》を得ぬであろう。但し、五逆罪《いつつのだいざい》を造るものと、正法《みのり》を誹《そし》るものとは除く。

――『大無量寿経《だいむりょうじゅきょう》』――

人間性の真実

近頃よく、他力本願《たりきほんがん》では駄目だ、自力本願《じりきほんがん》でなくては、という言葉を聞くが、これは他人を当てにしては駄目だ、何でも自分でやらなくては、というだけのことで、もとより親鸞聖人の用いられた他力とか本願力とかいうことを、少しでも考えた上での言葉ではないのはいうまでもない。併《しか》し、この自力本願という語のもつ魅力の中に、千古不変の人間性が顔を出していることは見逃せない。

何でも自分でやりたい、他人の御厄介になりたくないというのが、万人が腹の底から願う所である。裸一貫、腕一本でこの身上《しんしょう》をたたき出しましたと、見得を切りたいのが正直な所で、誰も本心は自力本願である。個人も、団体も、国家も、皆この願《ねがい》を基にして動いている、近頃ソビエット露国《ロシヤ》が蒸汽機関も、電気も、自動車も、飛行機も、みんなロシヤが発明したものだと宣伝しているのなどは全くこの自力本願心の表れであるといってよい。この何でも自力でやりたいという根性から、いつの間にか、何もかも、己の力だ、己のおかげだと思い上って、一家の中でも、亭主関白と主婦大明神との権力争が潜在するようになる。

皮肉なことは、自力《じりき》でやり切れなくなった時、この人間性が最もよく味われることだ。どうにもこうにもやり切れなくなって、借金より外に道のなくなった時など、殊《こと》にそうである。誰でも、買物と同じ気軽さで金借りには行けまい。見当つけた友人の家を二度も三度も行き過ぎて、やっと決心して入っても、中々話を切り出しにくい。時には言い出せないで帰ることもある。できることなら自力でという性根が、容易に頭を下げさせせないからである。

内田《うちだ》信也《しんや》といえば、第一次世界戦争の成金として有名な人で、中々な孝子であった。東京に両親を迎え、邸宅・家具は元より、気のきいた召使に至るまで、最善を尽して孝養に努めたが、なお至らない所あるを恐れて、世事に通じた友人に相談すると、「お小遣を現金で渡しているか」と聞かれた。「衣食住の全部に善美をつくしてある、金が要《い》れば何時《いつ》でもあげる、今更お小遣でもあるまい」というと、「何でもいいから、百円でも二百円でもあげてご覧」と、たっての勧めに、その通りすると、両親は相好《そうごう》をくずして喜ばれた。友人にその旨を語ると、「その筈だよ、たとい我が子でも、お小遣を呉《く》れとは言いにくいものでね」と笑って答えたという話である。親子・夫婦の間でも、「金を下さい」と気軽にいえない所に、自力本願の人間性が頭を出していることが知られる。一世と二世との不和の原因も、多くは、この人間性を見失った所にあるのではないかと思われる。

人間性に順応

あらゆる仮定と推論をしりぞけ、常に真実によりて道を求め、道を悟り、道を説かれた釈尊は、すべてを自力でというこの人間性を、その教の上に生かされた。仏道の修行は全部自力である。施《ほどこし》・戒《いましめ》・忍《しのび》・進《はげみ》・定《じょう》・慧《ちえ》の六度《ろくど》も、正見《ただしいみかた》・正思《ただしいおもい》・正語《ただしいことば》・正業《ただしいおこない》・正命《ただしいせいかつ》・正精進《ただしいはげみ》・正念《ただしいねんりき》・正定《ただしいちえ》の八聖道《はっしょうどう》も、皆自ら勤め励みて修むる道である。己が己がという我慢な心、勝他《ひとにかちたい》の思を、すっかりふり捨てて、他に向けていた眼をひたすら己に注いで、自分の救われる道をまっしぐらに自力で修行するのが仏法である。だから、私共成仏《わたくしどもほとけになりたい》の志願《しがん》に生くるものは、先ずこの自力の行をやりぬくべきである。

阿弥陀如来は、その無限の大慈悲《だいじひ》を以て、あらゆる生物を仏と成らせたいとの大願《だいがん》を建て、ついでその願《ねがい》を実現するに足る能力を積み上げて、今、現に、大悲の行にかかり果てておられる仏さまである。その願《ねがい》を本願《ほんがん》と呼び、『大無量寿経』には、これを四十八《しじゅうはち》に分ち説いてある。この仏の衆生救済の計画ともいうべき本願が、永劫《ながいじかん》の修行によりて、設計通りに成就し、今や、全世界に充ち満つる救済の仏力を、本願力《ほんがんりき》とも他力とも称し、或は本願他力とも名づけられている。かくまで他力の救済を主眼とし給う阿弥陀仏は、その四十八願《しじゅうはちがん》の第十九に、

十方《すべて》の人々が、成仏《ほとけになる》の願《ねがい》を発《おこ》し、諸《もろもろ》の功徳を修めて、私の国に生れたいと念《おも》えば、必ず我が浄土に迎えん。

という願《がん》を起しておいでになる。四十八願中、我等の成仏を内容とする願《ねがい》は唯だ三種であるが、その一つが自力修行による成仏であることは、誠に意義の深いことで、仏の大悲《だいひ》は、先ず人間性の至奥に順応し給うことを知るべきである。この至らぬ隈なき大慈大悲の仏心に答えまつるため、出来ることなら自力でという自性《じしょう》を全面的に発露して、まず自力の行に生きぬくべきである。

自力と真宗

然《しか》るに、他力本願を信ずる真宗教徒は、他力という文字に固執する余り、非常識と思われるまでに自力《じりき》を嫌っている。こうしたら自力になりはしないか、これでは自力が混じりはしないかと、神経過敏にせんさくして、自分の知識で詮議しているために、その詮議そのものが自力だということを忘れがちである。私が米国に来た頃、ある年の開教使会議で、儀式に就ての研究と打合があった。この国では、仏教徒の総ての集りに、先ず帰敬文《ききょうもん》を読《どく》誦《じゅ》するのであるが、その終りにある「願くはこの功徳を以て平等に一切に及ぼし、我等と衆生《しゅじょう》と皆共に仏道を成《じょう》ぜん。南無《なむ》十方三世一切常住《じっぽうさんぜいっさいじょうじゅう》、三宝哀愍摂護《さんぼうあいみんしょうご》し給え」という廻向文《えこうもん》を、唱えるかどうか、という事が問題になった。その時、多くの人は、「唱えないがよい、自分は現在この文《もん》は省いている」とのことであった。その理由を質《たず》ねると、「あまりに自力臭いから」という。それでは仏事の際に最もよく用いられるところの「願以此功徳《がんにしくどく》（願わくはこの功徳を以て）平等施一切《びょうどうせいっさい》（平等に一切に施し）同発菩提心《どうほつぼだいしん》（同じく菩提心を発《おこ》して）往生安楽国《おうじょうあんらくこく》（安楽国に往生せん）という廻向文も読みませんか」とただすと、「それは唱えています」という。「それでは、この二つは何処が違いますか」ときくと、「内容は同じだ。然《しか》し漢文ならよいが、日本文だと、自力の臭みが出すぎて会衆を惑わすから」とのことなので、「日本文で悪いことなら、漢文でもよくない筈ですが」というと、返事がないので、討論終結。つまり、使うか使わないかは各自の自由で、けりがついた。漢訳仏典の棒読が如何に仏教を毒しているか、自力の毛嫌いが如何に真宗を禍いしているかということを示すものとして、今日、なお、記憶から消えない一例である。

この二つの廻向文中にある「功徳」とは、読経とか、説教とか、集会とかの功徳ではなくて、かかる行事を修めしめ給う仏の大功徳《だいくどく》であることは、改めていうまでもあるまい。この功徳を一切衆生に被《こうむ》らしめたいとの願である。仏の大悲を伝えて、普《あまね》く一切衆生を教化せんという純然たる仏力（他力）を讃える一文である。それを無自覚の中に、読経の功徳、讃嘆の利益《りやく》功徳と解しているから、何か、わだかまりが出来るので、この見方の中に、却って他力を傷つける自力的見解が潜んでいるのを見失うてはならぬ。「涼しさや弥陀成仏のこのかたは」とか、「涼しさに弥陀同体のあぐらかな」とかいったような法悦の句を多く残した念仏行者、俳諧寺一茶《いっさ》は、こうした他力の衣の下にかくれている自力の行人《ぎょうにん》に対し、その『おらが春』の中で、

他力信心〳〵と、一向に他力にちからを入れて頼み込み候輩《そうろうともがら》は、つひに他力縄《たりきなわ》に縛られて自力地獄の炎の中へぼたんとおち入り候。その次に、かゝるきたなき土凡夫《どぼんぶ》を、うつくしき黄金《こがね》の膚になし下されと、阿弥陀仏に押し誂《あつら》へに誂へばなしにしておいて、はや五体は仏染《ほとけじ》みたるやうに、悪《わ》るすましなるも、自力の張本人たるべく候。

と鋭い警告を残している。他力他力と口にし乍《なが》ら、実は、すっかり自力の行者になっていて、しかも、そのことを自覚しない人々を憐む親切な教と言うべきであろう。

偽装的他力の禍

一茶の所謂、「他力縄に縛られて」他力他力と口にしながら実は自力をつのっている人や、自分の独り合点で救済を仏さまに押付けておいて、これでよいのだとすましている「自力の張本人」たちほど、気の毒な人はない。自力を自力と知って努力する人は、他力に眼ざめる機会もあるが、他力と信じ切って自力を行じているのだから、その他力の偽装であることは中々分らない。自分の真実を把むということが、求道の始《はじめ》・中《なかば》・終《おわり》をかけて、常にその根底とならなくてはならぬ。それだのに余りに、他力他力と他力に執《こだわり》じて、自力に陥ることを恐れる為、却って偽装的他力に禍せられて、自力の渦の中に吸込まれている自分を忘れてしまう。すでに真実の己を見失ってしまったのだから、これでは、金剛《こんごう》の信心の発《おこ》り得ようわけがないではないか。

そもそも、こうした間違のもとはといえば、救済の機構の理屈だけを知って、絶対他力でなくては救われないのだ、自力無効だと、何が自力か、何が他力かの実体も把まずに、騒ぎ廻る所から起ってくるのだ。他力とは如来の本願力《ほんがんりき》である。如来が知られて、始めてその本願力が味われる。だから真実に他力の知られるのは、求道の最後の段階であって、それまでは唯だ自力あるのみだ。人間の自然に持っている「出来ることならこの腕で」という思いばかりである。仏が、その本願に自力修行者の成仏を誓われたのも、万人に通ずるこの人間性を見抜かれたからのことで、それを機縁とさせようとの大慈大悲から起ったことである。私共は、徒《いたず》らに自力を恐れ、自力を嫌わないで、仏の示された修行道を進み、先ず自力の行に精進すべきである。かくて、力の限り自力のあくぬけをすることだ。もし徒らに自力という言葉にこだわり、他力を口にし乍《なが》ら実は自力に執《とら》われつつ成仏の好《よ》き機縁を失うようなことでもあれば、救済の三願中に、わざわざ「自力修行による成仏の願《がん》」を加えて下った仏の大慈大悲をば無にするものといわねばなるまい。

自力の尽きる処が他力

釈尊が、在家仏教徒の修むべき道としてお教えになったのは、施《ほどこし》と戒《いましめ》と省慮《かんがえてみる》であった。朝から晩まで富と名と権勢を追うて暮す私、得《え》ざれば得んとあせり、得《う》れば失わじともがき乍ら、その貪欲《むさぼり》の泥の中に生きていることに気付かぬ私に、仏は、まず施《ほどこし》を行え、他《た》に与えよと教え給うた。墨の黒さは雪の白さと並べて初めて明らかになる、施《ほどこし》の行を努めてみて初めて欲の深さを知れよとの思召《おぼしめし》である。かくて、少しく自分の真実に目ざめた私に、人間として正しく生きる道として示されたのが戒《いましめ》である。殺すな、盗むな、妄語《うそ》をいうな、邪婬《ふぎのまじわり》をすな、酒に溺れな、という五戒が、我々平信徒《ひらしんと》の先ず守るべき道である。而《しか》して、この施《ほどこし》と戒《いましめ》が実行せられているかどうかを常に反省せよとの教が、第三の省慮である。

昔、中国に、法は三章にて足るといった帝王があった。法律が多ければ多いほど犯罪は増してくる、法律は三つもあれば沢山だ、ただその法を守らすようにする政治が大切だというのだが、教えもその通りで、あながち多きを要せぬ。ただその教の実行が大切なのだ。いかに尊い教えでも、自分の生活に活かさない限り、全く死にものである。教に生きて、初めてその教から生命が与えられる。しかし、この離れ離れになり勝な教と生活を、ない合わして一つにしてゆくことは中々に難事である。その実行には、一方《ひとかた》ならぬ忍と励を要するぞと、仏さまはお示しになっている。

阿弥陀仏は、その願《がん》に、「諸《もろもろ》の功徳を修めて、仏の国に生れんと願う者」と仰せられた。その功徳の内容は、施・戒・忍・励（進）・省慮《かんがえてみる》（定）及び、それから生ずる慧《ちえ》の六つ、即ち六度《ろくど》である。出来ることなら我が力でという自力我慢が、腹の底にうずうずしている私共は、仏が、特にその者のためとて開いておいて下された「諸の功徳を修《しゅ》する」門を、第一に叩くべきである。

こういうと、親鸞聖人でさえ自力は駄目だと言われたではないか、それに私共が今更自力を試すまでもあるまいと思う人が、きっとあるに違いない。しかし、ここに私共の間違の第一歩がある。親鸞聖人は、二十年、一心に自力の修行に努められた後、終にその無効《むこう》を体験した方であるが、聖人さえ自力で行けなかったのだ、まして私等に叶うわけはないなどという人には、決して自力無効の体験など得られておろうわけはない。自分で砂糖をなめてみて甘いというのと、自分ではなめないで、なめた人が甘いというのを聞いて、砂糖は甘いというのと、言葉は同じだが、中身には天地の違いがあるように、いくら聖人の口真似をして、自力無効を叫んでも、自分で生きた体験が欠けているのだから、何の役にも立たない。信仰の筋道はよく得心しているくせに、何となく不安がある、何か物足りない。不真面目な人は、聖典の文句なんか引っぱってきて、その不安を、なんとか誤魔化してゆくが、真面目な人は、その気がかりを無くしたいと、一心に話を聞き、本を読む。こうした聴聞とか、読書とかいう変態的自力を十年二十年と熱心に労《はげ》んだ末に、親鸞聖人と等しく自力の叶わぬことに眼《まなこ》が開いてくる。しかし、自力と知らずに自力を尽しているのだから、随分と無理もあり、無駄もある。むしろ私共は、最初から自力の道、第十九願の道に志すべきであると思う。この平信徒に課せられた三事を、忍び励んで努めてみると、施《ほどこし》も戒《いましめ》も行えぬ自分に、ぼつぼつ気が付いてくる。こうして、自力の尽きた所に開けてくるのが、他力の門である。

半自力半他力

施《ほどこし》もできぬ、戒《いましめ》も守れぬと、おぼろげながら知られてきても、出来ることなら己の力で、という自性《じしよう》は決して無くならない。そこで全部自力だけでは行け相《そう》もないが、自分も全力を尽すから、足らぬ所を他力で補って貰う方法はないものかと、自然に、半自力半他力の道を求めるようになる。私共の心の動きを隅から隅まで御承知の阿弥陀如来は、この求《もとめ》に応ずる道を、救済の三願中に開いて下さっている。四十八願中の第二十願に、

十方《すべて》の人々が、私の名を聞いて、私の国に念《おもい》を係《か》け、諸《もろもろ》の徳の本《もと》を植え、心を専《もつぱら》にして、それを捧げて、私の国に生れたいと願えば、必ずその思《おもい》を果し遂げしめる。

と仰せになっているのが、それである。「諸の徳の本」とは、「南無阿弥陀仏」の名号であり、「植える」とは、この名号を称《とな》えることである。施《ほどこし》も出来ず、戒《いましめ》も守れないが、毎日何千べんか、何百ぺんか、一心不乱に、この名号を称える自力に、仏の力を加えて成仏さして頂く道である。

これなら私共にも出来そうであるが、さて実行してみると、こんな簡単なことさえ成し遂げ得ない自分だとわかってくる。私の友の一人に、「全部他力では何だか莫然としている。少しでも自分の行が加わっていると、何か手がかりがあるから、僕は二十願でゆく。しかし、日々何万返《べん》は愚か、何千返《べん》も称えられそうにないから、一日五百返《ぺん》の念仏を称えることにする」といって、神妙にその行を続けていた男があった。五年ばかり後に、重い

腸チブスに罹《かか》って、一週間ばかり人事不省になった。正気にもどった時に、この一週間、一日五百ぺんの念仏を称えていないことが気がかりになった。不可抗力だから仕方がないと許す心と、行は破れた、これで凡《すべ》てが破滅だ、という心とが入乱れている中に、そうだ、これだけのことさえ為し遂げ得ない自分だったのに、と気付いた瞬間、覚えず浮んだ念仏に救われた。念仏一ぺん称えることさえ他力のおん催《もよお》しであったのだと、自力無効に徹底した男がいる。

教《おしえ》を我が行動に移して、初めて自分の能力は明らかになってくる。せめて、朝夕仏参《ちようせきぶつさん》の十分か二十分丈《だけ》でも雑念を交えないで、観仏三昧《かんぶつざんまい》、念仏三昧に過したいと時々思うけれども、十分、五分はおろか、ただの一分も正念に住《じゆう》し得ない、一心不乱になれない自分の惨めな姿を、その度ごとに新しく見出すばかりで、自分の無能無力のほどが、ほんとに知られてくる。

愚かさに徹せしむるもの

忍び励んで施《ほどこし》を行じ、戒《いましめ》を守らんとして果し得ず、南無阿弥陀仏と称うる行による救を求めて、また、これに破れた自分は、この失敗により、この体験を通じて、終《つい》に自分の真実の姿を見つめずにいられなくなってきた。かくて、見れば見るほど愚かな自分である、思えば思うほど無能無力な自分であると気づくと同時に、その愚の自覚の底に、この愚に眼《まなこ》を開かして下さった大慈悲と大智慧が照り輝いていて下さることが明らかになってきた。
仏教では痴愚《おろかさ》を暗《やみ》で、智慧を明《あかり》で表してあるが、暗の中にいて暗を知ることはできない、暗が暗と知られたのは明りが来ているからである。いま愚中の極愚《ごくぐ》、悪人中の極重悪人《ごくひどいあくにん》と気が付いたのは、気づかして下った仏さまが、今まで、自分についていて、離れて下さらなかったなればこそである。この大事実に眼《まなこ》を開けさして貰ってみると、ただその御恩を感謝し、仏の本願力の中に置かれながら、あれこれと、小言を並べて来たことを慚愧するばかりである。
私の痴愚《おろかさ》と無力を知り抜き給う仏は、最初から無条件の救済、絶対他力の救済より外に、私を救う道はないと知っておられたが、私の自力をたのむ強情我慢心の廃《すた》らないことをお見通しなさってその自力の棒を使って私を打ちこらし、自力無効を知らせるために、救済の三願中に、自力により仏となる第十九願と、半自力半他力により仏土に入《い》る第二十願とをお開き下されたのである。しかし仏の御本意は、もとより絶対他力の救済にあるのだから、
十方《すべて》の人々が、至心《まごころ》に疑なく信じて、私の国に生れようと欲《おも》い、十《と》たびも念じた者は、必ず生れしめる。但し、五逆罪《ごぎゃくざい》を造るものと、正法《みのり》を謗《そし》るものは除く。

という無条件の救済、即ち「諸《もろもろ》の功徳を修《しゅ》する」とか、「徳の本《もと》を植える」とかいう条件のない救いの門を、救済の三願の真初めにお開き下された。これが第十八願である。

この願をみるに、始めに条件のない代りに、終《しま》いに、父を殺し、母を殺し、仏を傷つけ、聖者を殺し、平和を破るという五つの重罪を犯し、仏法を謗る者を除くという制限が付いている。無条件の救済を宣言する第十八願に、この制限のあることは大いなる矛盾ではないかという疑問も起るに違いない。しかし、人間には、「わしの力で」という願《ねがい》と共に、出来るだけ楽に行こうとするずるい念《おもい》がある。そこから、絶対他力という言葉を丸呑みして、ただのただとは、こんなうまいことはないではないか、これに限ると、他力によらねば仏になれない己の愚かさ、弱さ、醜さを覆うて、ただ徒らに他力にすがるといった彼《か》の「他力縄に縛られる」迷妄《まよい》の輩《もの》が生れてくる。五つの重罪を犯してはいないか、仏法を罵ってはいないかと、仏は之を悲しみ憐みたもうて、反省の冷水をかけて下さる。それが、この制限である。この烈しい仏語によって、よい気になっている自分を反省し、これではならぬと、善を行ずる第十九願に入り、次《つい》で念仏一筋の第二十願に進んだが、その総《すべ》ての門の閉されている自分であることに気付いた時、再び第十八願の絶対他力に帰らずにおれなくなる。あらゆる試練に落第してきてみると、第十八願の制限は少しも邪魔にならぬ。親鸞聖人は、その主著『教行信証《きょうぎょうしんしょう》』に、第十九願より第二十願に、第二十願より第十八願に転じて、他力信心を歓ぶ身となったと告白しておいでになる。この道程が三願転《さんがんてん》入《にゆう》の語で呼ばれている。

智慧光の照破

人間性の根底に潜むところの「できれば自力で」という願いに順応して、施《ほどこし》・戒《いましめ》・忍《しのび》・進《はげみ》・定《かんがえ》によって証《さとり》の智慧に到らんものと、上に向って出発した筈の自分が、行けば行くほど、この道を進み得ないことを知らされ、却って下に向って逆転の一路をたどり、どん底に落ちこんだ。そのとき、不思議や、足下から輝き来る如来の智慧光《ちえこう》に照破《てらしやぶる》せられて、自己の真実と如来の真実とに徹する身とならせて頂く。ただ心に教えを思い、口に教を語るだけでなく、之を身に行って来たこと、即ち、一生懸命に教を日々の生活に活かしたいものと努めてきた、この実際行《ぎよう》が鍵となって信仰の室が開いたのである。この行の鍵は、極めて小さく大変お粗末なものであったが、戸を開く用には立ってくれた。而《しか》して、今から思えば、この鍵も、自力より半自力半他力に、半自力半他力より絶対他力へと、三種の門を開いて、私を転じ入らして下さった如来の賜物であったのだ。

衆生をしつらひたまふ。しつらふといふは、衆生の心をそのまゝをきて、よき心を御《お》加《くわ》へ候ひて、よくめされ候。衆生の心を皆とりかへて、仏智ばかりにて、別に御《おん》みたて候ことにてはなく候。

という蓮如上人の仰せが、思い合わされることである。

仏の智慧光のお照らしを蒙《こうむ》ってみると、これまで己の力だと威張っていたものが、みんな賜物《もらいもの》であったことが知られてくる。この身体は父母から与えられたもの、衣食住の資材は天地自然の賜物、その資材を化成《こしら》え調整する親疎遠近の一切の人々のおかげ、貰物というそのことが知られたのは、仏とその教（法）と、同信の方々（僧）即ち、三宝《さんぼう》の働きであったと、判然と分ってくる。そして、この大恩《だいおん》に報ゆるために、これまでと全く違った心持で、清く、正しく、生きたいと願わずにはおられなくなってくる。信後《しんご》の報謝の行は、ここから生れてくる。俳諧寺一茶は、先にあげた一文の続きに、

ただ自力他力なんのかのいふ、あくたもくたを、さらりと、ちくらが沖へ流して、さて後生《ごしよう》の一大事はその身を如来の御前《おんまえ》に投げ出して、地獄なりとも極楽なりとも、あなた様の御《おん》はからひ次第、あそばされ下さりませと御《おん》頼み申すばかりなり。斯《か》くの如く決《けつ》定《じよう》しての上には、南無阿弥陀仏といふ口の下《した》より、欲の網をはるの野《の》に、手長蜘《ぐも》の行ひして人の目をかすめ、世渡る雁のかりそめにも、我田《わが》へ水を引く盗み心を、ゆめ〳〵持つべからず。然る時は、あながち、作り声して念仏申すに及ばず、願はずとも仏は守り

たまふべし。是則《これすなわち》、当流の安心《あんじん》とは申也。穴《あな》かしこ。

ともかくもあなた任せのとしの暮

——『おらが春』——

と、信後の生活について教えている。

親鸞聖人が、晩年、京都から関東の弟子に送られた手紙に、

もと盗心《ぬすみごころ》あらん人も、極楽をねがひ、念仏を申すほどの事になりなば、もとひがうだる心をも思ひなをしてこそあるべきに、そのしるしもなからん人々に、悪、苦しからずといふ事、ゆめゆめあるべからず候

——『末燈抄《まっとうしょう》』第十六通——

と仰せになっている。仏の光に照らされて、善を作《な》さんとの思いが自然に生じて来ることを示されたものと思う。

行の二用

仏の智慧と慈悲に目ざめない間、即ち入信前は、諸《もろもろ》の善を作さんとする行が、我が身を写す鏡としての用《はたらき》をなし、入信の後は、諸《もろもろ》の恩に報ゆる報謝行《ぎょう》たる用《はたらき》と変ってくる。しか

も、痴愚《おろか》さには少しの変りもないのだから、いくらあせっても、小善《ちいさなよいこと》だになすことが出来ぬ。為すべきことを果し得ぬ不甲斐なさに気付いては、懺悔《さんげ》と慚愧の頭を下げると同時に、そんな私が、仏の光明海中に生かされていることを感謝し、新たな力を与えられて、我が生活行《ぎょう》の革新に努めて行く。ここに、念仏者の歓喜に溢れる元気な人生は展開されてくる。

また、できることなら我が力で、という久遠の昔からの人間性も、相変らず常に頭をもたげて、ご恩の生活ということを忘れているが、あちらにぶつかり、こちらに突き当りしては、「またやったな」と我が身知らずを反省して、懺悔と感謝の念仏に帰らして頂く。親鸞聖人八十五歳の作と伝えられている「愚禿悲歎述懐和讃《ぐとくひたんじゅつかいわさん》」の中に、

小慈小悲《しょうじしょうひ》もなき身にて
有情利益《うじょうりやく》はおもふまじ
如来の願船《がんせん》いまさずは
苦海をいかでかわたるべき

という一首がある。晩年の聖人が、家族か道友の為に何か役に立つことをしてと思い立たれたが、それが望み通りに運ばれなかった時、小慈小悲もなき身であったのだと、又新た

にお気づきになって、それにつけても、如来願力《にょらいがんりき》の救済《おたすけ》の有難さ、尊さを一層お喜びになった体験を、この一首にお盛りになったものではないかと味わっている。

愚かな私には、信味《しんみ》の増長し深まり行く筋道が入信の経路と同じで、一日中の大部分は、己がやってるんだという思い上った心で過すが、何かの機縁で、その自力我慢が崩れると共に、未練まじりの念仏となり、最後にやっと、雑心《まじりごころ》なき感謝・報謝の念仏となってゆく。かくて三願転入は、入信の道程であった許《ばか》りでなく、信心相続《しんじんそうぞく》・信味増進《しんみぞうしん》の一路となっている。かりそめにも、信心を喜ぶ身が、一日の大部分を自力我慢で過してゆくこと、誠に浅間しい限りであるが、これも大悲光明海中《だいひこうみょうのうみのなか》での遊戯と知らされて、何等の不安もないことは、まことに有難いことである。

一八、レール型と縄型（六度の相依）

鉄道網

二十二万余哩《マイル》という鉄道網を国内に敷いて、次位のロシア六万余哩を遥かに抜いている米国のことだから、何処《どこ》にも彼処《かしこ》にも鉄道が敷いてある。ちょっと自動車を乗りまわしても、面倒なほど踏切の赤信号に引っかかる。こんな所に何の必要があってと思うような畑のへりや、野の中にまで引かれて、レールは雑草の中に埋れているが、収穫時節の二、三ケ月間、作物の運搬をすれば、それで結構お役目がすんで、あとはまたお昼寝という仕組になっているらしい。そんなことで、そこらに転がしてあるようなレールの姿を、いつも目にしている中に、ふと気付いたのは、僅か四呎《フイート》余りの間隔で並んでいるこの二本のレールは、そんなに近くおかれておりながら、永久に交わることの出来ないのが運命だということであった。二本のレールが常に平行していることを基にして、すべての汽車が運転せられているのだから、レールの間が少しでも近くなったり、遠くなったりしたら、それこそ大変で、忽ち大椿事が起る。レールは、永劫《ようごう》に平行線でなくては、その役目が果されない。

平行と交叉

平行すべきレールが交叉したら、それこそ一大事だが、反対に、元来交叉すべき筈のものが、いつまでも平行して行ったら、どうなるだろうか。

二筋の藁なり麻なりを綯《な》い合せた縄は、見方によったら、交叉の連続と見ることができよう。もしこの二筋が何処までも平行し離れていて交叉しなかったら、その藁よりも麻よりも強い縄は生まれてこない。又その縄を集めて作った綱も出来まい。縄も綱も無いとなると、今の文化生活の一角に、大きな穴があくことになろう。

元来、国民との親しい交叉の上に基が定めらるべき筈の皇室を、雲の上深くまつり上げて、民衆と離れた平行の地位に押しこめてしまったことと、明治大帝が、軍人は政治に干《かん》与《よ》するな、政治と軍事とは常に平行すべきもので、決して交叉してはならぬぞ、と諭しておいでになったのに、その遺訓を犯して、軍人が敢て政権を執ったことが、そもそも日本を今日の悲境に沈淪《ちんりん》せしめた二大原因と言っていい。これ、平行すべきものが交叉し、交叉すべきものが平行した為に生じた近世史上の一大悲劇というべきである。

しかし、よく考えて見ると、私共も、常にこうした過ちを重ねている。殊《こと》に、教と生活の関係に於て、この平行と交叉を顚倒している歎きが深い。

五学

釈尊は、私共に、求道の要路として、聞《もん》、信《しん》、戒《かい》、定《じょう》、慧《え》の五学《ごがく》をお示し下された。聞とは教を聞くこと、声に出して説かれる教を聞き、文字に書いて伝えられている教を読むことである。聴聞《きいたり》し読書《よんだり》して、この教こそ私の救われる道であると、見極めのついたのが信である。その聞いた教を自分の日常の生活に活かしてゆくのが戒である。五戒とは何だ、十戒とはこうだと、徒《いたず》らに戒の名前を覚えたり、意味を研究したりするのではなくて、聞いて信じた教が、果してほんとうに自分を救う道であるかどうかと、自分の日々の生活の上に実験してみよと、お与えになったのが戒である。教と生活をレールの如く平行させずに、縄の如く、ない合わすのが戒である。

ところが、たいがいの教は、凡て身近に聞かれる話の筋はよく分る。どうしてこんなに私の腹の中をよく知っておられるのかしらんと、あきれたり感心したりしている中に、何《い》時《つ》のまにか、教と自分とが一致した気になってしまって、実際の生活の中に教を織りこみ、突きまぜて見ることをしない。教と生活とが二本のレールみたいに、つい近くに置かれておりながら、何処《どこ》までも平行して行って、縄のように、ない合わされないから、今一息というところで、教が生きてこない。教と生活は、常に縄型に交叉すべきもので、決してレール型に平行さしてはならない。この教と生活を織りまぜて信心歓喜の縄を綯《な》って行く道が、即ち戒の実践である。

戒の実践ができているか、出来ていないのかの反省が、定《じょう》（止観《しかん》）であり、そこから自を知る智慧が生まれてくる。

縄型の修道者アソカ王

教と生活の不断の交叉、縄型の修道といえば、たいした難事でもなさそうだが、手を着けてみると、難かしさに驚く。しかし、仏教を聞き、仏教を信じて、精進の一路を辿る者には、必ず門が開けてくる。仏の「お慈悲にて候あいだ必ず信をとるべき」であるから、力を落さず、求道に精進すべきである。かの印度《インド》のアソカ王は、身を以て之を我等に教えてくれた。

釈尊の御入滅後、二百年余りを経て、アソカという大王が印度に現われ、盛んに隣邦を征服して、印度統一の難事を成就し、一大帝国を建設した。王は元来性粗暴で、父王の死に当り、兄を殺して王位を継いだと伝えられている。こんな乱暴な王が、当時の大徳耶舎《だいとくやしゃ》比丘《びく》の感化によって仏教に心を寄せるようになり、終に熱心な仏教信者となった。爾来、侵略戦を廃《や》め、弘く各宗教を保護すると共に、己が信ずる仏教の伝道に専心して、南はセイロン、北は中央亜細亜諸国、東はビルマ、西は遠くエジプト、小亜細亜地方にまで伝道使を派遣して、今から二千三百年も前に、全世界に仏教を伝える基を定めた。近世の史家ウエルスは「古来大帝国を建設した君王は少しとしない。しかし、征服の戦を廃し、剣に代ゆるに文化を以てして、領民の福祉と安寧を計るに努めた者、ただ、このアソカ王あるのみ」とまで讃えている。

アソカ王の求道

アソカ王が仏教に帰依して、優婆塞《ウバソク》（清信男《せいしんだん》）となったのは即位後七年、征戦を廃するに至ったのは同十一年以後と伝えられている。しからば、この四ヶ年間に於て、アソカ王の心境に、これほどの一大転換を与えた動機は、何であったろうか。

入門後二年間のアソカ王は「未だ熱心に精懃《つとめ》しない」で、時々仏教の話を聞く程度のことであったらしい。恐らく、当時在家仏教徒への教とせられていた、布施《ふせ》、持戒《じかい》、静慮《せいりよ》の三事を行う事、特に人間道としての五戒《ごかい》、殺すな、盗むな、邪婬《ふぎのまじわり》をすな、妄語《うそ》をつくな、酒に溺れなという五戒を持《たも》つ事を教えられていたのであろう。王は次第にこの教誡に親しみ、その行持《ぎょうじ》を心がけたけれども、未だ身を以て、この教に生くるほどの境地には至らなかった。

試練――戦場にて

その中に、即位九年、カリンガ国征服の戦を起した。アソカ王の常勝軍は例の如く大勝を得たが、その輝かしい勝利の蔭に、「捕虜として移送せらるる生類十五万、十万のもの其処《そこ》にて殺され、或はその幾倍のもの死したり」と、当時の記録に残っているような大悲惨事が横たわっていた。それが今や王の眼に映ったのだ。討つもの討たれるもの、共に等しく払わせられたこの大いなる犠牲、空しく散った数十万の生命を思うて、常勝王も、しみじみ勝利の悲哀を感ぜずに居られなかった。もとより、これ程の犠牲を出した侵略戦は、これ迄に幾度、幾十度あったかわからない。しかし、仏教を知らぬアソカ王には、ものの真実を見る眼の開いていなかったアソカ王には、この惨事も、ただ一大痛快事として味われたのみであった。然るに今、仏法を聞き、仏教を信じ、多少ながらその教を行持せんと志す機縁の開けた王は、優婆塞（清信男）となって「殺す勿《なか》れ」の教を知った王は、ここに始めて、幾多の征戦が大衆に与えた犠牲の如何に大であったか、自分の行《おこない》が如何に非仏教的であったかを、静かに反省せざるを得ないようになってきたのである。

行道——僧院に入りて

まじめに自分を反省せざるを得なくなった王は、いま一段の静慮《せいりょ》（止観《しかん》）によりて、日常生活の上に教を生かしたいとの念願を発《おこ》し、自己省察の道場として、特に僧院に一時の居住を許されんことを願った。当時、出家に非ざる者の僧院居住は厳禁せられていたが、外ならぬ大王の願いというので特に許された。そこで、暇を作っては僧院に起居し、一心に仏道を学び、教訓を行持している中に、これまでの生活が、「慈心にして殺さず」という仏道の真反対を行っていたこと、しかも、その根本は、自分の飽くなき征服欲、貪欲《とんよく》にあることに気がついたので、茲《ここ》に断乎として征服を廃し、剣に代ゆるに法を以てする新生活に入るに至った。かくて「法による勝利なるものこそ、これ即ち最上の勝利なれ」との自覚の下に、帝国領土内は勿論《もちろん》、四隣の国々に仏道を宣布するを以て己の任とし、ここに平和な後半生を送る聖王として再生するに至ったのである。

遂に縄型の修道へ

既に二ヶ年間仏法を学んでいたアソカ王が、カリンガ国征服により始めて殺生の恐ろしさに開眼し、愈々《いよいよ》深く仏法を学ぶと共に、之を実際生活に生かし行うことに努めた道程は私共仏教徒が大いに学ばねばならぬ所である。もし、アソカ王が仏教を聞かず、仏教を信じていなかったら、カリンガ国征伐の大犠牲も、これ戦争の常なりと軽く見過して、決して反省の材料としなかったに違いない。然《しか》るに既に仏教を聞き、その教を善しと信じて学びつつあった王は、「殺す勿《なか》れ」という教の鏡に映る極悪無道な自分の姿をかき消すことができなかった。これまで生活から離れていた教が、戦争を機縁としての王の実生活に結びついてきたのだ。「戒」を以て生活を律し、生活を調えようとする努力によって、教と生活が、レール型から縄型に進展して来たのである。

戒に続くものは静慮《せいりよ》（定《じよう》）である。平《ひら》信者に許されない僧院の生活を、特別のはからいで許された王は、この寂静処《しずかなところ》にあって、過去の暴悪な生活を充分に省察し得たので、新たに道の光に照り出され智慧光の前に跪く身となったのだ。かくて、聞《もん》、信《しん》、戒《かい》、定《じよう》、慧《え》の五学《ごがく》は、王の日常生活の底を貫き流れるに至ったのである。

懺悔

即位九年のカリンガ征服戦を最後として不敗の軍を収め、政事の暇を作っては僧院に起臥し、真率な仏教徒としての生活に精進したアソカ王は、即位後二十六年、即ち修道生活十七年の後に次の如く、その心境を告白している。

人は一般に、「予はかかる善事を為したり」といいて、自己の善事のみを見るを常とすれど、「予はかかる悪事を為したり」或《あるい》は、「かかるものこそ、これ予の有する漏《ぼんのう》なれ」といいて、自己の悪を見ること全くなし。而《しか》し、こは、一方に於ては実に自省し難きことなりと雖《いえど》も、他方に於ては、次下《じげ》の如く見るべきなり。即ち「狂悪《きようあく》、不仁《なさけしらず》、憤怒《いかり》、高慢《こうまん》、嫉妬《しつと》の如きは、漏《ぼんのう》に導くものと称せらる。冀《ねがわ》くは、予はこれ等の為に亡《ほろぼ》されざらむ」

十七年間の真剣な修道生活に依って、愈々自分の醜さを知り、そうした煩悩を断ち得ざる醜い人間アソカを照破して下さる如来の智慧光の中に、救いの大道を見出している趣《おもむき》が、右の告白を通して、手にとるように見えるではないか。

アソカ王事蹟

アソカ王帰仏後の二十余年は、一国の王者として、また一人の人間として、仏教を日常行に生かしぬいた典型的生活であった。仏教徒としての在り方を、官吏や広く一般人民に伝えんものと、みずから実践する信念を法勅として摩崖《がけ》に刻んで大衆に示したり、征戦の大殺戮を縁として仏法に開眼《かいげん》させられた私生活の上に、いかに細心の注意を払って不殺生戒を守っているかを、同じく巌石に刻んで国民に報告したり、釈尊の誕生・成道《じょうどう》・説法・入滅等の聖地に記念碑を建造したりなどする聖王として再生したのである。これらの碑文は巌石に刻まれてあったおかげで、大部分は今も尚厳存し、或は仏蹟を示し、或は大王の行事を伝えている。歴史を書かなかった印度に、若しこのアソカ王碑文が遺されていなかったら、釈尊の御一生も、或は伝説的存在に過ぎぬとせられ終ったかも知れない。

また、王の派遣した伝道使の足跡が遠くシリヤ、エジプトにまで及んでいることも、この碑文に示す所である。これは仏教伝道史上の重大事件で、西暦紀元前三百年頃、即ち今から二千二百年もの昔に、当時の文明の中心地であったアンテオキヤや、アレキサンドリアに、仏教が伝えられていたことを立証する。欧亜《ヨーロッパアジャ》交通の要路が海上或は空中に移った今日では、沿海の都市はアジヤの表玄関となってしまったが、陸路を唯一の往来としていた昔は、いま砂漠の廃都と化し、欧亜交通の裏口に落魄した多くの都市の全盛時代であったことを思うと、シリヤ、エジプトまで仏教伝道の使節を送ったアソカ王事蹟の偉大さが、今更ながら大きく浮び上ってくる。

教を日常行の上に

古来王者の仕事といえば、政治と戦争であった。アソカ王は、王者の日常行たる戦争と政治を仏の教とない合わして、真実の生きた仏教徒となった。幾十万の人命を犠牲としたことが、真剣な求道の機縁となったため、王の後半生は、生命の尊重、即ち、不殺生戒の行事に、最大の関心をもったように思われる。これまで王室の食料に日々幾百千の生類を屠殺していたのをカリンガ戦後数年の中に、一日僅かに二羽の孔雀と一匹の鹿に減じてしまい、「しかも、その鹿は恒《つね》に然《しか》るにはあらず。而《しか》して、これ等の三生類《しょうるい》と雖《いえど》も、将来は屠殺せられざるに至るべし」と石碑の一に記されている。また領土内は勿論、四隣の諸国、遠くシリヤ地方に至るまで、人に対する療院と獣に対する療院とを建設し、人と獣に効能ある薬草を栽培したことも、これらの碑文は告げている。「殺す勿れ」との教によりて仏道に目ざめ、新たな生活に入った王が、日常行を通じて教に生き抜くために如何に精進したかという事実を、これらの碑文は細大もらさず告げのこしている。

教と日常行を綯い合わせ得たときに、生きた仏教生活は開けてくる。これまでレールは型に離れていたこの二つが、始めて互に交叉し得て、教は生活によって根づき、生活は教によって整えられ、これまで覚えのない生きた仏法者の生活が生まれて来て、その底から、いとかすかではあるが、智慧の光が、ほのぼのと照らしてくる。そして、この智慧光に照らされて教の理解は一段一段と深まり、生活の日常行は、その理解より生まれる反省と懺悔と感謝によって、また次第に練り上げられてくる。こうして教が生活の中に根づいて、始めて僅かずつながらも、仏法味《ぶっぽうみ》が生育してゆく。

随時、随所に行ず

多くの人は、教が分らないと、それをわかろうとしてまた教を聞く。かくて次々と教の上に教が積み上げられて、愈々《いよいよ》解らなくなってくるのが普通である。教は多きを要せぬ。聞いた教を行《ぎょう》ずることが肝要である。教は、ただ行によって、その真実の味が知られる。阿難《アナン》尊者は釈尊のお弟子の中で多聞第一と称された程に、仏様の説法を全部知っておられた。しかし、悟りを開かれたのは、釈尊御入滅後と伝えられている。周利槃特《シュリハンドク》は、四句《しく》の偈文《げもん》一つ覚えきれない方であったが唯一句の教を日常行に生かしきられたため、悟りに入《い》ることができ、神通《じんずう》第一の仏弟子と呼ばれるに至った。教は敢て多きを要しない。ただ、その教を行知《ぎょうち》するということが大切なのである。

私共は、既に多くの教を聞き、その真実を信じている。この上は、その教を、随時《いつでも》、随所《どこでも》、我が日常行を通じて味わうべきである。

話に聞く他人の行を真似するのでなく、自分自身の生きた日々の行の上に、仏の教を引合わしてゆく。なかなかの苦しい骨の折れる仕事であるが、この道を通らない限り、教と自分と一つになる世界は開けてこない。アソカ王は、王としての日常行から道に入った。同じ仏弟子でも、アジャセ王は自分の親不孝さを行知した時、仏道に入った。教に開眼する機縁は、何処《どこ》にあるかわからない。

私共は、心を正しくして、常に自分の置かれている所にあって、教の行知に努むべきである。王は王として、臣は臣として、事業家、労働者、農夫、商人、各々その職場が、自分を行知する道場であり、親として、子として、夫として、妻として、友として、隣人としての日常行の一々が、自分に与えられた行知の門であることを知って、随時、随所、無尽の仏法味を愛楽《あいしたのしみ》し、ここに導き給うた智慧光の照破《おてらし》を、讃《ほ》め嘆《たた》うる日々を送りたいものである。

一九、無駄目、無駄耳（六度の帰趣）

百尺竿頭《ひやくしやくかんとう》、須《すべか》らく歩《ほ》を進めて、
十方世界《じつぽうせかい》に全身《ぜんしん》を現《げん》ずべし。

——『無門関《むもんかん》』——

三角渡り

少しでも無駄をしたくないのが人情である。四つ角を曲るとき、規則通り一旦南から北に渡って、それから改めて西へと歩かないで、いきなり、東南の角から向いの西北の通へと、斜めに行きたい、いわゆる三角渡りをしたくなる。自動車の多い街角では、生命が惜しいからやらないだけのことで、交通の少い住宅区域にでもなれば、何の遠慮もなく三角渡りをやってのける。

こうして、近道を、近道を、と探し廻って、少しの無駄でもなくする人が、利口者として通る世の中だから、ただ四つ角を曲る時だけでなく、生活の総ての面に近道主義が頭をもたげ、三角渡りが幅をきかしている。

こんなご時世に、自力《じりき》の尽きる所が他力《たりき》の入口だとか、自力の無効《むこう》を知るために根限り自力をやって見ろとかいうと、そんな無駄なことが出来るものか。どうせ益に立たぬと相場のきまった自力を今更励むにも及ぶまい、自力の無効は実験済みだ。それも自分達のような凡人がやったのでなく、あの聡明で謹しみ深い親鸞聖人が、一生懸命に二十年も試された末に、とうてい駄目だと投げ出されたのだ。そればかりか、蓮如上人も重ねて自力の無効を宣言して居られる。こんなに無駄と定まったものを、今更くり返してやってみるまでもないではないか、と云われるに相違ない。

それでは貴方は、本当に自分の力の叶わぬことを徹底的に知って、如来の他力に安住して居られるのかと、きき返すと、さあ、それは、と言葉が濁る。宗祖や祖師の体験から出た言葉をかりて来ただけで、自分の道を歩いて来ていないのだから、理屈が分っただけで、少しも生きた自分を養う糧とはなっていないのである。

急がば廻れ

そこで今一度出直して、道の歩き方に返ると、こんなに近道、近道と騒ぐ世の中に「急がば廻れ」と云う諺がある。ただ「廻れ」でなく、ご叮寧にも「急がば」と頭につけてある。さなきだに近道を好む人間である、まして急ぎなのだ。さあ近道を全速力で飛ばせと云いそうな所を「急がば廻れ」である。「廻れ」とは、無駄な道を行けというのである。ここに、古来何百年、何千年をかけて、無数の大衆が身につけてきた体験の耳語《ささやき》が聞かれる。無駄には無駄の意義があり、使命がある。

新聞記者は最も現代的な職業人といってもよい。読者よりも一日早く世界中の事件を耳にするこの人々は期せずして、少しでも早く事件を掴みたいとの気持で暮している。他社に先がけて大事件を発表するいわゆる「特種《とくだね》」争いが、新聞記者諸氏の意欲の中心となってくるのは当然である。ところが、その特種発見の道には、多くの無駄が横たわっているのが普通らしい。

無駄目と無駄耳を使うということを、全新聞記者はやっておりますね。歩きながら、学徒の商売《アルバイト》の南京豆の山も見、ライターを売ってるところの調子も見る。縁日に行けば、お賽銭の上りぐあいもチラッと見ておく、という風な無駄目ですね。それから人と話をしながらも、わきの人の話を聞いておいて、何か面白い小話《コント》はないか、重大な新聞種《ニュース》がありはしないか、というような無駄耳を、意識しないうちに使っていますね。しかし、ただ犬も歩けば棒にあたるというようなものでなしに、絶えず神経を使って、他社をアッと云わしてやるような記事を書きたいという念願をもって、足まめに自分の持場を歩いているうちに、ひょんな時にぶつかって、特ダネを摑むわけです。(特ダネ

打あけ話)

――『キング』海外版――

と話されているように、特種《ビッグニュース》一つ見付けるまでに、どれだけの無駄骨が、その裏に費されているかわからない。

失敗の効果

近頃、私は、或る学者が、実業界の巨頭連中に、失敗の中にも色々な利益が潜んでいると話しているのを読んだ。その説によると、多くの発明家、科学者、探検家は失敗に失敗を重ねている。しかも、人類は、この失敗によって巨大な利益を得ている。科学者は、時々その研究の目標とはすっかり異った、しかし、もっと有益な他のものを見付けることがある。病気の診断、治療はもとより、各種の学術研究に欠く可らざるものとなっているエックス線が見付かったのも、近頃薬の王者といわれているペニシリンの発見せられたのも、共に研究の目標から外れた発見の例である。主目的から見たら失敗というべきであるが、その失敗の効果は、より重大といってよい。若《も》し実験が全然不成功に終っても、同じことをやっている他の人に、やっても無駄です、と教える点だけでも、失敗から得られる利益だといってよいと、その学者は述べている。

無駄の使命、失敗の効果、いずれも考えさせられる。自力《じりき》の役に立たぬことを、自力を尽した後に生きた自分の体験として知ることは、科学者が、目標とすっかり異った、而《しか》もより貴重な拾いものをした場合と同じといってよい。しかし、この拾い物は、棚から落ちるぼた餅をまつように、寝て待っていたのでは得られない。目標を定めて一生懸命に努力精進して、やっと我がものとせられる。先人の行かれた道を、一人一人体当りでやっていって、始めて自分に味わわれてくる。

百尺竿頭進歩

禅宗に、「百尺竿頭進歩」という語がある。百尺もある高い竿の頂上まで登りつめた所で、さあ其所《そこ》から今一歩進め、ということらしい。随分無茶な話のように聞える。竿をたよりに此所《ここ》までやっと登って来たのだ、ぎりぎり結着まで登って来て、もう竿は一寸も余っていない。どうしてこれから進まれようと、竿の先にしがみついて、泣面をかいている中に、腕の力は尽きて竿を放す。この放す所に、竿に登った所詮《しょせん》があるのだ。

元来、たよりにしていた竿が曲者《くせもの》なのだ。人間の限られた智慧や分別《ふんべつ》にたよって、何も、かでも自力本願《ほんがん》でやり抜こうとする思い上った心構えが、この竿なのだ。その竿が何処まで届くか験《ため》してご覧、という話なのだ。せいぜい、二十尺か三十尺、百尺なんて竿は、めったにあるものではないが、万一、百尺千尺あったとしても、その限りある智慧分別が何の役に立つのか。真暗な屋根の上で、しきりに棒切を振りまわしている子供に、何をしてるのかと尋ねると、星を振り落すのだと返事されてそんな棒切では駄目だ、物干竿を使え、といったという笑い話は、決して他人事ではない。役に立たぬものを、結構間に合うように思い違いをする所から総ての誤は生まれる。役に立つか立たぬかを知るには、実際に使ってみなければならぬ。しかも自分で使ってみねば本当に分らない。「役に立たぬということだ」でも、「役に立ちそうもない」でも駄目、「成程役に立たぬわい」と、骨身にしみて会得せねばならぬ。竿上りの必要はここにある。無駄骨の使命がここに存する。力限り、根限り、教を日常行に生かし抜く。これ以上は、どうにもならんという所まで行く。竿の頭にへばり付いている中に、力尽きて、竿から手を離さねばならぬ絶体絶命の時が来る。

新天地

離したか、離れたか、いずれにしても、自分の智慧分別の竿から放下《ほおりだされ》したその瞬間に新しい世界が展開してくる。落ちてよし、止《とどま》ってよし、昇ってよし、といった無碍《むげ》の世界が顕現してくる。これまで有限の小知小分別を本にして想像していたものと、すっかり異った世界に遊歩している自分を見出す。

私共が道を求め求めて最後の段階に来たとき、悩みのまま、罪のまま、喜ばれぬまま、すっきりしないまま、一切そのままで救われるのだと、救済の機構《しくみ》はすっかり知られ、お助けの道理は充分に分っているのに、どうしてそのお助けが我がものとして味わえないのか、何故に救いの機構と私との間に飛び越えられぬ、狭いくせに底の知れない溝が横たわっているのかという悩みが、最後の難関として残り勝だ。ところが、これこそ、私共が久遠劫来の自性《じしよう》たる自力本願の習に動かされて、知から知へ、言葉から言葉へと持ち代えるだけで進む所から出てくるのだ。手を持ち代えるだけで、手を放さない所から生まれてくるのだ。百尺竿頭《ひやくしやくのさおのさき》にあっても、まだ如何にして進一歩《もひとあしすすむ》すべきかと、これまで力にして来た竿にしがみ付いている。今までは、分別の竿をたよって、一手一手竿を持ち代えて上って来たが、頂上まで来たら、もう、その大事な竿が無い。これまで通りに手をもち代えては進めない。新しい世界の入口に辿りついているのだ。これまでの仕方では進めぬ所に来て居りながら、昔ながらの手の持ち代えだけで進もうとするから行きつまる。持ち代える手がかりの竿─分別の竿が尽きたのだから、手を放すより外に何の道がある。百尺竿頭の進一歩は、手を放すことなのだ。何かまだありそうなものだという自力の執心《きがかり》が根こそぎ奪い去られて、そのままの救いの世界に、自然法爾《じねんほうに》の喜びの世界に、落居する新しい自分が其所に見出される。親鸞聖人が、「無碍《むげ》の一道《いちどう》なり」と申された念仏者の生活は、此所に轄然と開けてくる。

地上の思案

常識の地上に立っている者は、「どんなに高いといっても限りある竿ではないか、それも頂上で頑張り切れるものではない。いずれ落ちるか下りるかするより外にないとすれば、苦労して竿に上るまでもあるまい」と見切をつけて、敢て竿上りを試みる徒を、没常識だと笑うかも知れない。しかし、地上に立ったままで、どうせ駄目なのだからと見切を付けたのでは、人間の小さな分別で定《き》めたのだから、同じ人間の小さな判断ですぐに引っくり返される。

香樹院徳龍師《こうじゅいんとくりゅうし》は近世の信仰深い学者であった。ある時、師に向って自己の信仰を告白した或る人に対して、「述べた口上に間違いはないが、必ずその言葉をたよりにするな。言葉さえ云いならぶれば信を得たりとするのではないか。言葉は他力でも、心は自力《じりき》の執心ではないか」と戒《いまし》められたということである。善を修めんとして修め得ず、悪を廃《や》めんとして廃める力の無い自分の無能力さは、体当りで力を試してみた者でなくては分らない。自力を尽して行《ぎょう》の竿上りをして始めて知られるので、最初から、己は駄目だと自分できめてかかる利口者には、自分の自力の真実は分りっこはないから、口にする信仰も、自分の小知《ちいさなち》・小分別《ちいさなかんがえ》から出た借物で、言葉を尽せば尽すだけ自力の執心を増すのだと分らない。しかし、自力の限りを尽して行き詰ったときに、その行き詰りのどん底から輝きでて下される仏の智慧光《ちえのひかり》に照らされる。ここに始めて、これが自分の自力であったのだと知られてくる。

「捨てる」と「捨たる」

人間の本心は誰でも自力本願にある。出来ることならこの己の力で、という思いに生きている。実に自力本願こそ、人間性の久遠の旧里である。その自力を捨てて仏力《ぶつりき》－本願他《ほんがんた》力《りき》に帰せんとするのだ。東から西への真反対の方向転換だ。よくよく自力の正体に目が覚めない限り、自性《じしょう》の自力がすたる筈はない。自力をやり尽してその正体がつかめたとき、やっと、この自力に見きりがつく。諸々の功徳を修めて仏の国に生れんことを願う道を、浄土の要門《ようもん》と称せられているが、その使命は、この自力の正体を摑ましめる所にある。徹底的に自力を知ることが、浄土に生れるのに必要な道であるから、これを浄土の要門と名けられたのである。

真宗の信条を記した文書として、最も権威あり、最も一般的であるものは、（蓮如上人作）「領解文《りょうげもん》」であるが、その始めに、「もろ〱の雑行雑修自力《ぞうぎょうざつしゅじりき》のこころをふりすてて」阿弥陀如来をたのめとある。この雑行（諸善《いろいろのよいこと》を行うこと）雑修（念仏より外の行《ぎょう》を修むること）自力の心はどうしたなら捨てられるか、という問題にぶつかる。そこで、ふりすてよ、とあるからには、是が非でも捨てねばならぬとあせって、そのあせる思いそのものが自力であることに気付かない。あれも雑行だ、これも雑修だ、と選び捨てるその行いが自力だと知らない。こうして、自力とは知らずに、自力の行を十年二十年と励んだ末に、やっと、その事実に眼覚め、どうにもならぬと気がついた時に、自力は自然に廃ってしまう。自力の体当りの行き詰った所に、他力の門が開かれている。諸の善事（雑行）や念仏以外の修行（雑修）は、私共が最初から自力と知って励むのだが、真剣に修行すればするほど自分には叶わぬ道だ、と必ず知られてくる。自力と知ってやっているだけに、却って早く自力の無効が知られる。要門の意義はここにある。

どの道から進んでも、教えの通り如実に行った上で、その所行《やってること》を正直に止観《しかん》すれば、善と見えるものの中に必ず悪を、正《ただしい》と見えるものの中に必ず邪《よこしま》を蔵《かく》していることに気づかざるを得ない。純情一途と信じていた親心の中に、いつの間にか利害の打算が忍びこんでいたり、親兄弟に話せぬことまで語り合う親友に、思いもかけぬ表裏背反の不信を行ったりする。どうせ人間ですもの仕方がありません、と逃げてはいけない。こんなことを云う人は、自己の真実の前に眼を閉す人であって、永遠の平和の境《さと》に入《い》る門は、この人には開かれない。蓮師は、ただ「捨てて」と云わずに、「ふり捨てて」と、特に強い表現を選ばれたのだ。それだのに、自力本願の人間性の深刻さを洞察して、捨て難き程を示すために用いられた「ふり」の字を誤って下に続けて、捨てる動作を強めた語だと思い違え、どうしたら捨てられるか、と苦心する人が多いのだ。かかる人々は、我が眼の着所をかえて、その苦心を、自分の正体を摑む方に向け変えるべきである。

わが力の限りを尽して努力精進したあげく、如来の智慧光に照破せられて、無能力な自力の正体に眼ざめたとき、雑行雑修自力の心は自然にすたって、一心に本願他力をたのまないでは居られなくなる。しかるに多くの人は、どうしたら自力は捨てられるか、どうしたら他力がたのめるかと、一心に自力を尽している。こんな見当違いのことはない。「この法を信ずること極めて難《かた》し」との誡《いまし》めも、「往《ゆ》き易《やす》くして而《しか》も往く人無し」との歎きも、皆この点をおさえての教語である。

かくて久遠の人間性なる自力本願の念がすたり、如来の絶対他力・本願力に帰した後は、換言すれば、如来の智慧光に照らされれば、先に捨てた諸善、即ち、布施《ふせ》、持戒《じかい》、忍辱《にんにく》、精進《しょうじん》を、再び自分の生活上に生かさざるを得ないようになるであろう。今や、智慧光に照らされ、融《とろ》かされ、温められ、おのずからに是等の諸善は、日々己れの自性を省みる無上の素材となって生命を織り出し、歩々《ほほ》信味《しんみ》増長《ぞうちょう》の縁となって来り臨み、五尺の小身、五十年の生涯は、慚愧と感謝の交響楽を奏でるであろう。こうした生活が、ほんとうの宗教的生活といわれ、浄仏国土の建設であろう。人と生れた使命と歓喜はここにあり、その一つの捨石となる光栄に、又と過ぐるものがあろうか。親鸞聖人が、

大悲《だいひ》の願船《がんせん》に乗《じょう》じて光明《こうみょう》の広海《こうかい》に泛《うか》びぬれば、至徳《しとく》の風静にして衆禍《しゅか》の波転ず。

——『教行信証《きょうぎょうしんしょう》』行巻《ぎょうかん》——

と慶ばれた趣も、かすかではあるが、感知できるかのようである。

二〇、思うと、思い立つと

諸悪莫作《しょあくまくさ》　すべての悪をなさず、
衆善奉行《しゅぜんぶぎょう》　善きことを行い、
自浄其心《じじょうごい》　おのおの心を浄むること、
是諸仏教《ぜしょぶつきょう》　これ諸仏の教なり。

――『法句経《ほっくぎょう》』一八三――

一日一信

百五十哩《マイル》余り離れた山の麓にある療病院に、静養している友達を見舞った。もう永い間、淋しい生活をしているのだから、大変喜んでくれた。時間の許す限りいろいろと語り合っての帰るさ、あんなに喜んでくれるのなら、これからも時々見舞ってやりたいと思ったけれども、何分《なにぶん》遠路の上に、自分も勤めをもつ身だから、それも叶わぬ。なんとかして慰める法はないものかと、思案している中に、行くことが出来なければ、せめて手紙でも出したい。そうだ一日一信かな、それも封書ではとても出来そうにないから、毎日、一枚ハガキを出すことにしよう。そうだ、そうだ、と思いながら帰って来た。

その翌日、寝る時になって、一日一信をおもい出した。留守中の仕事や何かで大変疲れていたので明日からのことにしようとおもって、そのままやすんだ。翌日になると、又なにかにまぎれてしまって、思い出したのはベッドに入ってからであった。仕方がない、明日から、いよいよ改めてやろう、と次の日に送った。

こうして次々と日がたったが、折角考えていた一日一信は、いつのまにか消えてしまって、気にもかからなくなった。今でも、この亡くなった友のことをおもい出すと、すまないことであった、と悔む。机の上にハガキもある、インキもペンもある、書くこともある。容易に出来そうなもんだが、それが出来なかったのは、どうしたわけだろうと考えてみると、一日一信を出そうと思ったその夜、寝る前に気がついた時、思い立って、すぐペンをとらなかったのが、事の起りであったと思う。思うだけではいけない。思ったことを、思い立って、実行に移すことが大切なのだ。思うは空想の世界、観念の世界のことである。思い立って実行に移す時に、それが初めて生きた現実となってくる。思うは死物であり、思い立つに至って初めて生命が生れてくる。思うと、思い立つ、との間には、こうして千里の隔たりがある。

故郷で自分のことを思っていて下さる親に、手紙を出さないで、すまない、すまないと思いながら書きそびれて、遂に死別した悲しい思い出を胸に抱いて居られる方も沢山にあることと思う。私もその一人で、思えば随分多くの不義理を重ねてきている。頂いた手紙に、返事を出さねばならぬものまで何時《いつ》の間にか忘れてしまい、おくれてしまって、何十通かの手紙の借りが、いつも気にかかる、いつも滞っている。思うは易く、思い立つは至難であることを、つくづく感ずる。併《しか》し、道を求むるものは、どうしてもこの難関を突破せねばならぬ。いろいろの教を聞いて、結構だなあ、と思っただけでは駄目だ。思い立って、その教を自分の生活に生かさない限り、教は身の養いにならない。

六度の行願

以上述べてきた全仏教徒、特に平信徒《ひらしんと》の行くべき道である六度行願《ろくどぎょうがん》も、その教が分っただけでは意味がない。一部でも、なるほどと同感した所があれば、そこから早速実行に移して行く。こうして次第に六度の全部が生活に生かされて、始めて六度行願が完全に我がものとなってくる。よい教だ、なる程ご尤《もっと》もだと、思っただけでは駄目で、思い立って直ぐに行に生かすことこそ諸仏の御本意に叶うのである。

この六度に関する私の拙い話を読んで下さった方々が、あとから直接来訪して、或は手紙で、色々と聞かせて頂く中で、一部でも生活に生かして下されている話を聞くと、お役に立ってよかったと心から嬉しく思う。或日のことであった。見知らぬ非日系の一青年米人が、「赤信号」を書いた僧のいるのは此所《ここ》かと訪ねて来た。色々話してみると、『ツリラトナ』（英文『直心《じきしん》』）に出た「赤信号」の英訳を二世の友人から借りて読んだ。私の今つき当っている問題を解決してくれる人は、あなたより他にないと思ってお伺いしましたと、初対面の私に心の苦悩を打明けて意見を求め、ふつつかな英語で語る私の話を熱心に聞いてくれた。私の意見通りに処置したと報告に来たのは、それから三週間ばかり後であった。その後、この青年は、時々いろいろと身の上相談にやって来る。

布施の行人

大阪の生野《いくの》区内に、岩田という七十余歳の方がおられる。在米の弟さんを通じて『直心』を読んで頂いておる。ひとり息子を戦死させて、今は他家に嫁した娘さんの経営している鶴橋産院に身を寄せ、終戦後、近所の天神様に朝の五時からお詣りを始められた。その頃、鶴橋の街路は、まるで塵溜《ごみため》のような汚なさであったので、岩田さんは、その翌日から、お詣りの時、箒《ほうき》と塵取《ちりとり》を用意して出かけ、七時までの約二時間、町の掃除に骨身を砕いた。

それ以来「暁《あかつき》の老掃除夫」として、今もなお元気に、その尊い奉仕を続けておられる。こうして岩田さんの身施《しんせ》の生活は始まった。その中に、沢山の街灯が、明るくなっても消されていないのに気がついて、それを一々消して廻る仕事が加わった。その上に、産院への贈物を包んである紙を利用してノートブックを作り、年には何百冊という大量のものを孤児達に贈っておられる。こうした方だから、私が本書「一〇、人間征服」の中に紹介した「人情の鼻緒」（二五〇～一頁）の記事、即ち

私はこの前の日曜に、M町の友人の家を訪ねた。裏通りを通ってゆく途中、下駄の前鼻緒がきれて閉口してしまった。ポケットをさぐってもハンケチだけだし、仕方なく下駄を引ずって歩いた。約一町もゆくと、戸袋に十本ほどの麻ひもや細きれを下げて、「どなたでもご利用下さい」としてあるのを見つけて、地獄で仏にあったおもいがした。

友達の家でこの話をしたら、友達は、「実はおれもその人情をうけた一人なんだ。その時こんなささいなことでも、困った時には有難いものだと知ったので、それ以来、僕の家でも戸袋に下げてあるよ」といった。また、「やあ、実に面白いものだね。こうして下げておいてやると、利用した者が何時《いつ》かまた持ってきて足してゆくので、鼻緒はふえるばかりだよ。今では駅からここまでに、もう五、六カ所鼻緒を下げてあるよ」という。

敗戦後の日本には人情が薬にしたくもないと、だれでも嘆く。しかし誰も人情のタネをまこうとしない。人情を生むものは人情である。私たちの周囲に、こんなささいなことでも人情のタネをまき、その人情が人情を生んでいったら、世の中はどんなに明るく

なることだろうか。

——朝日新聞（東京版）「声」一九四九、一、二一——

を読まれて、すぐに鼻緒の布施行を始められた。

一九五一年九月十五日「老人の日」に、毎日新聞夕刊（大阪版）は、このことを、「巷に送る情の鼻緒」と題して、写真入りで大きく扱っている。

鼻緒作りは、米国の或る宗教雑誌に、東京の郊外には下駄の鼻緒の切れた人のために、ちまたの彼方此方《あっちこっち》の軒に鼻緒をつり下げ、誰でも使える様になっており、それで救われた人は、使った一本の鼻緒を二本にして返している、という内容の記事が掲げてあったのにヒントを得たもので早速特製の丈夫な鼻緒をつくり、産院の勝手口に、「自由におつかい下さい」と記した紙と一緒に毎日四、五本ずつ釣り下げた。雨の日などは、すっかりなくなり、いまでは感謝の手紙が岩田さんの文箱に入りきれないほどになった。

と、「情の鼻緒」を中心として、街の清掃、暁の消灯、ノート作り等の篤行《とくこう》を伝えている。朝日東京版の記事が直接大阪にゆかないで、一度アメリカを通って日本に返り、こうした布施《ふせ》の機縁《きえん》を作り、そのことを朝日の競争紙である毎日が紹介しているなど、教の生かされてゆく不思議な経路が感ぜられて、今更、眼に見えぬ大きな力の働きを思ったことである。

行の金鎖

ところが、岩田さんから在米の弟さんへのお便りによると、この毎日夕刊の記事には、とても有難い後日談がある。

新聞に記事が出てから、三日後、今里《いまざと》の操《みさお》の内に行きまして帰途、小学生三人が町の道路掃除をしているではありませんか。私は、ご苦労だネーとねぎらいまして、先生より注意かと尋ねますと、そうですすと答えられた。向うの方にも二三人箒と塵とりを持ち、道の掃除をしています。おなじく先生の言い付けだった。又も電車道に沿うて約二町《ちょう》程行きますと、十五名位の女生徒を女先生が連れて、町の掃除をしているのに会い、女教師に、ご苦労さまですなとお礼の言葉をかけますと、二人の女教師が腰を曲《かが》めて会釈なさった。私は先生に、何時《いつ》頃より始めましたか尋ねますと、昨日からです、と申されました。どういう動機で始めましたか、と尋ねますと、七十の老人の町の掃除の話を生徒に聞かせますと、私等も明日からみなそろって行きましょうと賛成一致して昨日からご奉公して居ますと申されました。ハット我が胸にあたる様に思い、その老人が私です、と言おうとしましたが、言わぬが花だと、そのまま礼の言葉を述べて帰途に就く道も、眼よりあつき涙が止度《とめど》なく流れました。自分のささいな行《ぎよう》により、幼き女生徒の手本となりしかと、思い〳〵帰宅しました。（原文のまま）

とあるのが、岩田さんの手紙であります。東京郊外の「人情の鼻緒」が、大阪の「情の鼻緒」となりその行者の街の清掃が、本人も気づかぬ中に、小学校の先生や生徒の身施《しんせ》の行《ぎよう》となっていること、まさに眼に見えぬ黄金のくさりが、次々と延びてゆく心地がするではないか。こうして、我が分《ぶん》に叶うだけの布施を行ずる処から、一人一人の平安は生れてくる。

仏教は奉行《ぶぎよう》の宗教である。教が生活に生かされない限り、本当に分ったとはいえない。教に生きないかぎり、その教は、ただお説教であり、学説であるに過ぎない。無数の聴聞者や学者が、ただ聞くこと、学ぶことに永い年月をかけるだけで、何も得る処がないのは、聞く道、学ぶ教を自分自分の生活に少しも適用しないからである。お釈迦様が経典の至るところに、「この教を奉行せよ」と、お説き下さったのは、この点をお誡めになったのである。

思うと、思い立つと

親鸞聖人の信仰を、ありのままに表現するものとして世間に知られている『歎異抄』の最後の章には、

されば、そくばくの業《ごう》をもちける身にてありけるを、助けんと思召《おぼしめ》したちける本願《ほんがん》のかたじけなさよ。

と御述懐なされたと伝えてある。無辺の衆生《しゅじょう》を済度《さいど》しようということは諸仏の誓願《せいがん》であるが、しかしその誓願を、諸仏に代って我が身ひとりの仕事として、必ず成し遂げずにはおかぬと、別願を立てて下さったのが阿弥陀仏である。どれだけの罪業《ざいごう》をもっているかわからない衆生を、助けんと思い立って下さった仏の大慈悲をよくよく案じみれば、ただ、ただ親鸞一人のためであった、と聖人は歓喜《かんぎ》しておいでになるのである。諸仏の願の全てを包まれた弥陀の誓願の独自性が、この「思い立つ」である、「思召《おぼしめ》し立ちける」である。

とかく観念的に味われ勝《がち》の諸仏の済度を、阿弥陀仏の生活に生かされた生命として味われた聖人のお言葉が、この「思召し立ちける」である。この仏の「思い立ち」給うた大願が成就せられて、私共を助けるすべての力が完成され、その力の全部を摂《おさ》められたものが南無阿弥陀仏の六字である。無辺《むへん》の光明《ひかり》と無限の生命《いのち》の本体《ほんたい》に帰依《きえ》し奉るというのが、こ

のナムアミダブツである。

かように如来《ほとけ》が「思い立って」着手し、建設せられた救済の機構《しくみ》の第一目標は、量り切れない罪業に繋縛せられ、しかも尚日々その業を深めている悪人、即ち実にこの私であった。この仏の願心に催されて、おれが、おれが、という憍慢の姿、人間一人前のことはやってのけているぞ、という思い上った姿に、だんだん気づいて、罪悪深重《ざいあくじんじゅう》、煩悩熾盛《わるいことばかりさかんな》の自分の真実に目ざめた時、念仏申さずにはおれなくなってくる。親鸞聖人は『歎異抄』の第一節に、

弥陀の誓願不思議に助けられまいらせて、往生をば遂ぐるなりと信じて、念仏申さんと、思い立つ心の起る時、即ち摂取不捨《かならずたすける》の利益《りやく》にあづけしめたまふなり。


とおのべになっている。「助けずにはおかじ」という如来《ほとけ》の「思い立ち」たまうたこころが、私に徹透《いたりとどい》して、念仏申さんと、思い立たずにはおれない身の上とさせられる。そうして、この如来の願心と私の信心をつなぐものこそ、汚れ果てたこの私の地体《じたい》なのである。

六度行願に向って、至誠《まこと》をつくし、全能力をあげて努めるとき、その六度の鏡の中に映る自分の姿を見れば見るほど、六度行願を到底実現なし得ない、みじめな自分が知られてくる。

かくて六度行願を機縁としておのれの真実を知り、大慈大悲の仏心に帰る時に、はじめて生活も明朗となってくるのである。自然に湧き上り溢れいずる念仏は、まことに、この生き生きとした我が生活の行進曲というべきであろう。

解説　アメリカ仏教の先駆者

ケネス田中

京極逸蔵師は、アメリカ仏教の先駆者の一人であると私は評価している。師は日本語での伝道が中心の仏教教団（浄土真宗本願寺派）に所属しておられたが、他の僧侶に先立って英語での伝道活動を積極的に行った。例えば、第二次世界大戦中、京極師は英語の仏教雑誌 *Tri Ratna*（ツリラトナ：三宝）をアメリカ国内とヨーロッパに駐屯していた日系二世の兵士たちに送っていたが、それによって必然的に、師の伝道内容が日系人以外の欧米人の目にも触れることになった。

京極師の伝道の姿勢は、浄土真宗という一宗派の教義に止まらず、大乗仏教のより幅の広い精神と見解を創造的に分かりやすく伝えるというものだった。その例としてあげられるのは「4L」（フォー・エル）である。仏教とは何か、という質問に対して、仏教のシンボルにも使われる「卍」（まんじ）を挙げ、それには四つの「L」の文字が含まれるとして、Light（光→永遠の光）、Life（命→永遠のいのち）、Love（慈悲）、Liberty（自由→解脱）が仏

教だと答えた。この答えに、初めて仏教に触れるアメリカ人は納得し、仏教に興味を持つきっかけとなったそうである。(1)

このように創造性が豊かであった京極師は、仏教指導者を僧侶のみに限るのではなく、在家者も教えを説く力を持つことを期待した。したがって、在家者の教育を重視し、特にアメリカ生まれの若い二世の養成に力を入れた。その成果の一人が、カリフォルニア州・フレズノ市在住のキクオ・タイラという医者であった。この熱心な在家指導者は、京極師の下で仏教の高度な学識を身に付け、米国仏教教団の多くの寺院を布教師として回った。私は十三歳の時にアメリカで仏教と出会い、大学卒業後、僧侶・仏教学者の道を志したのだが、二十五歳ごろ、近くのお寺でタイラ医師の講演を聞けるチャンスに恵まれた。惹かれた理由は講題であった。それはなんと、「仏教における唯識思想」なのであった。このアメリカで生まれて、畑違いの職業に就く在家者である者が、多くの僧侶でもこなせないような高度なテーマについて英語で講義したのである。内容の濃い講演であって感銘を受けた。こうしたレベルの人材を育成した教育者が、京極師だったのである。

京極師は戦後一九五三年に亡くなるが、ちょうどその頃、アメリカでの仏教への関心は、アジア系の人びと以外の間でも高まり始めていた。その後の一九六〇年代からは、仏教徒の数と仏教の存在感は、特に京極師が活動したカリフォルニアで著しく増した。それが契機となって、アメリカ社会での仏教の広がりを呼んだ。アメリカ仏教の特徴には、数十年前に先立って京極師が訴えていた教えの内容と重なる点が多く見られる。そういう点でも、師がアメリカ仏教の先駆者の一人と言えるのである。

成長するアメリカ仏教

京極師の死から七十年弱経つが、現在、アメリカにおける仏教徒の数は、当時の仏教徒の約十七倍の約三二〇万人に達する。これは全米人口の約一・一パーセントに当たる。(2) これに仏教徒まではいかない、①仏教共感者と、②仏教に影響された人々の数を足すと、約三〇〇〇万人（全人口の約一割）となり、いかに仏教への関心が高まっているかがわかるだろう。

仏教共感者とは、仏教的な行為を行うにもかかわらず、自分を「仏教徒」である、と断定しない人々である。彼らは、多くの仏教書を読んだり講演を聞いたりしており、数としては、約二〇〇〇万人にのぼると推定される。そして彼ら以外に、仏教に強い影響を受けたという人々も存在する。二〇〇四年の研究結果によると、回答者の一二パーセントが「自分の宗教・スピリチュアルな考え方に関して仏教に強い影響を受けた」と答えたそうである。このパーセントを当時の全米人口に当てはめて計算すると、二五〇〇万人という驚くほどの数となるのである。(3)

この「仏教徒」数の伸びは、アジア系の仏教徒だけでなく、キリスト教やユダヤ教から仏教へ改宗した人々が増加したことにもよる。俳優リチャード・ギア、歌手ティーナ・ターナー、映画監督オリバー・ストーンなどの著名人もいる。また、仏教共感者としては、アップル社の創立者故スティーブ・ジョブズやバスケットボール監督フィル・ジャクソンの名前が挙げられる。

実はこのアメリカでの仏教の発展からは、二五〇〇年の仏教伝播史という観点から、三つの画期的な意義を見出すことができる。第一に、仏教は東洋全体の代表的な宗教でありながら「西洋の壁」は乗り越えることができなかったが、今では、専門の学者だけではなく、アメリカの一般社会にも浸透しつつあり、ヨーロッパやオーストラリアにも似た広がりを見せているということ。第二に、過去のアジアにおける伝播において、仏教の魅力は「悟り」という仏教の「本質」のみにあったのではなく、受け入れた側の「国造り」や仏教に伴う技術や文化の導入という面にもあったが——日本もそうであった——、アメリカ仏教の発展では、仏教の本質である悟り・救いのみが求められるということ。そして、仏教の輸入は、為政者ではなく、一般人が中心になって行ったということ。三点目は、アメリカ仏教は一九世紀末から始まったので、当初からすでに現代社会に通じる課題と問題に対応しながら発展してきたということ。つまり、仏教が現代に有効に機能できるかどうかという問いに対して、貴重な示唆を与えてくれるのである。

京極師と現代アメリカ仏教の特徴

京極師がアメリカ仏教の先駆者的存在であったということを示すにあたって、師の言動に見られる三つの特徴を述べ、その後、それらが現代アメリカ仏教の主な特徴となっていることを指摘することにする。その三つとは、(一) この世の重視、(二) 実践の優先、(三) 超宗派性である。

(一) この世の重視

京極師は、葬式や死者儀礼がお寺の中心事業となっていることに批判的であった。本書でも「現時の日本仏教の如くに、死と死後の問題のみを取り扱うのが仏教本来の面目かというに、決して然らず、(中略) 釈尊が最も重点をおかれたところは、寧ろ生の問題であったのである」(一七~一八頁) と指摘している。さらに、釈尊が「最も悩まれたものは、人生の矛盾と、それから生ずる苦悩とであった」(一八頁) とし、仏教はこの世の問題の解決をするものだということを強調している。私はこの信念があったからこそ、京極師は自身の墓を建てなかったのだと思う。さらに、自分の遺骨は、海に散骨させたそうである。当時の僧侶としても珍しくて大胆な選択だったと言えよう。(4)

京極師による「この世」の重視は、現在のアメリカ仏教にも顕著に見られる。例えば、東南アジアの仏教に由来するアメリカのインサイト・メディテーション派では、輪廻転生の世界観の中で言われる「次生」というものより、「この世」志向が重視される。一般的に東南アジアでは、輪廻転生からの解脱（悟り）を目的とし、それに関しては「輪廻転生とは大変恐いものである。従って、生死の惨めな状況を見極め、限りのない転生から脱《の》がれ、涅槃の体得に全力をあげるべきである」という、仏教の伝統的な見解が主流となっている。

しかし、インサイト・メディテーション派では、この世での解脱を重視する傾向が非常に強く、創立者の一人であるコーンフィルド氏の次の発言にも顕著に表れている。

> 二五〇〇年の間、仏教の教えは、ものごとを明かに見て、賢明に生きるための方法を提供してきた。これは、我々がこの現実世界において（in the midst of this very world）、我々の身体と心の中に解放をもたらす方法を提供しているのである。[5]

コーンフィルド氏は、輪廻転生からの解脱ではなく、この現実世界で起こるものごとを明らかに見て、賢明に在家者として生きることを勧め、これこそが二十五世紀の間、行ってきた仏教の本望であるとまで言いきっている。

（二）　実践の優先

アメリカの浄土真宗教団では、春分と秋分のお彼岸では、大乗仏教に共通する「六波羅蜜」を実践することが習慣となっている。昼と夜が同じ長さで、暑くもない寒くもない理想な季節であるので、六波羅蜜の実践には適切であるというのだ。私は、これは浄土真宗の伝統だと思っていたが、日本に来てそのことを話したら、日本ではそのような習慣が一切存在しないということを知り大変驚いた。一方、そのことを聞いた日本の僧侶たちも、アメリカの浄土真宗で「自力的」な実践がお彼岸の恒例行事として行われていることに、驚いていた。

このアメリカでの六波羅蜜の重視は、京極師の貢献に由来するものだと私は考えている。師は仏教の営みとして、実践の必要性を強く感じていた。そしてこの考えを、日曜学校のカリキュラムに反映させ、子供達の中心的な行（ぎょう）として勧めた。これが、お彼岸の時期に、大人にも強く勧められるようになったようである。このような実践の重視は、本書の構成自体が六波羅蜜を中心課題としていることからも伺える。

実は、現代アメリカ仏教の特徴の一つが、京極師と同じように実践重視なのである。「教義」や「儀式」よりも「行」が強調される。アメリカ仏教の場合、この「行」は、「プラクティス」（practice 修行・行）と呼ばれている。英語の「プラクティス」には、スポーツ、芸術、音楽、武道などの分野で行う「練習」という意味もあり、何度も繰り返して体得し、自分のものにするという意味を含むのである。

仏教徒の多くは、自分のプラクティスを非常に重視し、それが仏教徒としてのアイデンティティの重要な一角となっていると言える。その表れが、宗派を超える仏教徒の集まりで初めて会った人のことをもっと知りたい時は、「あなたの宗派は何ですか」ではなく、「あなたのプラクティスは何ですか?」(What is your practice?) と聞く場合が多いことである。そこで人々は、「テーラヴァーダ」(上座部)や「曹洞宗」や「ニンマ派」という宗派名ではなく、「ヴィパッサナー」や「座禅」や「ゾグチェン」という実践している修行名で答えるのである。

では、「教義」は重要ではないのかと言えば、それは重要であるが、プラクティスほどではない。彼らは、教義というものはみな偉い人が言ったことであり、それをひたすら信じるよりも、プラクティスすることでより身に付くと主張する。この傾向は、「個人の聖なる体験」を重視するスピリチュアリティー(霊性・精神性)に惹かれる人々にも見られるのである。この実践重視の傾向は、「私は宗教的ではないが、スピリチュアルである」("I'm not religious but spiritual") と言う人が、特に四〇歳以下の若い世代の間でひじょうに増えていることからも窺える。彼らは、抽象的な教義に留まらず、プラクティスを通して全身で深く体験し、自分なりに日常生活に教えを感じ取ることを目指しているのである。

そこで、プラクティスのなかでも、圧倒的に多くの人の興味を惹いているのは、なんと言っても瞑想 (meditation) である。瞑想が、アメリカでの仏教の拡大の最大の理由であることは確かである。その種類は、「座禅」や「ゾクチェン」や「マインドフルネス」と多く存在する。その中の「マインドフルネス瞑想」(mindfulness)は、仏教の枠、いや、宗教の枠を超えて、ストレス軽減、集中力の向上、鬱の再発防止などを求める方法として、爆発的な人気を呼んでいる。アメリカでは、毎日約二〇〇〇万人がなんらかの種類の瞑想を行っているそうであるが、その中で最も多く実践されているのが、仏教に由来するこのマインドフルネス瞑想なのである。

日本の仏教徒からすれば、このように瞑想を好むアメリカ人は、悟りという仏教の本来の目的を無視しているように見えるだろう。まさに、その批判的な見方は当たっている所もある。しかし、日本仏教の場合はどうであろうか? お寺を訪れる多くの人は、仏教の教えにはあまり興味を示さず、その反面、お守りやおみくじというお寺グッズを惜しみなく購入する。初詣などで、ご本尊に向かって手を合わせて自分の「願いごと」をする人は多いが、世界平和を願っている人はどのくらいいるだろう? すなわち、どの宗教でも多くの人々が関われば、本来の純粋な目的を軽視する現象が目立ってくる。アメリカで瞑想が悟り以外の目的で採用されていることも例外ではない。しかし、この現象をアメリカ仏教の「現世利益《げんぜりやく》」(worldly benefit)と理解すれば、日本の現状とそう変わりはないのではないだろうか。むしろ、ストレス軽減、集中力の向上、鬱の再発防止などのために瞑想する人の方が、お寺グッズを購入する多くの日本人よりは、「抜苦与楽《ばっくよらく》」中の「苦を減らす」

という仏教の目的に沿った行動をとっているのではないかと思われる。

（三）　超宗派性

京極師は、浄土真宗本願寺派の僧侶であり、親鸞の教えが師自身の土台となっていたことは疑いない。しかし、伝道においては宗派の枠にとどまらず、仏教全体、特に大乗仏教の視点を取り入れたのである。鈴木大拙博士は、本書の序文でその点を認めている。

京極さんは大乗仏教に対して深い領解を持って居られた。而してその一生をその宣伝に捧げられた。

この超宗派的な要素は、上記の通り京極師が「六波羅蜜」を重視した点からも見られる。「六波羅蜜」とは、大乗仏教全体に共通する実践項目である。しかし、浄土真宗では信徒の実践としては採用しないものであったことは、すでに指摘した通りである。つまり、自分の宗派が否定していることを積極的に進めたということにこそ師の超宗派性が表れている。

浄土真宗では、「自力」が否定され「他力」がどこまでも優先される。しかし京極師はこれについても、宗派の枠を超える見解を堂々と主張した。

他力とは如来の本願力である。如来が知られて、始めてその本願力が味われる。だから真実に他力の知られるのは、求道の最後の段階であって、それまでは唯だ自力あるのみだ（二四九～二五〇頁）。

さらに、他力に拘りすぎる人々を、「他力の縄に縛られている」と言ったり「偽装的他力の禍」（二四九頁）という表現を使って痛烈に批判した。彼らは、「自力」と思われる行為を避けるため、仏教が重視する実践を行わず、そのため、実践を通して自分の煩悩の深さを気づかせてもらい「他力」の必要性に目覚めさせてくれる機会も逃していると酷評した。京極師は、自身の宗派の根幹は保ちながら、常に宗派を超えた視点に立っていた。

この京極師に見られる超宗派性は、現代アメリカ仏教にも顕著に現れている。特に仏教に改宗した白人の間においては、色々な面で「超宗派的要素」が日本と比べて濃厚である。日本仏教の特徴は宗派意識である、と言っても過言ではなかろう。他宗派との繋がりも弱く、交流も少ない。例えば浄土真宗と日蓮宗の僧侶が、寺に法要の講師としてお互いを招待されることはかなり稀なことである。

一方、アメリカ仏教では、多くの団体が他宗派の者を講師として招くことがよくある。例えば、現在サンフランシスコ禅センターの勉強会やリトリート（滞在型修行）には、客員講師として沢山の教師たちが招かれている。そこには、インサイト・メディテーション、ベトナム、テーラヴァーダ、浄土真宗、真言宗、チベット仏教、および臨済宗という幅広い宗派が招かれている。その中でも、最も多いのがインサイト・メディテーションからの教師である。それは、彼らが禅センターと同じように瞑想を重視し、教師の間には長い個人的な付き合いもあるからである。そして、そのインサイト・メディテーション派の寺院でも、同じように他宗派の講師を頻繁に招いている。なかでも代表的なのが禅とチベット仏教で、招かれる数も多い。

今後の仏教と京極師

鈴木大拙博士は、本書の序論で、キリスト教と仏教の対立が「世界文化の将来に関する一大事象」となるということを取り上げている。この説は、著名なイギリスの歴史家アーノルド・トインビー（Arnold Toynbee）が、コロンビア大学創立二〇〇年の記念講演（一九五六年）で述べたとされている。[6] つまり、二十世紀以降、キリスト教と仏教という二大霊性力の衝突が起こり、それは共産主義と自由主義の闘争よりもっと重大であり、この二大宗教の対抗は永遠なものになると予言したのである。

それから約七十五年経った今日、そのような対抗が起こっているかは議論の余地があるだろうが、確実に言えることは、アメリカでの仏教の伸長、および仏教に由来するマインドフルネス瞑想の爆発的な普及は、確かにトインビーの予測を一部反映していると言える。この現象は、ヨーロッパや豪州にも見られる。最近、仏教の発生地であるインドのヒンドゥー教徒の中流階級の人々も、マインドフルネス瞑想に興味を見せはじめているという報告が増えている。また、現代日本においても同じ現象が見られる。マインドフルネス瞑想こそ、若者たちが新たに仏教に惹かれる最大の理由となっている。

私はこの現象を、諸先進国における「信じる宗教」から「目覚める宗教」への変貌と見ている。経済的に豊かであり高い教養のある人々にとっては、従来の「偉大なる神を信じることによって救われる」という宗教形態は以前のように通じなくなっている。その代わりに、「瞑想などの行によって真実に目覚めて解放される」という精神性の方が魅力的に感じられるのである。(7)

私は、既に論じた現代アメリカ仏教の三つの特徴（この世の重視・実践・超宗派性）が、この「目覚める宗教」の重要な要素となっていると見ている。(8) したがって、アメリカで現在発展している仏教は、「目覚める宗教」を代表するもので、トインビー博士が予言した世界文化における仏教の台頭を反映しているとも言えるであろう。

そうなると、アメリカ仏教の先駆者の一人である京極師の本書『生の仏教　死の仏教』は、今後、日本における仏教や宗教のあり方を考え、さらに予測するための、ひじょうに重要な一冊になると思われる。

（1）釋氏真澄『真宗国際伝道の研究――教学のアメリカ化の成立と展開を中心に』龍谷大学博士論文、二〇一九年、二一三頁。

（2）Pew Research Center: Religion and Public Life 二〇一二年に発表された調査による。

（3）Wuthnow and Cadge, "Buddhists and Buddhism in the United States: The Scope of Influence," *Journal for the Scientific Study of Religion* Vol. 43, No. 3 (September, 2004), pp. 363-380.

（4）阿満利麿『行動する仏教』（ちくま学芸文庫）筑摩書房、二〇一一年、一七三頁。

（5）Jack Kornfield, ed. *Teachings of the Buddha* (Shambhala, 1993), p. x.

（6）鈴木は「アルフレッド」と記述しているが、これは間違いで、「アーノルド」が正しい。

（7）ただここで注意が必要となる。「目覚める宗教」が有効であるためには、先ず瞑想法やその指導者を信頼する（信じる）ことは非常に重要である。信じることは、「目覚める宗教」でも大切である。しかし、「目覚める宗教」では、その後「信じる宗教」のように信じるだけに止まっているのではなく、実践を深め、仏教が説く真実に気づき、目覚めていくことを目指すのである。

（8）ケネス・タナカ『アメリカ仏教――仏教も変わる、アメリカも変わる』武蔵野大学出版会、二〇一〇年。

法然の衝撃　阿満利麿
法然こそ日本仏教を代表する巨人であり、ラディカルな革命家だった。鎮魂慰霊を超えて救済の原理を指し示した思想の本質に迫る。

親鸞・普遍への道　阿満利麿
絶対他力の思想はなぜ、どのように誕生したのか。日本の精神風土と切り結びつつ普遍的救済への回路を開いた親鸞の思想の本質に迫る。（西谷修）

歎異抄　阿満利麿訳／注／解説
没後七五〇年を経てなお私たちの心を捉える、親鸞の言葉。わかりやすい注と現代語訳、今どう読んだらよいか道標を示す懇切な解説付きの決定版。

親鸞からの手紙　阿満利麿
現存する親鸞の手紙全42通を年月順に編纂し、現代語訳と解説で構成。これにより、親鸞の人間的苦悩と宗教的深化が、鮮明に現代に立ち現れる。

行動する仏教　阿満利麿
戦争、貧富の差、放射能の恐怖……。このどうしようもない世の中でも、絶望せずに生きてゆける、21世紀にふさわしい新たな仏教の提案。

無量寿経　阿満利麿注解
なぜ阿弥陀仏の名を称えるだけで救われるのか。法然や親鸞がその理解に心血を注いだ経典の本質を、懇切丁寧に説き明かす。文庫オリジナル。

道元禅師の『典座教訓』を読む　秋月龍珉
「食」における禅の心とはなにか。道元が禅寺の食事係である典座の心構えを説いた一書を現代人の日常の視点で読み解き、禅の核心に迫る。（竹村牧男）

原典訳 アヴェスター　伊藤義教訳
ゾロアスター教の聖典『アヴェスター』から最重要部分を精選。原典から訳出した唯一の邦訳である。比較思想に欠かせない必携書。（前田耕作）

書き換えられた聖書　バート・D・アーマン　松田和也訳
キリスト教の正典、新約聖書。聖書研究の大家がそこに含まれる数々の改竄・誤謬を指摘し、書き換えられた背景とその原初の姿に迫る。（筒井賢治）

カトリックの信仰　岩下壮一

神の知恵への人間の参与とは何か。近代日本カトリシズムの指導者・岩下壮一が公教要理を詳説し、キリスト教の精髄を明かした名著。（稲垣良典）

十牛図　上田閑照　柳田聖山

禅の古典「十牛図」を手引きに、自己と他、自然と人間、自身への関わりを通し、真の自己への道を探る。現代語訳と詳注を併録。（西村惠信）

原典訳 ウパニシャッド　岩本裕 編訳

インド思想の根幹であり後の思想の源ともなったウパニシャッド。本書では主要篇を抜粋、梵我一如、輪廻・業・解脱の思想を浮き彫りにする。（立川武蔵）

世界宗教史（全8巻）　ミルチア・エリアーデ

宗教現象の史的展開を膨大な資料を博捜し著された人類の壮大な精神史。エリアーデの遺志にそって共同執筆された諸地域の宗教の巻を含む。

世界宗教史 1　ミルチア・エリアーデ　中村恭子 訳

人類の原初の宗教的営みに始まり、メソポタミア、古代エジプト、インダス川流域、ヒッタイト、地中海地域、初期イスラエルの諸宗教を収める。

世界宗教史 2　ミルチア・エリアーデ　松村一男 訳

20世紀最大の宗教学者のライフワーク。本巻はヴェーダの宗教、ゼウスとオリュンポスの神々、ディオニュソス信仰等を収める。（荒木美智雄）

世界宗教史 3　ミルチア・エリアーデ　島田裕巳 訳

仰韶、竜山文化から孔子、老子までの古代中国の宗教と、バラモン、ヒンドゥー、仏陀とその時代、オルフェウスの神話、ヘレニズム文化などを考察。

世界宗教史 4　ミルチア・エリアーデ　柴田史子 訳

ナーガールジュナまでの仏教の歴史とジャイナ教から、ヒンドゥー教の総合、ユダヤ教の試練、キリスト教の誕生などを収録。（島田裕巳）

世界宗教史 5　ミルチア・エリアーデ　鶴岡賀雄 訳

古代ユーラシア大陸の宗教、八―九世紀までのキリスト教、ムハンマドとイスラーム、イスラームと神秘主義、ハシディズムまでのユダヤ教など。

世界宗教史6　ミルチア・エリアーデ　鶴岡賀雄訳

中世後期から宗教改革前夜までのヨーロッパの宗教運動、宗教改革前後における宗教、魔術、ヘルメス主義の伝統、チベットの諸宗教を収録。

世界宗教史7　ミルチア・エリアーデ　奥山倫明／木塚隆志／深澤英隆訳

エリアーデ没後、同僚や弟子たちによって完成された最終巻の前半部。メソアメリカ、インドネシア、オセアニア、オーストラリアなどの宗教。

世界宗教史8　ミルチア・エリアーデ　奥山倫明／木塚隆志／深澤英隆訳

西・中央アフリカ、南・北アメリカの宗教、日本の神道と民俗宗教。啓蒙期以降ヨーロッパの宗教的創造性と世俗化などを収録。全8巻完結。

回教概論　大川周明

最高水準の知性を持つと言われたアジア主義者の力作。イスラム教の成立経緯や、経典などの要旨が的確に記された第一級の概論。　（中村廣治郎）

神社の古代史　岡田精司

古代日本ではどのような神々が祀られていたのか。《祭祀の原像》を求めて、伊勢、宗像、住吉、鹿島など主要な神社の成り立ちや特徴を解説する。

中国禅宗史　小川隆

唐代から宋代において、禅の思想は大きく展開した。各種禅語録を思想史的な文脈に即して読みなおす試み。〈禅の語録〉全二〇巻の「総説」を文庫化。

原典訳 チベットの死者の書　川崎信定訳

死の瞬間から次の生までの間に魂が辿る四十九日の旅――中有（バルドゥ）のありさまを克明に描き、死者に正しい解脱の方向を示す指南の書。

インドの思想　川崎信定

多民族、多言語、多文化。これらを併存させるインドという国を作ってきた考え方とは。ヒンドゥー教や仏教等、主要な思想を案内する恰好の入門書。

旧約聖書の誕生　加藤隆

旧約聖書は多様な見解を持つ文書を寄せ集めて作られた書物である。各文書が成立した歴史的事情から旧約を読み解く。現代日本人のための入門書。

神道 トーマス・カスーリス 衣笠正晃訳 守屋友江監訳

日本人の精神構造に大きな影響を与え、国の運命をも変えてしまった「カミ」の複雑な歴史を、米比較宗教学界の権威が鮮やかに描き出す。

ミトラの密儀 フランツ・キュモン 小川英雄訳

東方からローマ帝国に伝えられ、キリスト教と覇を競った謎の古代密儀宗教。その全貌を初めて明らかにした、第一人者による古典的名著。（前田耕作）

空海コレクション1 空海 宮坂宥勝監修

主著『十住心論』の精髄を略述した『秘蔵宝鑰』、及び顕密を比較対照して密教の特色を明らかにした『弁顕密二教論』の二篇を収録。（立川武蔵）

空海コレクション2 空海 宮坂宥勝監修

真言密教の根本思想『即身成仏義』『声字実相義』『吽字義』及び密教独自の解釈による『般若心経秘鍵』と『請来目録』を収録。（立川武蔵）

空海コレクション3 **秘密曼荼羅十住心論（上）** 福田亮成校訂・訳

日本仏教史上最も雄大な思想書。無明の世界から抜け出すための光明の道を、心の十の発展段階（十住心）として展開する。上巻は第五住心までを収録。

空海コレクション4 **秘密曼荼羅十住心論（下）** 福田亮成校訂・訳

下巻は、大乗仏教から密教へ。第六住心の唯識、第七中観、第八天台、第九華厳を経て、第十の法身大日如来の真実をさとる真言密教の奥義までを収録。

鎌倉仏教 佐藤弘夫

宗教とは何か。それは信念をいかに生きるかということだ。法然・親鸞・道元・日蓮らの足跡をたどり、鎌倉仏教を「生きた宗教」として鮮やかに捉える。

観無量寿経 佐藤春夫訳・注 石田充之解説

我が子に命狙われる「王舎城の悲劇」で有名な浄土仏教の根本経典。思い通りに生きることのできない我々を救う究極の教えを、名訳で読む。（阿満利麿）

大乗とは何か 三枝充悳

仏教が世界宗教としての地位を得たのは大乗仏教においてである。重要経典・般若経の成立など諸考察を収めた本書は、仏教への格好の入門書となろう。

道教とはなにか　坂出祥伸

「道教がわかれば、中国がわかる」と魯迅は言った。伝統宗教として現在でも民衆に根強く崇拝されている道教の全貌とその究極的真理を詳らかにする。

増補 日蓮入門　末木文美士

多面的な思想家、日蓮。権力に挑む宗教家、内省的な理論家、大らかな夢想家など、人柄に触れつつ遺文を読解き、思想世界を探る。（花野充道）

反・仏教学　末木文美士

人間は本来的に、公共の秩序に収まらないものを抱えた存在だ。〈人間〉の領域＝倫理を超えた他者／死者との関わりを、仏教の視座から問う。

禅に生きる　鈴木大拙コレクション　鈴木大拙　守屋友江編訳

静的なイメージで語られることの多い大拙。しかし彼の仏教は、この世をよりよく生きていく力を与えるアクティブなものだった。その全貌に迫る著作選。

文語訳聖書を読む　鈴木範久

明治期以来、多くの人々に愛読されてきた文語訳聖書。名句の数々とともに、日本人の精神生活と表現世界を豊かにした所以に迫る。文庫オリジナル。

内村鑑三交流事典　鈴木範久

近代日本を代表するキリスト者・内村鑑三。その多彩な交流は、一個の文化的山脈を形成していた。事典形式で時代と精神の姿に迫る。文庫オリジナル。

ローマ教皇史　鈴木宣明

二千年以上、全世界に影響を与え続けてきたカトリック教会。その組織的中核である歴代のローマ教皇に沿って、キリスト教全史を読む。（藤崎衛）

空海入門　竹内信夫

空海が生涯をかけて探求したものとは何か――。稀有な個性への深い共感を基に、著作の入念な解釈と現地調査によってその真実へ迫った画期的入門書。

釈尊の生涯　高楠順次郎

世界的仏教学者による釈迦の伝記。パーリ語経典や漢訳仏伝等に依拠し、人間としての釈迦の姿を生き生きと描き出す。貴重な図版多数収録。（石上和敬）

原始仏典　中村元

釈尊の教えを最も忠実に伝える原始仏教の諸経典の数々。そこから、最重要な教えを選りすぐり、極めて平明な注釈で解く。（宮元啓一）

原典訳 原始仏典（上）　中村元編

原パーリ文の主要な聖典を読みやすい現代語訳で。上巻には「偉大なる死」（大パリニッバーナ経）「本生経」「長老の詩」などを抄録。

原典訳 原始仏典（下）　中村元編

下巻には「長老尼の詩」「アヴァダーナ」「百五十讃」「ナーガーナンダ」などを収める。ブッダのことばに触れることのできる最良のアンソロジー。

ほとけの姿　西村公朝

ほとけとは何か。どんな姿で何処にいるのか。千体を超す国宝仏の修復、仏像彫刻家、僧侶として活躍した著者ならではの絵解き仏教入門。（大成栄子）

選択本願念仏集　法然　石上善應訳・注・解説

全ての衆生を救わんと発願した法然は、ついに、念仏すれば必ず成仏できるという専修念仏を創造し、本書を著した。菩薩魂に貫かれた珠玉の書。

一百四十五箇条問答　法然　石上善應訳・解説

人々の信仰をめぐる百四十五の疑問に、法然が分かりやすい言葉で答えた問答集を、現代語訳して文庫化。これを読めば念仏と浄土仏教の要点がわかる。

龍樹の仏教　細川巌

第二の釈迦と讃えられながら自力での成仏を断念した龍樹は、誰もが仏になれる道の探求に打ち込んでいく。法然・親鸞を導いた究極の書。（柴田泰山）

阿含経典 1　増谷文雄編訳

ブッダ生前の声を伝える最古層の経典の集成。第1巻は、ブッダの悟りの内容を示す経典群、人間の肉体と精神を吟味した経典群を収録。（立川武蔵）

阿含経典 2　増谷文雄編訳

第2巻は、人間の認識（六処）の分析と、ブッダ最初の説法の記録である実践に関する経典群、祇園精舎を訪れた人々との問答などを収録。（佐々木閑）

阿含経典 3 増谷文雄編訳

第3巻は、仏教の根本思想を伝える初期仏伝資料と、ブッダ最後の伝道の旅、沙羅双樹のもとでの〈大いなる死〉の模様の記録などを収録。（下田正弘）

バガヴァッド・ギーターの世界 上村勝彦

宗派を超えて愛誦されてきたヒンドゥー教の最高経典が、仏教や日本の宗教文化、日本人の思考に与えた影響を明らかにする。（前川輝光）

邪教・立川流 真鍋俊照

女犯の教義と髑髏本尊の秘法のゆえに、徹底的に弾圧、邪教法門とされた真言立川流の原像を復元し、異貌のエソテリズムを考察する。貴重図版多数。

増補 チベット密教 ツルティム・ケサン 正木晃

インド仏教に連なる歴史、正統派・諸派の教義、個性的な指導者、性的ヨーガを含む修行法。真実の姿を正確に分かり易く解説。（上田紀行）

密教 正木晃

謎めいたイメージが先行し、正しく捉えづらい密教。その歴史・思想から、修行や秘儀、チベットの性的ヨーガまでを、明快かつ端的に解説する。

増補 性と呪殺の密教 正木晃

性行為を用いた修行や呪いの術など、チベット密教に色濃く存在する闇の領域。知られざるその秘密に分け入り、宗教と性・暴力の関係を抉り出す。

大嘗祭 真弓常忠

天皇の即位儀礼である大嘗祭は、秘儀であるがゆえ多くの謎が存在し、様々な解釈がなされてきた。歴史的由来や式次第を辿り、その深奥に迫る。

正法眼蔵随聞記 水野弥穂子訳

日本仏教の最高峰・道元の人と思想を理解するうえで最良の入門書。厳密で詳細な注、わかりやすく正確な訳を付した決定版。（増谷文雄）

空海 宮坂宥勝

現代社会における思想・文化のさまざまな分野から注目をあつめている空海の雄大な密教体系！ 空海密教研究の第一人者による最良の入門書。

一休・正三・白隠　水上勉

乱世に風狂一代を貫いた一休。武士道を加味した禅をとなえた鈴木正三。諸国を行脚し教化につくした白隠。伝説の禅僧の本格評伝。（柳田聖山）

治癒神イエスの誕生　山形孝夫

「病気」に負わされた「罪」のメタファから人々を解放すべく闘ったイエス。古代世界から連なる治癒神の系譜をもとに、イエスの実像に迫る。

読む聖書事典　山形孝夫

聖書を知るにはまずこの一冊！　重要な人名、地名、エピソードをとりあげ、キーワードで物語の流れや深層がわかるように解説した、入門書の決定版。

近現代仏教の歴史　吉田久一

幕藩体制下からオウム真理教まで。社会史・政治史を絡めながら思想史的側面を重視し、主要な問題を網羅した画期的な仏教総合史。（末木文美士）

沙門空海　渡辺照宏／宮坂宥勝

日本仏教史・文化史に偉大な足跡を残す巨人・弘法大師空海にまつわる神話・伝説を洗いおとし、真の生涯に迫る空海伝の定本。（竹内信夫）

自己愛人間　小此木啓吾

思い込みや幻想を生きる力とし、自己像に執着しつづける現代人の心のありようを明快に論じた精神分析学者の代表的論考。（柳田邦男）

戦争における「人殺し」の心理学　デーヴ・グロスマン／安原和見訳

本来、人間には、人を殺すことに強烈な抵抗がある。それを兵士として殺戮の場＝戦争に送りだすにはどうするか。元米軍将校による戦慄の研究書。

ひきこもり文化論　斎藤環

「ひきこもり」にはどんな社会文化的背景があるのか。インターネットとの関係など、多角的にその特質を考察した文化論の集大成。（玄田有史）

精神科医がものを書くとき　中井久夫

高名な精神科医であると同時に優れたエッセイストとしても知られる著者が、研究とその周辺について記した一七篇をまとめる。（斎藤環）

ちくま学芸文庫

生《せい》の仏教《ぶつきょう》　死《し》の仏教《ぶつきょう》

二〇二一年一月十日　第一刷発行

著　者　京極逸蔵（きょうごく・いつぞう）

発行者　喜入冬子
発行所　株式会社　筑摩書房
東京都台東区蔵前二―五―三　〒一一一―八七五五
電話番号　〇三―五六八七―二六〇一（代表）
装幀者　安野光雅
印刷所　株式会社精興社
製本所　株式会社積信堂

乱丁・落丁本の場合は、送料小社負担でお取り替えいたします。
本書をコピー、スキャニング等の方法により無許諾で複製することは、法令に規定された場合を除いて禁止されています。請負業者等の第三者によるデジタル化は一切認められていませんので、ご注意ください。
© CHIKUMASHOBO 2021 Printed in Japan
ISBN978-4-480-51027-3 C0115